Bernhard von Bülow
Deutsche Politik

Bülow, Bernhard von: Deutsche Politik.

Hamburg, SEVERUS Verlag 2011.
Nachdruck der Originalausgabe von 1916.

ISBN: 978-386347-046-3
Druck: SEVERUS Verlag, Hamburg 2011

Der SEVERUS Verlag ist ein Imprint der Diplomica Verlag GmbH.

Bibliografische Information der Deutschen Nationalbibliothek:
Die Deutsche Nationalbibliothek verzeichnet diese Publikation in der
Deutschen Nationalbibliografie; detaillierte bibliografische Daten sind
im Internet über http://dnb.d-nb.de abrufbar.

SE**V**ERUS
Verlag

Fürst von Bülow

Fürst von Bülow

Deutsche Politik

Volks-Ausgabe 1.—20. Tausend
(der Gesamtauflage bis 120. Tausend)

Inhaltsverzeichnis

Vorwort

Als vor zwei Jahren meine Ausführungen zur politischen Ein=
leitung des Sammelwerkes „Deutschland unter Kaiser Wil=
helm II." erschienen, sah das Deutsche Reich auf Jahrzehnte fried=
licher, auf vielen Gebieten kraftvoll vorwärts schreitender Entwick=
lung zurück. Eine lange weitere Friedenszeit schien noch vor uns
zu liegen. Gewiß war die Weltpolitik, war vor allem die euro=
päische Politik seit Jahrzehnten voll der ungelösten Fragen, die
während meiner Amtszeit Gegenstand meiner Sorge und Mühen
gewesen waren, und die ich in meiner später veröffentlichten Skizze
der auswärtigen Politik gekennzeichnet hatte. Die Gefahr einer
gewaltsamen Entladung des in Europa zwischen den rivalisierenden
Staaten angesammelten Konfliktstoffes war manches Mal recht
nahe gewesen. Die auswärtige politische Lage war, sowohl hin=
sichtlich des Problems selbst wie auch hinsichtlich der Mächtegrup=
pierung gelegentlich der bosnischen Krise von 1908/09 eine ganz
ähnliche gewesen wie die, aus der der gegenwärtige Weltkrieg her=
vorgegangen ist. Damals gelang es, die drohend heraufsteigende
Kriegsgefahr durch diplomatische Mittel zu beschwören. Die Hoff=
nung konnte berechtigt erscheinen, es werde auch künftig der Ge=
danke an die Schrecken und Zerstörungen eines europäischen Völ=
kerkrieges den verantwortlichen Staatsmännern selbst in ernste=
sten Konflikten die Mittel zur schließlichen friedlichen Lösung an
die Hand geben. Die Hoffnung hat sich nicht erfüllt. Der er=

neute öfterreichifch=ferbifche Zwift, der nicht lokalifiert werden
konnte, fondern zum europäifchen Konflikt wurde, führte zum
Waffengange zwifchen den beiden großen Mächtegruppen Euro=
pas, die fich im Widerftreit der europäifchen und weltpolitifchen
Intereffen im Zuge der modernen politifchen Gefchichte gebildet
hatten.

Als ich vor zwei Jahren die kriegerifchen Eigenfchaften des
Deutfchen feine angeborenen beften nannte, glaubte ich nicht, daß
es mir noch einmal befchieden fein würde, das deutfche Volk in
allem dem Glanze feiner alten Krieger= und Siegerherrlichkeit zu
fehen. Als ein Volk von Helden find die Preußen und die Deut=
fchen in jedem der drei großen Kriege des vergangenen Jahrhun=
derts vor die bewundernde Welt getreten. Aber die Taten jener
Kriege, die Strategie und Taktik, den Kriegsmitteln der damaligen
Zeit folgend, in wenigen großen Schlachthandlungen entfcheiden
konnten, müffen verblaffen neben den Wundern von Todeskühnheit
und Standhaftigkeit, die heute das deutfche Volk in Waffen voll=
bringt.

Die Perfönlichkeit unferes Kaifers, der in diefem fchwerften
Kriege mit der im Hohenzollernhaufe erblichen vorbildlichen Pflicht=
treue und Unerfchrockenheit der Nation die Fahne voranträgt, hat
fich im ganzen Verlauf des Krieges im Bewußtfein unferes Volks
immer ftärker verankert und hat den monarchifchen Gedanken im
Volke gefeftigt und vertieft. Aus der Mitte des unvergleichlichen
deutfchen Offizierkorps find auch für diefen Krieg große Talente
hervorgegangen, die das Heer zu Siegen zu führen wiffen. Dank=
bar und voll Bewunderung neigt fich ganz Deutfchland vor der
fchlichten Feldherrngröße Hindenburgs, des Bezwingers der ruffi=
fchen Riefenheere. Aber das Größte diefer Zeit ift doch und bleibt
das Heldentum des einfachen deutfchen Kriegers, der, fortgeriffen

VIII

von friedlicher Arbeit, von Frau und Kindern, Monate um Monate sein hartes blutiges Werk zum Segen des Vaterlandes treu vollbringt. Gleichviel, ob im verheerenden tagelangen Trommelfeuer der französischen Batterien ausharrend, oder vorstürmend gegen den Geschoßhagel feindlicher Linien oder im Kampf Mann gegen Mann mit Bajonett, Kolben und Handgranate. Wenn Deutschland aus diesem ungleichen Kampf, in dem ihm kein Feind erspart blieb, endlich siegreich und in vermehrter Macht hervorgehen wird, so gebührt der vornehmste Dank den Tapferen, deren jeder einzelne ohne Unterschied von Bildung und Stand ganz durchdrungen war vom Willen, lieber zu sterben als zu weichen. Wenn einmal gesagt worden ist, das einstige wahre Siegesdenkmal dieses Weltkrieges müsse einen einfachen deutschen Musketier darstellen, so hat das wohl einen gerechten Sinn.

Sah noch niemals ein Krieg der deutschen Vergangenheit ein vergleichbares allgemeines Heldentum, so auch noch keiner ähnliche furchtbare Opfer, wirtschaftliche Opfer, viel, sehr viel schmerzlichere Opfer an teuren Menschenleben, Opfer auch an bisherigen Verbindungen, Möglichkeiten und Werten. Es ist selbstverständlich, daß des Krieges vornehmstes Ziel das sein muß, für Deutschland nicht nur ausreichende Entschädigung, sondern auch Garantien zu schaffen, die die Vermeidung eines Krieges unter gleichen oder ähnlichen ungünstigen Verhältnissen für die Zukunft verbürgen.

Ähnlich wie in Deutschland hat in Frankreich und England, bis zu einem gewissen Grade selbst in Rußland, auch in Italien dieser Weltkrieg innere Parteigegensätze in den Hintergrund gedrängt und eine Einmütigkeit hervorgerufen, die wir den Burgfrieden, die Franzosen pathetisch die „Union sacrée" nennen. Die Kehrseite solcher Harmonie im Innern ist, daß dieser Krieg, den alle beteilig=

ten Völker mit tiefer Leidenschaft führen, nach menschlicher Voraussicht eine gewaltig gesteigerte Erbitterung hinterlassen wird. Haß und Rachegefühl werden noch lange die internationalen Beziehungen beeinflussen. Es wäre ein schwerer, ein nicht gutzumachender Fehler, in dieser Richtung Illusionen nachzuleben und früher vorhandene, vielleicht berechtigte Sympathien praktisch hinüberretten zu wollen in eine Zeit, der dieser Krieg das Gesetz vorgeschrieben und den Charakter bestimmt hat. Kriege, zumal ein Krieg wie dieser, unterbrechen die Entwicklung des Verhältnisses zwischen den kriegführenden Völkern notwendig für lange hinaus. Es bedarf des heilsamen Einflusses der Zeit und einer feinen und starken staatsmännischen Hand, ehe auch aus sichtbar vorhandenen Interessengemeinschaften mit dem Feinde die Anfänge zu vertrauensvollen normalen Beziehungen wieder gebildet werden können. Unter den Trümmern, die dieser Krieg hinterlassen wird, werden moralische Eroberungen nicht leicht zu machen sein. Das heute oft zitierte Beispiel von 1866 und der bald darauf erfolgenden Entwicklung des deutsch=österreichischen Freundschafts= und Bündnisverhältnisses kann auf keinen unserer Feinde auch nur mit dem Schein der Berechtigung angewandt werden. Denn mit keinem verbindet uns eine jahrtausendalte gemeinsame nationale Geschichte, mit keinem die Gemeinschaft deutscher Sprache, Bildung, Literatur, Kunst und Sitte. Das aber sind Mächte, die durch einige parallel laufende Interessen und durch achtungsvolles kulturelles Verstehen nicht ersetzt werden können. Wir wollen auch nicht vergessen, daß 1866 Schleswig=Holstein, Hannover, Kurhessen, Nassau und Frankfurt a. M. mit Preußen vereinigt und gleichzeitig solide Fundamente für die Brücke über den Main gelegt wurden. 1871 gewannen wir Elsaß und Lothringen, Straßburg und Metz. Auch die Analogie mit dem Siebenjährigen Kriege trifft

X

nicht zu, der unter anderen Vorbedingungen, bei anderen internationalen Beziehungen und unter anderen staatsrechtlichen Verhältnissen, mit anderen Mitteln und anderen Zukunftsperspektiven geführt wurde.

Dieser Krieg ist nicht nur für uns Deutsche ein Nationalkrieg, er ist es für Engländer, Franzosen und für den maßgebenden Teil der Bevölkerung Rußlands in gleicher Weise geworden. Der durch den Krieg einmal entfachte und mit Blut besiegelte nationale Haß wird nach dem Kriege so lange fortleben, bis ihn eine anders gerichtete nationale Leidenschaft ablöst. Deutschland muß sich heute sagen, daß, wenn der Krieg selbst nicht ganz neue, freilich unwahrscheinliche Situationen schaffen sollte, die erbitterte Stimmung in Frankreich, England und Rußland sich aus dem Krieg in den Frieden forterben wird. Diese Tatsache wird maßgebend sein müssen für die Gestaltung des Friedens. In doppelter Hinsicht. Der Schutz, den Deutschland in Zukunft gegenüber der Feindseligkeit, dem erneuerten und neuen Revanchegelüst in West, in Ost und jenseits des Kanals findet, kann nur liegen in seiner eigenen vermehrten Macht. Die Rüstung zu Lande und zu Wasser werden auch die Gegner stärken. Wir aber müssen uns an unsern Grenzen und an unserer Küste stärker, schwerer angreifbar machen, als wir es zu Beginn dieses Krieges waren. Nicht in dem uns angedichteten Streben nach Weltherrschaft, sondern um uns zu behaupten. Das Ergebnis des Krieges darf kein negatives, es muß ein positives sein. Es handelt sich nicht darum, daß wir nicht vernichtet, nicht verkleinert noch zerstückelt, noch ausgeraubt werden, sondern um ein Plus in Gestalt realer Sicherheiten und Garantien als Entschädigung für nie gesehene Mühen und Leiden, wie als Bürgschaft für die Zukunft. Gegenüber der Stimmung, die dieser Krieg gegen uns zurücklassen wird, würde die einfache Wiederherstellung des

Status quo ante bellum für Deutschland nicht Gewinn, sondern Verlust bedeuten. Nur wenn die Verstärkung unserer politischen, wirtschaftlichen und militärischen Machtstellung durch den Krieg die durch ihn entzündete Feindschaft erheblich überwiegt, werden wir uns mit gutem Gewissen sagen können, daß unsere Gesamtlage durch den Krieg verbessert wurde.

Andererseits ist es notwendig, die Fühlung zu erhalten, wiederherzustellen und die Verbindung zu festigen mit solchen Staaten, mit denen Deutschland in diesem Kriege nicht die Waffen kreuzte, gleichviel ob die Propaganda der feindlichen Presse und feindliche Agitatoren in diesen Staaten die Volksstimmung während des Krieges gegen uns einnahmen oder nicht. Hier müssen die politischen Notwendigkeiten über nationale Stimmungen und Verstimmungen, auch über die berechtigten, hinwegschreiten. Muß Deutschland durch Vergrößerung seiner Macht in die Lage versetzt werden, die durch diesen Krieg unendlich verstärkten und gesteigerten alten Feindschaften zu ertragen, so täte es nicht gut, nicht auf die Freundschaft derer Wert zu legen, die ihm im Kriege nicht Feinde waren. Sache festen, entschlossenen Wollens auf der einen, staatsmännischer Geschicklichkeit auf der anderen Seite wird es sein, beide Ziele zu erreichen, ohne daß eines leidet.

Die Erwartung fernerer friedlicher Entwicklung, innerhalb deren die Zeit für Deutschland arbeiten mußte, ließ mir vor zwei Jahren große Zurückhaltung gegenüber dem Auslande geboten erscheinen. Es war mir Pflicht, ein letztes Wort nach keiner Richtung hin zu sprechen und auch mit meinem eigenen Urteil nach Möglichkeit zurückzuhalten. Es ist selbstverständlich, daß ich in dieser Hinsicht heute deutlicher sein kann. Freilich finde ich nirgends auf dem Felde der auswärtigen Politik Veranlassung, Grundsätzliches von meiner Auffassung des Verhältnisses anderer Staaten zum Deutschen Reich zu ändern. Die Ereignisse haben mir im wesentlichen Recht gegeben. Die Unversöhnlichkeit Frankreichs hat sich nur zu deutlich gezeigt. War 1913 von mancher Seite bemerkt worden, ich habe unser Verhältnis zu England zu sehr grau in grau gezeichnet, so wird man heute sagen müssen, daß in meiner Darstellung nur die Hoffnung auf die künftige friedliche und vertrauensvolle Entwicklung der deutsch-englischen Beziehungen nicht durch die neuen Tatsachen bestätigt worden ist. Dem Verhältnis zwischen Deutschland und Rußland durfte damals mit gutem Grunde eine günstige Prognose gestellt werden, hatte es doch erst wenige Jahre vorher die Belastungsprobe der bosnischen Krise glücklich überstanden. Andererseits bestand der aus der Abkühlung der deutsch-russischen Beziehungen seit 1878 und vor allem seit 1890 erwachsene Zweibund unverändert fort. Inzwischen hatte sich im Orient infolge der beiden Balkankriege, des Krieges der Türkei mit Bulgaren, Serben und Griechen, und dann des weiteren Krieges dieser Balkanvölker untereinander neuer Konfliktsstoff zwischen Österreich-Ungarn und Rußland angehäuft.

Die Entwicklung der deutsch-russischen Beziehungen hat seit Entstehung des Zweibundes, seit dem Übergang des Zarenreiches in die uns feindliche Mächtegruppe, also seit einem Vierteljahrhundert, immer davon abgehangen, wie die jeweils sich ergebenden Reibungen und Interessenkonflikte hüben und drüben in der Sache und persönlich behandelt wurden. Die Gefahr, Rußland auf der Seite unserer Gegner in einem europäischen Kriege zu finden, hat nicht nur seit Jahrzehnten, sondern seit der Reichsgründung bestanden. Eben in klarer Erkenntnis dieser Gefahr hat Bismarck den Rückversicherungsvertrag geschlossen. Im großen und ganzen glaube ich, wie gesagt, meine Darstellung der auswärtigen Politik trotz und wegen des Krieges aufrechterhalten zu sollen.

Die Einfältigkeit, mit der die Feinde des deutschen Volkes über unsern „Militarismus" reden und schreiben, der das Fundament unseres Staatswesens und die Gewähr unserer Zukunft ist, war mir Veranlassung, auf die historische und politische Bedeutung, die das Heer für Deutschland hat, mit einigen Worten einzugehen.

In der Behandlung der inneren Politik habe ich gern Ausführungen fallen lassen, die alten Streit und Gegensatz im einzelnen betrafen. Auch trage ich bereitwillig der neuen Lage Rechnung, die die Sozialdemokratie durch ihr Einschwenken in die nationale Front bei Kriegsausbruch geschaffen hat. Gerade und fast allein auf dem Boden nationaler Fragen habe ich mit der Sozialdemokratie im Kampf gestanden. Jenseits dieses Bodens haben in mancherlei praktischen Fragen stets berechtigte Wünsche der Sozialdemokratie Verständnis und Erfüllung bei deutschen Regierungen gefunden, gleichviel, ob die Sozialdemokratie das anerkannte oder nicht. Gegenseitiges Verstehen zwischen Sozialdemokratie und Regierung, zwischen der Sozialdemokratie und den anderen Parteien wird für die Zukunft leichter und häufiger sein als in der Vergangenheit, da die leidige Trennung der deutschen Parteien in nationale und nicht nationale in diesem Kriege überwunden ist. Auch die Sozialdemokratie hat sich bei Ausbruch des Krieges dem nationalen Gedanken gebeugt.

Mit der vorliegenden Sonderausgabe, die in weitem Zwischenraume nach den Ausgaben in den fremden Sprachen erscheint, folge ich dem Wunsche vieler deutscher Freunde.

Berlin, den 15. Mai 1916.

Fürst von Bülow.

Auswärtige Politik

„Die deutsche Nation ist trotz ihrer alten Geschichte das jüngste unter den großen Völkern Westeuropas. Zweimal ward ihr ein Zeitalter der Jugend beschieden, zweimal der Kampf um die Grundlage staatlicher Macht und freier Gesittung. Sie schuf vor einem Jahrtausend das stolzeste Königtum der Germanen und mußte acht Jahrhunderte nachher den Bau ihres Staates auf völlig verändertem Boden von neuem beginnen, um erst in unseren Tagen wieder einzutreten in die Reihe der Völker."

Diese Worte, mit denen Treitschke seine „Deutsche Geschichte" einleitet, enthalten nicht nur tiefe geschichtliche Erkenntnis, sie haben auch sehr modernen politischen Sinn. Deutschland ist die jüngste unter den großen Mächten Europas, der Homo novus, der, in jüngster Zeit emporgekommen, sich durch überragendes eigenes Können in den Kreis der alten Völkerfamilien gedrängt hat. Als ungebetener und lästiger Eindringling wurde die neue Großmacht angesehen, die Furcht gebietend nach drei glorreichen Kriegen in die europäische Staatengesellschaft eintrat und das Ihre forderte von der reichbesetzten Tafel der Welt. Jahrhunderte hindurch hatte Europa nicht an die Möglichkeit einer national=staatlichen Einigung der deutschen Ländermasse geglaubt. Jedenfalls hatten die europäischen Mächte ihr möglichstes getan, um eine solche zu verhindern. Insbesondere war die französische

Politik von Richelieu bis auf Napoleon III. in der richtigen Er=
kenntnis, daß das Übergewicht Frankreichs, la Préponderance
légitime de la France, in erster Linie auf der staatlichen Zer=
riſſenheit Deutſchlands beruhe, beſtrebt, dieſe Zerriſſenheit zu
erhalten und zu vertiefen. Aber auch die anderen Mächte wollten
die Einigung Deutſchlands nicht. In dieſer Beziehung dachte
Kaiſer Nikolaus wie Lord Palmerſton, Metternich wie Thiers.
Es iſt wohl der ſtärkſte Beweis für das wundervolle Zuſammen=
wirken der abgeklärten Weisheit unſeres alten Kaiſers mit dem
Genie des Fürſten Bismarck, daß ſie die Einigung Deutſchlands
durchgeſetzt haben, nicht nur gegen alle Schwierigkeiten, die ihr
die innerdeutſchen Verhältniſſe, uralter Wettſtreit und Neid, alle
Sünden unſerer Vergangenheit und alle Eigenheiten unſeres po=
litiſchen Charakters entgegentürmten, ſondern auch gegen den
offenen oder verſteckten Widerſtand und gegen die Unluſt von
ganz Europa.

Auf einmal war das Deutſche Reich da. Schneller, als man
gefürchtet, ſtärker, als irgend jemand geahnt hatte. Keine der
anderen Großmächte hatte die ſtaatliche Wiedergeburt Deutſch=
lands gewünſcht, jede hätte ſie, ſo wie ſie erfolgte, lieber ver=
hindert. Kein Wunder, daß die neue Großmacht nicht mit Freude
begrüßt, ſondern als unbequem empfunden wurde. Auch eine
ſehr zurückhaltende und friedliebende Politik konnte an dieſem
erſten Urteil wenig ändern. Man ſah in der lange verhinderten,
oft gefürchteten, endlich von den deutſchen Waffen und einer un=
vergleichlichen Staatskunſt ertrotzten ſtaatlichen Einigung der
Mitte des europäiſchen Feſtlandes an ſich etwas wie eine Dro=
hung und jedenfalls eine Störung.

Um die Mitte der neunziger Jahre des vergangenen Jahrhun=
derts ſagte mir in Rom, wo ich damals Botſchafter war, mit

einem Seufzer Sir Clare Ford, der englische Botschafter: „Wie viel gemütlicher und bequemer war es doch in der Politik, als England, Frankreich und Rußland den europäischen Areopag bildeten, und höchstens gelegentlich Österreich herangezogen zu werden brauchte."

Diese gute alte Zeit ist vorüber. Der hohe Rat Europas ist vor mehr als vier Jahrzehnten um ein stimmberechtigtes Mitglied vermehrt worden, das nicht nur den Willen hat mitzureden, sondern auch die Kraft mitzuhandeln. Eine Kraft, die furchtbarer noch als gefürchtet die Feinde im Weltkriege fühlen.

Ein Stück harter, weltgeschichtlicher Arbeit hatte mit dem Meisterwerk des Fürsten Bismarck seine Vollendung erhalten. Dem zielbewußten Willen der Hohenzollern mußten durch Jahrhunderte der ausdauernde Heroismus der preußischen Armee und die nie erschütterte Hingebung des preußischen Volkes zur Seite stehen, bis unter wechselvollen Schicksalen die brandenburgische Mark zur preußischen Großmacht wurde. Zweimal schien der schon gewonnene Kranz dem Staate Preußens wieder zu entgleiten. Die vernichtende Niederlage von 1806 stürzte Preußen von der bewunderten und gefürchteten Höhe friderizianischen Ruhmes jäh hinab. Diejenigen schienen recht zu bekommen, die in dem stolzen Staat des Großen Königs nicht mehr als ein künstliches politisches Gebilde hatten sehen wollen, das stand und fiel mit dem einzigartigen staatsmännischen und kriegerischen Genie des Monarchen. Die Erhebung nach dem tiefen Sturz von Jena und Tilsit bewies der staunenden Welt, welche urwüchsige und unzerstörbare Kraft in diesem Staate lebte. Solcher Opferwillen und solcher Heldenmut eines ganzen Volkes setzten eingewurzeltes nationales Selbstbewußtsein voraus. Und als das Volk Preußens sich nicht in regellosem Aufstande, gleich den vielbewunderten Spaniern und den wackeren Tiroler Bauern erhob, sondern sich Mann für Mann gleichsam selbstverständlich dem Befehl des Königs und seiner Berater unterstellte, da sah man staunend, wie Nationalbewußtsein und Staatsbewußtsein in Preußen eins waren, daß das Volk durch die harte Schule des friderizianischen Staates zur Nation erzogen worden war. Die Reorganisation des staatlichen Lebens unter der Leitung schöpferischer Männer in der Zeit von 1807 bis 1813 gewann dem Staate zum Gehorsam die bewußte Liebe der Untertanen. Der Befreiungskampf von 1813 bis 1815 erwarb Preußen die Achtung aller und das Vertrauen vieler nichtpreußischer Deutschen.

Es war ein reiches Erbe, das die große Zeit der Erhebung und Befreiung hinterließ. Aber unter der Rückwirkung einer matten und glanzlosen äußeren Politik und durch eine Geschäftsführung im Innern, die weder im richtigen Augenblick zu geben noch zu weigern verstand, wurde dieses Erbe während der nächsten Jahrzehnte zum guten Teil wieder verwirtschaftet. Gegen Ende der fünfziger Jahre des 19. Jahrhunderts stand Preußen an innerer Haltung und an äußerer Geltung zurück hinter dem Preußen, wie es aus den Freiheitskriegen hervorgegangen war. Wohl hatte die nationale Einheitsbewegung durch die preußische Zollpolitik das erste feste Fundament erhalten. Aber der Tag von Olmütz zerstörte die Hoffnung der deutschen Patrioten, die von Preußen die Erfüllung der nationalen Wünsche erwarteten. Preußen schien auf seine weltgeschichtliche Mission zu verzichten und der machtpolitischen Fortführung des Einigungswerkes zu entsagen, das es wirtschaftspolitisch zielbewußt begonnen hatte.

Wohl waren durch die Überleitung des Staatslebens in konstitutionelle Bahnen neue Kräfte für das nationale Leben frei geworden. Unendliches hätte dieser Staat an innerer Lebendigkeit und nationaler Stoßkraft gewonnen, wenn dieses treue Volk zu rechter Zeit zur politischen Mitarbeit berufen worden wäre, wie es Stein und Hardenberg, Blücher und Gneisenau, Wilhelm von Humboldt und Boyen, auch Yorck und Bülow=Dennewitz gewünscht hatten. „Nichts ist wohl unpassender", schrieb 1822 Yorck, „als ohnmächtig gegen die Elemente der Natur streben zu wollen. Der Flut eine zweckmäßige Richtung zu geben, dies nur kann Segen bringen." So selbst Yorck, der strenge Greis. Als der große Schritt dreiunddreißig Jahre zu spät getan wurde, war das Mißtrauen zwischen Volk und Obrigkeit schon zu tief eingefressen, hatte das Ansehen der Regierung im Verlauf der revolutionären Erhebung zu schweren Schaden genommen, als daß die modernen Staatsformen unmittelbar hätten Segen bringen können. Der Gang der preußischen Politik war gehemmt im Innern durch eine mißtrauische und in Doktrinen befangene Volksvertretung, nach außen durch den unbesiegten Widerstand der österreichischen Vormachtsansprüche. Da griff, von König Wilhelm im entscheidenden Augenblick berufen, nahezu in zwölfter Stunde Bismarck in das stockende Räderwerk der preußischen Staatsmaschine.

Daß eine normale geschichtliche Entwicklung zur staatlichen Einigung Deutschlands unter preußischer Führung gelangen mußte, daß es das vornehmste Ziel preußischer Staatskunst war, diese Entwicklung zu beschleunigen und zu vollenden, das war den einsichtigen Patrioten jener Jahre wohl bewußt. Aber alle Wege, die man beschritten hatte, um zum Ziele zu gelangen, hatten sich als ungangbar erwiesen. Von der Initiative der preußischen Regierung schien je länger, je weniger zu erwarten. Die gutgemeinten, aber unpraktischen Versuche, das deutsche Volk zu veranlassen, die Bestimmung seiner Geschicke selbst in die Hand zu

5

nehmen, scheiterten, weil die in Deutschland wie kaum in einem anderen Lande ausschlaggebende treibende Kraft der Regierungen fehlte.

Im „Wilhelm Meister" erwidert der erfahrene Lothario der schwermütigen Aurelie, die an den Deutschen vieles auszusetzen hat, es gäbe in der Welt keine bravere Nation, als die deutsche, sofern sie nur recht geführt werde. Der Deutsche, welches Stammes er immer sei, hat stets unter einer starken, stetigen und festen Leitung das Größte vermocht, selten ohne eine solche oder im Gegensatz zu seinen Regierungen und Fürsten. Bismarck hat uns in seinen „Gedanken und Erinnerungen" selbst erzählt, daß er sich hierüber von Anfang an nicht im Zweifel war. Mit genialer Intuition fand er den Weg, auf dem sich die Hoffnungen des Volkes mit den Interessen der deutschen Regierungen zusammenfinden mußten. Er war wie kaum je ein Staatsmann eingedrungen in die Geschichte der Nation, deren Leitung in seine Hände gelegt war. Hinter dem äußeren Zusammenhang der Ereignisse suchte und fand er die treibenden Kräfte des nationalen Lebens. Die große Zeit der Befreiung und Erhebung Preußens ist ihm, der im Jahre von Waterloo geboren und von Schleiermacher in der Berliner Dreifaltigkeitskirche eingesegnet worden war, nie aus dem Gedächtnis geschwunden, sie stand im Anfang seines weltgeschichtlichen Wirkens in voller Lebendigkeit vor seinen Augen. Er fühlte, daß sich in Deutschland nationaler Wille und nationale Leidenschaft nicht entzünden in Reibungen zwischen Regierung und Volk, sondern in den Reibungen deutschen Stolzes, Ehrgefühls und Ehrgeizes an den Widerständen und Ansprüchen fremder Nationen. Solange die Frage der deutschen Einigung nur ein innerpolitisches Problem war, ein Problem, um das vorwiegend zwischen den Parteien und zwischen Regierung und Volk gehadert wurde, konnte sie eine Fürsten und Völker mitreißende gewaltige, zwingende nationale Bewegung nicht erzeugen. Als Bismarck die deutsche Frage hinstellte als das, was sie im Kern war, als eine Frage der europäischen Politik, und sich alsbald die außerdeutschen Gegner der deutschen Einigung regten, da gab er auch den Fürsten die Möglichkeit, sich an die Spitze der nationalen Bewegung zu stellen.

In Frankfurt, in Petersburg, in Paris hatte Bismarck den Mächten Europas in die Karten gesehen. Er hatte erkannt, daß die Einigung Deutschlands eine rein deutsch=nationale Angelegenheit nur so lange bleiben konnte, wie sie frommer Wunsch und unerfüllbare Hoffnung der Deutschen war, daß sie eine internationale Angelegenheit werden mußte mit dem Moment, in dem sie in das Stadium der Verwirklichung eintrat. Der Kampf mit den Widerständen in Europa lag auf dem Wege zur Lösung der großen Aufgabe der deutschen Politik. Anders als in einem solchen Kampfe aber waren die Widerstände in Deutschland selbst kaum aufzulösen. Damit war die nationale Politik der internationalen eingegliedert, die Vollendung des deutschen Einigungswerkes durch eine unvergleichliche staatsmännische Schöpferkraft und Kühnheit den ererbt schwächsten Fähigkeiten der Deutschen, den politischen, genommen und den angeborenen besten, den kriegerischen, zugewiesen. Eine günstige Fügung wollte es, daß Bismarck einen Feldherrn wie Moltke, einen militärischen Organisator wie Roon an seiner Seite fand. Die Waffentaten, die uns unsere europäische Großmachtsstellung zurückgewonnen hatten, sicherten sie zugleich. Sie nahmen den Großmächten für lange Zeit die Lust, uns den Platz im europäischen Kollegium wieder zu entreißen, den wir in drei siegreichen Kriegen erobert hatten. Wenn uns dieser Platz auch ungern eingeräumt worden war, so ist er uns doch nahezu ein halbes Jahrhundert hindurch nicht ernstlich bestritten worden. Frankreich ausgenommen, hätte sich wohl alle Welt mit der Machtstellung Deutschlands allmählich befreundet, wenn unsere Entwicklung mit der Reichsgründung beendet gewesen wäre. Die staatliche Einigung ist aber nicht der Abschluß unserer Geschichte geworden, sondern der Anfang einer neuen Zukunft. In der vordersten Reihe der europäischen Mächte gewann das Deutsche Reich wieder vollen Anteil am Leben Europas. Das Leben des alten Europa aber war schon lange nur noch ein Teil des gesamten Völkerlebens.

Die auswärtige Politik war mehr und mehr Weltpolitik geworden. Die weltpolitischen Wege waren auch für Deutschland geöffnet, als es eine mächtige und gleichberechtigte Stelle neben den alten Großmächten gewann. Die Frage war nur, ob wir die vor uns liegenden neuen Wege beschreiten, das „grand game", wie Disraeli die Weltpolitik zu nennen pflegte, riskieren oder ob wir in Besorgnis um die eben gewonnene Macht vor weiterem Wagen zurückschrecken sollten.

In Kaiser Wilhelm II. fand die Nation einen Führer, der ihr mit klarem Blick und festem Willen auf dem neuen Wege voranging. Mit ihm haben wir den weltpolitischen Weg beschritten. Nicht als Konquistadoren, nicht unter Abenteuern und Händeln. Wir sind langsam vorgegangen, haben uns das Tempo nicht vorschreiben lassen von der Ungeduld des Ehrgeizes, sondern von den Interessen und Rechten, die wir zu fördern und zu behaupten hatten. Wir sind nicht in die Weltpolitik hineingesprungen, wir sind in unsere weltpolitischen Aufgaben hineingewachsen, und wir haben nicht die alte europäische Politik Preußen-Deutschlands gegen die neue Weltpolitik ausgetauscht, sondern wir ruhen, wie es in militärischer und wirtschaftlicher Beziehung der Verlauf des großen Krieges deutlich zeigt, wie vor alters mit den starken Wurzeln unserer Kraft im alten Europa.

„Die Aufgabe unserer Generation ist es, gleichzeitig unsere kontinentale Stellung, welche die Grundlage unserer Weltstellung ist, zu wahren und unsere überseeischen Interessen so zu pflegen, eine besonnene, vernünftige, sich weise beschränkende Weltpolitik so zu führen, daß die Sicherheit des deutschen Volkes nicht gefährdet und die Zukunft der Nation nicht beeinträchtigt wird."[1] Mit diesen Worten suchte ich am 14. November 1906 gegen Ende einer ausführlicheren Darstellung der internationalen Lage die Aufgabe zu formulieren, die Deutschland damals und nach menschlichem Ermessen auch in Zukunft zu erfüllen hatte: Weltpolitik auf der festen Basis unserer europäischen Großmachtstellung.

Anfangs wurden wohl Stimmen laut, die das Beschreiten der neuen weltpolitischen Wege als ein Abirren von den bewährten Bahnen der Bismarckischen Kontinentalpolitik tadelten. Man übersah, daß gerade Bismarck uns neue Wege dadurch wies, daß er die alten zu ihren Zielen geführt hatte. Seine Arbeit hat uns die Tore der Weltpolitik recht eigentlich geöffnet. Erst nach der staatlichen Einigung und der politischen Erstarkung Deutschlands war die Entwicklung der deutschen Volkswirtschaft zur Weltwirtschaft möglich. Erst nachdem das Reich seine alte Stellung in Europa gesichert sah, konnte es daran denken, für die Interessen einzutreten, die deutsche Unternehmungslust, deutscher Gewerbefleiß und kaufmännischer Wagemut in aller Herren Länder geschaffen hatten. Gewiß sah Bis-

---

[1] Fürst Bülows Reden. Fünf Bände. Verlag von Philipp Reclam jun., Leipzig.

marck den Verlauf dieser neuen deutschen Entwicklung, die Auf=
gaben dieser neuen Zeit nicht im einzelnen voraus und konnte
sie nicht voraussehen. In dem reichen Schatz politischer Er=
kenntnisse, die Fürst Bismarck uns hinterlassen hat, finden sich
für unsere weltpolitischen Aufgaben nirgends die allgemeingül=
tigen Sätze, wie er sie für eine große Zahl von Möglichkeiten
unseres nationalen Lebens geprägt hat. Vergebens suchen wir
in den Entschlüssen seiner praktischen Politik nach einer Recht=
fertigung für die Entschließungen, die unsere weltpolitischen Auf=
gaben von uns fordern. Wohl wurde auch diese neue, andere
Zeit von Bismarck vorbereitet. Nie dürfen wir vergessen, daß
wir ohne die gigantische Leistung des Fürsten Bismarck, der
mit einem mächtigen Ruck in Jahren nachholte, was in Jahr=
hunderten vertan und versäumt worden war, die neue Zeit
nicht hätten erleben können. „C'est la diplomatie de Bismarck qui a fait du vrai les victoires allemandes de
1866 et de 1870[1]“, schrieb einige Wochen nach dem Ausbruch
des Weltkrieges Victor Bérard in der „Revue des deux mondes“. Wenn jede neue Epoche geschichtlicher Entwicklung durch
die vorhergehende bedingt ist, ihre treibenden Kräfte mehr oder
minder stark der Vergangenheit dankt, so kann sie doch nur
einen Fortschritt bringen, wenn sie die alten Wege und Ziele
hinter sich läßt und zu anderen, eignen bringt. Entfernen wir
uns auf unseren neuen weltpolitischen Bahnen auch von der
rein europäischen Politik des ersten Kanzlers, so bleibt es doch
wahr, daß die weltpolitischen Aufgaben des 20. Jahrhunderts
die rechte Fortführung sind der kontinental=politischen Aufgaben,
die er erfüllt hat. In jener Reichstagsrede vom 14. November

---

[1] In Wahrheit war es die Diplomatie des Fürsten Bismarck, die
die deutschen Siege von 1866 und 1870 errungen hat.

1906[1]) wies ich darauf hin, daß die Nachfolge Bismarcks nicht eine Nachahmung, sondern eine Fortbildung sein muß. „Wenn die Entwicklung der Dinge es verlangt," so sagte ich damals, „daß wir über Bismarckische Ziele hinausgehen, so müssen wir es tun."

Die Entwicklung der Dinge aber hat die deutsche Politik längst hinausgetrieben aus der Enge des alten Europa in die weitere Welt. Es war nicht ehrgeizige Unruhe, die uns drängte, es den Großmächten gleichzutun, die seit lange die Wege der Weltpolitik gingen. Die durch die staatliche Wiedergeburt verjüngten Kräfte der Nation haben in ihrem Wachstum die Grenzen der alten Heimat gesprengt, und die Politik folgte den neuen nationalen Interessen und Bedürfnissen. In dem Maße, in dem unser nationales Leben ein Weltleben geworden ist, wurde die Politik des Deutschen Reichs zur Weltpolitik.

Im Jahre 1871 sammelte das neue Deutsche Reich 41 058 792 Einwohner in seine Grenzen. Sie fanden Nahrung und Arbeit in der Heimat, und zwar besser und leichter als zuvor, unter dem Schutze verstärkter nationaler Macht, unter vielfältig durch die Reichsgründung erleichterten Verkehrsbedingungen, unter den Segnungen der neuen allgemein-deutschen Gesetzgebung. Im Jahre 1900 aber war die Bevölkerungszahl auf 56 367 178, heute ist sie auf 68 000 000 angewachsen. Diese gewaltige Volksmasse konnte das Reich in seinen Grenzen in der alten Weise nicht mehr ernähren. Die Bevölkerungszunahme stellte dem deutschen Wirtschaftsleben und damit auch der deutschen Politik ein gewaltiges Problem. Es mußte gelöst werden, sollte der Überschuß an deutscher Kraft, den die Heimat nicht zu erhalten imstande war, nicht fremden Ländern zugute kommen.

1) Reden III, Seite 135.

11

Im Jahre 1883 wanderten etwa 173 000 Deutsche aus, 1892 waren es 116 339, 1898 nur noch 22 221, und bei dieser letzten niedrigen Anzahl ist es seither durchschnittlich geblieben. Es konnte Deutschland also im Jahre 1883 einer um 22 000 000 geringeren Menschenzahl weniger gute Existenzbedingungen gewähren als gegenwärtig seinen 68 000 000 Reichsangehörigen. In dem gleichen Zeitraum war der deutsche Außenhandel von etwa 6 Milliarden Mark Wert auf 22,54 Milliarden vor dem Kriege gestiegen. Welthandel und Volksernährung stehen in unverkennbarem Zusammenhange. Selbstverständlich weniger durch die eingeführten Nahrungsmittel selbst, obwohl die Schwierigkeiten der Volksernährung in diesem Kriege bei abgeschnittenem Überseehandel deutlich auch die unmittelbaren Zusammenhänge zwischen Welthandel und heimischem Nahrungsmittelmarkte zeigen, als durch die vermehrte Arbeitsgelegenheit, die die mit dem Welthandel verbundene Industrie zu gewähren vermag.

Die Entwicklung der Industrie in erster Linie hat das dem nationalen Leben durch die Bevölkerungsvermehrung gestellte Problem der Lösung zugeführt, unbeschadet der durch das überraschend geschwinde Entwicklungstempo älteren Gebieten des volkswirtschaftlichen Lebens vorerst zugefügten Nachteile. Die enorme Vermehrung und Vergrößerung der industriellen Betriebe, die heute Millionen von Arbeitern und Angestellten beschäftigen, konnte nur erreicht werden dadurch, daß sich die deutsche Industrie des Weltmarktes bemächtigte. Wäre sie angewiesen geblieben auf die Verarbeitung der Rohstoffe, die der Kontinent liefert, und auf den europäischen Markt für den Absatz ihrer Fabrikate, so könnte von den modernen Riesenbetrieben nicht die Rede sein, und es wären Millionen Deutscher, die gegenwärtig unmittelbar durch die Industrie ihren Lebensunterhalt haben, ohne Lohn und Brot. Nach den statistischen Erhebungen wurden im Jahre 1911 Rohstoffe für Industriezwecke im Werte von 5393 Millionen eingeführt und fertige Waren ausgeführt im Werte von 5460 Millionen Mark. Hierzu kommt eine Ausfuhr von Rohstoffen, vor allem Bergwerkserzeugnissen, im Werte von 2205 Millionen. Nahrungs- und Genußmittel wurden vor dem Kriege für 3077 Millionen Mark ein-, für 1096 Millionen ausgeführt. Diese toten Zahlen gewinnen Leben, wenn bedacht wird, daß ein großes Stück deutschen Wohlergehens an ihnen hängt, Existenz und Arbeit von Millionen unserer Mitbürger. Der Welthandel vermittelt diese gewaltigen Warenmassen. Sie gehen nur zum geringen Teil auf den Land- und Wasserwegen des Festlandes, überwiegend über das Meer auf den Fahrzeugen deutscher Reeder.

Industrie, Handel und Reederei haben dem alten deutschen Wirtschaftsleben die neuen weltwirtschaftlichen Formen gewonnen, die das Reich auch politisch hinausgeführt haben über die Ziele, die Fürst Bismarck der deutschen Staatskunst gesteckt hatte.

Mit seinen 22,5 Milliarden Außenhandel war Deutschland im Jahre 1913 hinter Großbritannien mit 27 und vor den Vereinigten Staaten mit 17 Milliarden die zweitgrößte Handelsmacht der Welt. Die deutschen Häfen sahen im Jahre 1913 89 329 eigene und 26 637 fremde Schiffe ankommen, 90 456 eigene und 26 919 fremde Schiffe auslaufen. Durchschnittlich 80 Dampfschiffe und an 50 Segelschiffe stellten die deutschen Reedereien jährlich neu ein. In rapider Entwicklung haben wir Deutschen unseren Platz gewonnen in der vordersten Reihe der seefahrenden und Seehandel treibenden Völker.

Das Meer hat eine Bedeutung für unser nationales Leben

gewonnen, wie niemals zuvor in unserer Geschichte, auch nicht
in den großen Zeiten der deutschen Hansa. Es ist ein Lebens-
strang für uns geworden, den wir uns nicht durchschneiden
lassen dürfen, wenn wir nicht aus einem aufblühenden und
jugendfrischen ein verwelkendes und alterndes Volk werden wollen.
Dieser Gefahr waren wir aber ausgesetzt, solange es unserem
Welthandel und unserer Schiffahrt gegenüber den übermächtigen
Kriegsflotten anderer Mächte an nationalem Schutz auf dem
Meere gebrach. Die Aufgaben, die die bewaffnete Macht des
Deutschen Reichs zu erfüllen hat, hatten sich wesentlich verschoben,
seitdem der kontinentale Schutz, den uns unsere Armee sicherte,
nicht mehr genügte, den heimischen Gewerbefleiß gegen Störun-
gen, Eingriffe und Angriffe von außen zu schirmen. Eine
Kriegsflotte mußte der Armee zur Seite treten, damit wir un-
serer nationalen Arbeit und ihrer Früchte froh werden konnten.

Als im Frühjahr 1864 der englische Gesandte in Berlin
den damaligen preußischen Ministerpräsidenten auf die Erregung
aufmerksam machte, die das Vorgehen Preußens gegen Dänemark in England hervorrufe und dabei die Bemerkung fallen
ließ, daß, wenn Preußen nicht haltmache, die englische Regierung
zu kriegerischen Maßnahmen gegen Preußen gedrängt werden
könnte, erwiderte ihm Herr von Bismarck=Schönhausen: „Ja,
was wollen Sie uns denn eigentlich tun? Schlimmstenfalls
können Sie ein paar Granaten nach Stolpmünde oder Pillau
werfen, das ist aber auch alles." Bismarck hatte recht für jene
Zeit. Wir waren damals für das seebeherrschende England so gut
wie unangreifbar, weil wir zur See nicht verwundbar waren.
Wir besaßen weder eine große Handelsmarine, deren Zerstörung
uns empfindlich treffen konnte, noch einen nennenswerten Überseehandel, dessen Unterbindung wir zu fürchten hatten.

14

Ganz anders heute. Wir sind zur See verwundbar geworden. Milliardenwerte haben wir dem Meere anvertraut und mit diesen Werten Wohl und Wehe vieler Millionen unserer Landsleute. Wenn wir nicht rechtzeitig für den Schutz dieses kostbaren und unentbehrlichen nationalen Besitzes sorgten, waren wir der Gefahr ausgesetzt, eines Tages wehrlos ansehen zu müssen, wie er uns für alle Zukunft wieder genommen wurde. Dann aber wären wir nicht etwa wirtschaftlich und politisch in das behagliche Dasein eines reinen Binnenstaates zurückgesunken. Wir wären vielmehr in die Lage versetzt worden, einen beträchtlichen Teil unserer Millionenbevölkerung in der Heimat dauernd weder beschäftigen noch ernähren zu können. Kann es dem Zusammenwirken der Heeres- und Verwaltungsorganisationen mit der unvergleichlichen Anpassungsfähigkeit von Industrie, Landwirtschaft und Arbeiterschaft für die Dauer eines Krieges, der Millionen arbeitsfähiger Deutscher unter den Fahnen hält, gelingen, den wirtschaftlichen Folgen der Ausschließung Deutschlands vom Welthandel und Weltmarkt zu begegnen, so ist es kaum möglich, die friedliche wirtschaftliche Entwicklung unter Verzicht auf den Weltverkehr in fortschreitendem Fluß zu halten. Unser Wirtschaftsleben verlangt eine auf eigene Macht begründete Sicherung unserer Bewegungsfreiheit auf dem Meere und in der Welt. Diese Notwendigkeit weist uns eines der ersten, der wichtigsten Ziele, zu denen die Erfolge des Krieges führen müssen.

Der Bau einer zum Schutze unserer überseeischen Interessen ausreichenden Flotte war seit Ausgang der 80 er Jahre des 19. Jahrhunderts eine Lebensfrage für die deutsche Nation geworden. Daß Kaiser Wilhelm II. das erkannt und an die Erreichung dieses Zieles die ganze Macht der Krone und die ganze Kraft der eigenen Individualität gesetzt hat, ist sein großes ge-

schichtliches Verdienst. Dieses Verdienst wird noch dadurch er=
höht, daß das Oberhaupt des Reichs für den Bau der deutschen
Flotte in dem Augenblick eintrat, wo sich das deutsche Volk über
seine weitere Zukunft entscheiden mußte und wo nach menschlicher
Berechnung die letzte Möglichkeit vorlag, für Deutschland den ihm
notwendigen Seepanzer zu schmieden.

Die Flotte sollte gebaut werden unter Behauptung unserer
Stellung auf dem Kontinent, ohne Zusammenstoß mit England,
dem wir zur See noch nichts entgegenzusetzen hatten, aber unter
voller Wahrung unserer nationalen Ehre und Würde. Der da=
mals noch recht erhebliche parlamentarische Widerstand war nur
zu überwinden, wenn die öffentliche Meinung einen nachhaltigen
Druck auf das Parlament ausübte. Die öffentliche Meinung ließ
sich nur in Bewegung bringen, wenn gegenüber der im ersten
Jahrzehnt nach dem Rücktritt des Fürsten Bismarck in Deutsch=
land herrschenden unsicheren und mutlosen Stimmung das na=
tionale Motiv mit Entschiedenheit betont und das nationale
Bewußtsein wachgerufen wurde. Der Druck, der seit dem Bruch
zwischen dem Träger der Kaiserkrone und dem gewaltigen Manne,
der diese Krone aus der Tiefe des Kyffhäusers hervorgeholt
hatte, auf dem deutschen Gemüt lastete, konnte nur überwunden
werden, wenn dem deutschen Volk, dem es gerade damals an
einheitlichen Hoffnungen und Forderungen fehlte, von seinem
Kaiser ein neues Ziel gesteckt und ihm der Platz an der Sonne
gezeigt wurde, auf den es ein Recht hatte und dem es zustreben
mußte. Das patriotische Empfinden sollte aber auch nicht über=
schäumend und in nicht wieder gut zu machender Weise unsere
Beziehungen zu England stören, dem gegenüber unsere Defensiv=
stärke zur See noch für Jahre hinaus eine ganz ungenügende war
und vor dem wir 1897, wie sich in jenem Jahr ein kompetenter

16

Beurteiler einmal ausdrückte, zur See dalagen wie Butter vor dem Messer. Den Bau einer ausreichenden Flotte zu ermöglichen, war die nächstliegende und große Aufgabe der nachbismarckischen deutschen Politik, eine Aufgabe, vor die auch ich mich in erster Linie gestellt sah, als ich am 28. Juni 1897 in Kiel, auf der „Hohenzollern", am gleichen Tage und an derselben Stelle, wo ich 12 Jahre später um meine Entlassung bat, von Seiner Majestät dem Kaiser mit der Führung der auswärtigen Angelegenheiten betraut wurde.

Am 28. März 1897 hatte der Reichstag in dritter Lesung die Anträge der Budgetkommission angenommen, die an den Forderungen der Regierung für Ersatzbauten, Armierung und Neubauten beträchtliche Abstriche vornahmen. Am 27. November veröffentlichte die Regierung, nachdem der bisherige Staatssekretär des Reichsmarineamts, Admiral von Hollmann, durch eine Kraft ersten Ranges, den Admiral von Tirpitz, ersetzt worden war, eine neue Marinevorlage, die den Neubau von 7 Linienschiffen, 2 großen und 7 kleinen Kreuzern forderte, den Zeitpunkt für die Fertigstellung der Neubauten auf den Schluß des Rechnungsjahres 1904 festsetzte und durch Begrenzung der Lebensdauer der Schiffe und die Bestimmung über die dauernd im Dienst zu haltenden Formationen die rechtzeitige Vornahme von Ersatzbauten sicherstellte. In der Vorlage hieß es: „Unter voller Wahrung der Rechte des Reichstages und ohne neue Steuerquellen in Anspruch zu nehmen, verfolgen die verbündeten Regierungen nicht einen uferlosen Flottenplan, sondern einzig und allein das Ziel, in gemessener Frist eine vaterländische Kriegsmarine von so begrenzter Stärke und Leistungsfähigkeit zu schaffen, daß sie zur wirksamen Vertretung der Seeinteressen des Reiches genügt." Die Vorlage schob die Flottenpolitik auf ein vollkommen neues Gleis. Bisher waren von Zeit zu Zeit einzelne Neubauten gefordert und zum Teil bewilligt worden, aber das feste Fundament, das die Armee im Sollbestand ihrer Formationen besaß, hatte der Kriegsmarine gefehlt. Erst durch die Festsetzung der Lebensdauer der Schiffe einerseits, des Bestandes an dienstfähigen Schiffen andererseits wurde die Flotte ein fester Bestandteil unserer nationalen Wehrmacht.

Der Bau der deutschen Flotte mußte wie vor ihm andere große Aufgaben unserer vaterländischen Geschichte mit dem Auge auf das Ausland durchgeführt werden. Es war vorauszusehen, daß diese folgenschwere Verstärkung unserer nationalen Macht in England Unbehagen und Mißtrauen hervorrufen würde.

Die Politik keines Staates der Welt bewegt sich so fest in traditionellen Formen wie die englische, und gewiß nicht zuletzt dieser sich durch Jahrhunderte forterbenden zähen Konsequenz seiner auswärtigen Politik, die in ihren Endzielen und Grundlinien unabhängig vom Wechsel der Parteiherrschaft gewesen ist, verdankt England seine großartigen weltpolitischen Erfolge. Der fünfte Teil der Erdoberfläche, ein Viertel der Menschheit gehört heute zum Britischen Reich, das dreimal so groß ist als Europa. Das A und O aller englischen Politik war seit jeher die Erreichung und Erhaltung der englischen Seeherrschaft. Diesem Gesichtspunkt sind alle anderen Erwägungen, Freundschaften wie Feindschaften stets zielbewußt untergeordnet worden. Für die Erreichung des einen Zweckes englischer Politik sind den Engländern zu allen Zeiten alle Mittel recht gewesen. Das beweist dieser Krieg aufs neue.

Während der zweiten Hälfte des 18. und der ersten des 19. Jahrhunderts stand England an der Seite Preußens, und zwar gerade in kritischen Zeiten preußischer Geschichte während des

13

Siebenjährigen Krieges und im Zeitalter Napoleons I. Es war
aber nicht etwa gemütvolle Sympathie mit dem kühn und mühe-
voll emporstrebenden blutsverwandten Staat im deutschen Nor-
den, was die englische Haltung bestimmte. England trat für
englische Zwecke an die Seite des tüchtigsten Gegners der stärksten
europäischen Macht und ließ Friedrich den Großen in schwerer
Stunde, ließ Preußen auf dem Wiener Kongreß kaltblütig im
Stich, als es seine Zwecke erreicht sah. Während der Fesselung
der französischen Kräfte im Siebenjährigen Kriege brachte England seinen nordamerikanischen Besitz in Sicherheit. In den
großen Jahren 1813 bis 1815 zertrümmerte die stürmische
Tapferkeit Preußens endlich und endgültig die napoleonische
Weltherrschaft. Als Preußen in Wien um jeden Quadratkilo-
meter Land bitter hadern mußte, hatte England seine Weltmacht
errungen und konnte sie nach der Niederwerfung des französischen
Gegners für absehbare Zeit als gesichert ansehen. Als Feind
der stärksten Kontinentalmacht waren wir Englands Freund,
durch die Ereignisse von 1866 und 1870 wurde Preußen-Deutsch-
land die stärkste Macht des europäischen Festlandes und rückte
in der englischen Vorstellung allmählich an den Platz, den früher
das Frankreich des Sonnenkönigs und der beiden Bonapartes
eingenommen hatte. Die englische Politik folgte ihrer traditionellen Richtung, die Front gegen die jeweilig stärkste Kontinentalmacht zu nehmen. Nach dem Niedergange des habsburgischen
Spaniens war das Frankreich der Bourbonen Englands natür-
licher Gegner, von der hervorragenden Teilnahme Marlboroughs
am Spanischen Erbfolgekrieg bis zum Bündnis mit dem Sieger
der Schlacht bei Roßbach, die in London wie ein Triumph der
britischen Waffen gefeiert wurde. Nach den Jahrzehnten eifer-
süchtigen Mißtrauens gegen das unter Katharina II. mächtig

erstarkende Rußland wandte sich die englische Politik aufs neue und mit voller Energie gegen Frankreich, als Bonaparte die Heere der Republik zum Siege über alle Staaten des europäischen Festlandes führte. In dem Ringkampf zwischen dem ersten Kaiserreich und England blieb England Sieger, gewiß dank der unerschütterlichen und grandiosen Stetigkeit seiner Politik, den Siegen seiner Flotte bei Abukir und Trafalgar und den Erfolgen seines eisernen Herzogs in Spanien, aber auch durch die Zähigkeit der Russen und Österreicher und vor allem durch den Ungestüm unseres alten Blücher und seiner Preußen. Als nach dem Sturz Napoleons das militärische Übergewicht vom Westen Europas auf den Osten überzugehen schien, wandte England seine politische Front. An dem für Rußland unglücklichen Ausgang des Krimkrieges und an dem Scheitern der hochfliegenden Pläne des stolzen Kaisers Nikolaus I. hatte England hervorragenden Anteil, und auch Kaiser Alexander II. fand die englische Politik nicht selten auf seinen politischen Wegen, am fühlbarsten im nahen Orient, dem alten Hoffnungsfelde russischen Ehrgeizes. Das englische Bündnis mit Japan ging aus ähnlichen Erwägungen hervor wie die Entente cordiale mit Frankreich, die die internationale Politik der Gegenwart entscheidend beeinflußt hat.

Das Interesse, das England an der Gestaltung der Machtverhältnisse auf dem europäischen Festlande nimmt, gilt selbstverständlich nicht dem Wohlbefinden derjenigen Mächte, die sich durch die überlegene Stärke einer einzigen unterdrückt oder bedroht fühlen. Solche menschenfreundliche Anteilnahme pflegt selten einen überwiegenden Einfluß auf die politischen Entschließungen der Regierung eines großen Staates auszuüben. Für die Richtung der englischen Politik sind die Rückwirkungen der europäischen Machtverhältnisse auf die englische Seeherrschaft maßgebend. Und jede Machtverschiebung, die eine solche Wirkung nicht im Gefolge haben konnte, ist der englischen Regierung immer ziemlich gleichgültig gewesen. Wenn England traditionell, das heißt denjenigen Interessen angemessen, die es als seine unveränderlichen nationalen Interessen ansieht, der jeweils stärksten Kontinentalmacht unfreundlich oder mindestens argwöhnisch gegenübersteht, so liegt der Grund vornehmlich in der Bedeutung, die England der überlegenen kontinentalen Macht für die überseeische Politik beimißt. Eine europäische Großmacht, die ihre militärische Stärke so drastisch gezeigt hat, daß sie im normalen Lauf der Dinge eines Angriffs auf ihre Grenzen nicht gewärtig zu sein braucht, gewinnt gewissermaßen die nationalen Existenzbedingungen, durch die England zur ersten See- und Handelsmacht der Welt geworden ist. England durfte mit seinen Kräften und seinem Wagemut unbesorgt auf das Weltmeer gehen, weil es seine heimischen Grenzen durch die umgebende See vor feindlichen Angriffen geschützt wußte. Besitzt eine Kontinentalmacht eben diesen Schutz der Grenzen in ihrer gefürchteten, siegreichen und überlegenen Armee, so gewinnt sie die Freiheit zu überseeischer Politik, die England seiner geographischen Lage dankt. Sie wird Wettbewerberin auf jenem Felde, auf dem England die Herrschaft beansprucht. Die englische Politik fußt hier auf den Erfahrungen der Geschichte, man könnte fast sagen, auf der Gesetzmäßigkeit in der Entwicklung der Nationen und Staaten.

Noch jedes Volk mit gesundem Instinkt und lebensfähiger Staatsordnung hat an die Meeresküste gedrängt, wenn sie die Natur ihm versagt hatte. Um Küstenstriche und Hafenplätze ist am hartnäckigsten und bittersten gerungen worden, von Kerkyra und Potidäa, um die sich der Peloponnesische Krieg entzündete, bis zu Kavalla, um das in unseren Tagen Griechen und Bul-

21

garen haberten. Völker, die das Meer nicht gewinnen konnten oder von ihm abgedrängt wurden, schieden stillschweigend aus dem großen weltgeschichtlichen Wettbewerb aus. Der Besitz der Meeresküste bedeutet aber nichts anderes als die Möglichkeit zu überseeischer Kraftentfaltung und letzten Endes die Möglichkeit, die kontinentale Politik zur Weltpolitik zu weiten. Die Völker Europas, die ihre Küsten und Häfen in diesem Sinne nicht nutzten, konnten es nicht tun, weil sie ihre gesamte nationale Kraft zur Verteidigung ihrer Grenzen gegen ihre Widersacher auf dem Festlande nötig hatten. So mußten die weitausschauenden kolonialpolitischen Pläne des Großen Kurfürsten von seinen Nachfolgern aufgegeben werden.

Der stärksten Kontinentalmacht standen die weltpolitischen Wege stets am freiesten offen. Auf diesen Wegen aber hielt England die Wacht. Als Ludwig XIV. bei Karl II. ein französisch=englisches Bündnis anregte, erwiderte ihm dieser im übrigen sehr franzosenfreundliche englische König, es stünden einem aufrichtigen Bündnis gewisse Hindernisse im Wege und von diesen sei das vornehmste die Mühe, die sich Frankreich gebe, eine achtunggebietende Seemacht zu werden. Das sei für England, das nur durch seinen Handel und seine Kriegsmarine Bedeutung haben könne, ein solcher Grund zum Argwohn, daß jeder Schritt, den Frankreich in dieser Richtung tun werde, die Eifersucht zwischen beiden Völkern von neuem aufstacheln müsse. Nach dem Abschluß des Hubertusburger Friedens gab der ältere Pitt im Parlament seinem Bedauern Ausdruck, daß man Frankreich die Möglichkeit gewährt habe, seine Flotte wieder aufzubauen. Vornehmlich als Gegner der französischen Überseepolitik wurde England der Feind Frankreichs im Spanischen Erbfolgekriege, der der französischen Vorherrschaft in Europa den ersten emp=

findlichen Stoß verſetzte, England mit Gibraltar den Schlüſſel zum Weltmeer und das Kerngebiet des von Frankreich heiß umſtrittenen Kanada eintrug. In der Mitte des 18. Jahrhunderts ſagte Lord Chatam: „Die einzige Gefahr, die England zu befürchten hat, entſteht an dem Tage, der Frankreich im Range einer großen See-, Handels- und Kolonialmacht ſieht.“ Vor dem Krimkriege ſchrieb David Urquhart: „Unſere inſulare Lage läßt uns nur die Wahl zwiſchen Allmacht und Ohnmacht. Britannia wird die Königin des Meeres ſein oder vom Meer verſchlungen werden.“ Und 1905 faßte der belgiſche Geſandte in Berlin, Baron Greindl, ſein Geſamturteil über den Gegenſatz zwiſchen England und Deutſchland in die Worte zuſammen: „Die wahre Urſache des Haſſes der Engländer gegen Deutſchland iſt die Eiferſucht, hervorgerufen durch die außerordentlich raſche Entwicklung der deutſchen Induſtrie... Gewohnt, ohne Nebenbuhler dazuſtehen, erſcheint den Engländern jede Konkurrenz als ein Eingriff in ihre Rechte.“

Die engliſche Politik iſt ſich bis in die Gegenwart treu geblieben, weil England heute wie einſt die erſte Seemacht iſt. An die Stelle der robuſten Konflikte der älteren Zeit traten die feineren diplomatiſchen. Der politiſche Zweck blieb unverändert. Als Deutſchland nach Löſung ſeiner alten kontinentalpolitiſchen Aufgaben, nach der Sicherung ſeiner europäiſchen Machtſtellung, ſich weder willens zeigte, noch überhaupt in der Lage war, auf das Beſchreiten der weltpolitiſchen Wege zu verzichten, mußte es für England unbequem werden. Wenn wir aber auch die Traditionen der engliſchen Politik verſtehen können, ſo liegt in einem ſolchen Verſtändnis doch keineswegs das Zugeſtändnis, daß England Grund hatte, der Ausweitung der deutſchen Volkswirtſchaft zur Weltwirtſchaft, der deutſchen Kontinentalpolitik zur Weltpolitik und insbesondere dem Bau einer deutschen Kriegsflotte mit dem gleichen Mißtrauen zu begegnen, das in früheren Jahrhunderten anderen Mächten gegenüber vielleicht am Platze war. Der Gang unserer Weltpolitik war in den Mitteln wie in den Zielen grundverschieden von den Welteroberungsversuchen Spaniens, Frankreichs und zuzeiten auch Hollands und Rußlands in der Vergangenheit. Die Weltpolitik, gegen die England einst so nachdrücklich auftrat, ging zumeist auf eine mehr oder minder gewaltsame Veränderung der internationalen Verhältnisse aus. Wir tragen lediglich unseren veränderten nationalen Lebensbedingungen Rechnung. Die von England oft bekämpfte Weltpolitik anderer Länder trug einen offensiven, die unsere einen defensiven Charakter. Wir wollten und mußten auch zur See die Sicherheit erlangen, daß ein Konflikt mit uns für jede Macht ein sehr erhebliches Risiko bedeutete. Wir mußten in der Wahrung unserer überseeischen Interessen frei werden von dem Einfluß und der Willkür anderer seemächtiger Staaten. Unsere kraftvolle nationale Entwicklung vornehmlich auf wirtschaftlichem Gebiet hatte uns über das Weltmeer gedrängt. Um unserer Interessen wie um unserer Würde und Ehre wegen mußten wir dafür Sorge tragen, daß wir für unsere Weltpolitik dieselbe Unabhängigkeit gewannen, die wir uns für unsere europäische Politik gesichert hatten. Unsere Flotte mußte so stark werden, und sie muß in Zukunft so stark bleiben, daß ein Krieg mit ihr auch für den seemächtigsten Gegner mit Gefahren verknüpft ist, die dessen eigene Machtstellung ernstlich in Frage stellen. Die Erfüllung dieser nationalen Pflicht konnte durch den etwaigen englischen Widerstand wohl erschwert werden, aber kein Widerstand der Welt konnte uns ihr entheben.

Mit dem Auge auf die englische Politik mußte unsere Flotte

24

gebaut werden — und so ist sie gebaut worden. Der Erfüllung dieser Aufgabe hatten meine Bemühungen auf dem Felde der großen Politik in erster Linie zu gelten. Wenn nach dem ersten Erscheinen dieser meiner Ausführungen über deutsche Politik die „Times" meinte, ich hätte mit aller Macht auf die Schaffung einer deutschen Flotte hingearbeitet und den Ausbau der deutschen Flotte ermöglicht, so ist das mit der Einschränkung, daß ich einer uferlosen Flottenpolitik nie das Wort geredet, wohl aber den Bau einer für unsere Verteidigung ausreichenden und unserer Weltpolitik entsprechenden Flotte nach Kräften gefördert habe, durchaus zutreffend. In doppelter Hinsicht mußte sich Deutschland international unabhängig stellen. Wir durften uns weder von einer grundsätzlich gegen England gerichteten Politik das Gesetz unseres Entschließens und Handelns vorschreiben lassen, noch durften wir uns um der englischen Freundschaft willen in englische Abhängigkeit begeben. Beide Gefahren waren gegeben und rückten mehr als einmal in bedenkliche Nähe. In unserer Entwicklung zur Seemacht konnten wir weder als Englands Trabant, noch als Antagonist Englands zum erwünschten Ziele kommen. Schon Machiavell empfiehlt, sich nicht an den Übermächtigen anzuschließen, denn dann sei man dessen Willkür anheimgegeben. „England", äußerte 1893 in Friedrichsruh bei einem Gespräch mit Heinrich v. Sybel Fürst Bismarck, „ist der gefährlichste Gegner Deutschlands. Es hält sich für unbesiegbar und glaubt Deutschlands Hilfe nicht zu brauchen. England hält uns noch nicht für ebenbürtig und würde nur ein Bündnis schließen unter Bedingungen, die wir nie annehmen können. Bei einem Bündnis, welches wir schließen, müssen wir den stärkeren Teil bilden." Solange wir zur See nicht verteidigungsfähig waren, konnten wir ein wirklich gutes und vertrauensvolles

Verhältnis zur größten Seemacht nur haben, wenn wir auf den Ausbau unserer Flotte verzichteten. Wir hätten die weitere Entwicklung nicht nur unserer Kriegs-, sondern auch unserer Handelsflotte aufgeben und ein für allemal der Hoffnung entsagen müssen, im Überseehandel mit England in Wettbewerb zu treten. Die vorbehaltlose und sichere Freundschaft Englands wäre damals nur zu erkaufen gewesen durch Aufopferung eben der weltpolitischen Pläne, um derentwillen wir die britische Freundschaft gesucht hätten. Wären wir diesen Weg gegangen, so würden wir den Fehler begangen haben, den der römische Dichter meint, wenn er sagt, man dürfe nicht propter vitam vivendi perdere causas[1]). England zuliebe auf unsere Flottenpolitik zu verzichten, wäre die Bankerotterklärung Deutschlands als aufstrebende Weltmacht gewesen. Als Englands Feind aber hätten wir schwerlich Aussicht gehabt, in unserer Entwicklung zur See- und Welthandelsmacht so weit zu kommen, wie wir am Ende gelangt sind.

Während des Burenkrieges, der die Kraft des britischen Imperiums auf das äußerste anspannte und England vor große Schwierigkeiten führte, schien sich wohl eine Gelegenheit zu bieten, den stillen Widersacher unserer Weltpolitik empfindlich zu treffen. Wie im übrigen Europa gingen auch in Deutschland die Wogen der Burenbegeisterung hoch. Unternahm es die Regierung, England in den Arm zu fallen, so war sie des Beifalls der öffentlichen Meinung gewiß. Für einen momentanen Erfolg gegen England schien vielen die europäische Konstellation günstig und namentlich die französische Hilfe sicher. Aber die europäische Interessengemeinschaft gegen England war nur scheinbar, und scheinbarer noch wäre für uns der Wert eines etwaigen

---

[1]) ... um zu leben, des Daseins Grundlagen preisgeben.

politischen Erfolges gegen England in der Burenfrage gewesen. Der Versuch, unter dem Eindruck der damaligen burenfreund= lichen Stimmung zu Taten zu schreiten, hätte bald eine Er= nüchterung zur Folge gehabt. In der französischen Nation hätte der tiefsitzende nationale Groll gegen das Deutsche Reich die momentane Verstimmung gegen England rasch und elementar verdrängt, sobald wir uns gegen England festgelegt hätten, und ein grundsätzlicher Frontwechsel der französischen Politik in greif= bare Nähe gerückt worden wäre. Mochte die frische Erinnerung an Faschoda für den französischen Stolz noch so ärgerlich sein, gegen die Erinnerung an Sedan wog sie federleicht. Der ägyptische Sudan und der weiße Nil hatten den Gedanken an Metz und Straßburg nicht aus den französischen Herzen verdrängt. Die Gefahr lag nahe, daß wir von Frankreich gegen England vor= geschoben wurden, während Frankreich selbst sich im psychologi= schen Moment der Mitwirkung versagte. Wie in Schillers schö= nem Gedicht „Die Ideale" hätten die Begleiter sich auf des Weges Mitten verloren.

Aber selbst, wenn es gelang, Englands südafrikanische Politik durch eine europäische Aktion zu durchkreuzen, so war für unsere nächsten nationalen Interessen damit nichts gewonnen. Unsere Beziehungen zu England wären selbstredend von Stund an und für lange Zeit gründlich vergiftet worden. Der passive Wider= stand Englands gegen die Weltpolitik des neuen Deutschland hätte sich in eine sehr aktive Gegnerschaft verwandelt. Wir gingen gerade in jenen Jahren an die Begründung der deutschen See= macht durch den Bau unserer Kriegsflotte, England aber hatte, auch unbeschadet eines etwaigen Mißerfolges im südafrikanischen Kriege, damals die Macht, unsere Entwicklung zur Seemacht im Keim zu ersticken. Unsere neutrale Haltung während des

Burenkrieges entsprang gewichtigen nationalen Interessen des Deutschen Reiches.

Uns den Weg zur Erringung zureichender Seemacht über die Interessen Englands hinweg gewaltsam zu bahnen, waren wir zur See noch nicht stark genug. Im Schlepptau englischer Politik war das den Engländern unerwünschte Ziel deutscher Machtentfaltung zur See ebensowenig zu erreichen.

Der Gedanke lag nahe, es könne der englische Widerstand gegen die deutsche Weltpolitik und vor allem gegen den deutschen Flottenbau am leichtesten überwunden werden durch ein Bündnis zwischen Deutschland und England. Die Idee einer deutsch-englischen Allianz ist in der Presse beider Länder namentlich um die Wende des Jahrhunderts bisweilen erörtert worden. Dieser Gedanke hat schon Bismarck beschäftigt, freilich, um ihm schließlich die resignierte Bemerkung zu entlocken: „Wir wären ja gern bereit, die Engländer zu lieben, aber sie wollen sich nicht von uns lieben lassen." Mit Stipulationen, die England im Falle eines Regierungswechsels oder bei Eintritt anderer, von unserem Willen unabhängiger Ereignisse hätte abstreifen können, während wir an sie gebunden geblieben wären, würde den deutschen Interessen nicht gedient gewesen sein. Es hätte uns auch nicht genügen können, daß dieser oder jener englische Minister einem deutsch-englischen Abkommen geneigt schien. Um ein Abkommen zwischen uns und England haltbar zu machen, mußte sich die gesamte Regierung und vor allem der Premierminister dafür einsetzen. Bismarck hat darauf hingewiesen, wie schwierig es sei, in ein festes Verhältnis zu England zu treten, weil Bündnisse von längerer Dauer nicht den englischen Traditionen entsprächen und die Meinungsäußerungen englischer Politiker selbst in leitender Stellung oder momentane Stimmungen der englischen Presse nicht den

28

Wert unwandelbarer Zusagen hätten. In der Tat hat England vom Krimkrieg bis zum Ausbruch des Weltkrieges kein Bündnis mit festländischen Mächten geschlossen, und noch am Vorabend des Weltkrieges erklärten die englischen Minister, England dürfe seine Stellung nicht von Allianzen abhängig machen, die ihm feste Verpflichtungen auferlegten. In der Rede, mit der er am 4. August 1914 im englischen Unterhaus für die Teilnahme Englands am Weltkrieg eintrat, erwähnte Sir Edward Grey, daß er sechs Jahre vorher, während der bosnischen Krisis, dem damaligen russischen Minister des Äußern erklärt habe, die öffentliche Meinung in England würde der englischen Regierung eine andere als eine diplomatische Unterstützung Rußlands nicht erlauben. "I told Mr. Iswolski definitely then, this being a Balcan crisis, a Balcan affair, I did not consider that public opinion in this country would justify us in promising to give anything more than diplomatic support... In this present crisis, up till yesterday, we have also given no promise of anything more than diplomatic support — up till yesterday no promise of more than diplomatic support[1])." Die Rede, mit der der englische Minister den Krieg einläutete, ist hauptsächlich dem Nachweis gewidmet, daß England sich bis zuletzt freie Hand gewahrt habe. So sorgsam und überlegt sicherte sich die englische Politik bis zum letzten

---

[1]) „Ich erklärte Herrn Iswolski damals endgültig, daß, da es sich hier um eine Balkankrisis, um eine Balkanangelegenheit handle, ich nicht glaubte, die öffentliche Meinung in England werde uns berechtigen, Rußland irgend etwas mehr als diplomatische Unterstützung zu gewähren... In dieser gegenwärtigen Krisis, bis zum gestrigen Tage, haben wir gleichfalls nichts versprochen, was irgendwie weiter ginge als diplomatische Unterstützung — bis zum gestrigen Tage versprachen wir nicht mehr als diplomatische Unterstützung.“

Moment selbst Frankreich gegenüber die Möglichkeit, nach ihrem Ermessen und je nach der Lage aus dem bisherigen Freundschaftsverhältnis die letzten Konsequenzen zu ziehen oder nicht, und doch befand sich Frankreich, dem aus vielen Gründen die englische öffentliche Meinung geneigter war als uns, in dem England seit Jahren nicht mehr einen Rivalen und namentlich keinen ernstlichen Konkurrenten zur See und im Welthandel sah, England gegenüber in einer ganz anderen Lage als wir. Es läßt sich vielleicht darüber streiten, ob, nachdem König Eduard von der Weltbühne abgetreten und der Bau unserer Flotte zwar noch nicht vollendet, wohl aber so weit fortgeschritten war, wie wir sie damals für unsere Verteidigung brauchten, ein Neutralitätsabkommen mit England in unserm Interesse gelegen hätte. Daß wir, so lange unsere Flotte selbst für defensive Zwecke noch ganz ungenügend war, und vollends, als ihr Bau kaum begonnen hatte, und so lange König Eduard regierte, uns nicht ohne die sichersten Bürgschaften an England fesseln und namentlich nicht für England die Kastanien aus dem russischen Feuer holen durften, springt in die Augen. Nur bei absolut und dauernd bindenden englischen Verpflichtungen hätten wir angesichts der Eifersucht nahezu der gesamten öffentlichen Meinung Englands gegen die wirtschaftlichen Fortschritte Deutschlands und vor allem gegen das Anwachsen der deutschen Kriegsflotte die Brücke einer englisch-deutschen Allianz betreten dürfen. Wir konnten uns an England nur unter der Voraussetzung binden, daß die Brücke, die über die wirklichen und vermeintlichen Gegensätze zwischen uns und England führen sollte, auch wirklich tragfähig war. Das tatsächliche Verhalten der Engländer uns gegenüber gerade in dieser Periode ihrer Avancen bewies, wie wenig die englische Politik imstande war, selbst in einer Zeit, wo sie uns zu gewinnen wünschte, ihre

30

eiferfüchtige Gehäffigkeit zu zügeln. Ich erinnere nur an das Verhalten Englands bei den Samoa=Wirren von 1899, an die un= motivierte und brutale Beschlagnahme deutscher Postdampfer, noch dazu in neutralen Gewässern, im Januar 1900. Verträge sind nur dann haltbar, wenn sie der Ausdruck des gegenseitigen Interessenverhältnisses und der beiderseitigen Aspirationen sind. »Il y a quelque chose de pire que l'isolement, ce sont des alliances au fond desquelles réside le soupçon[1])«, hat Pierre de la Gorce in seinem Werk über Napoleon III. gesagt, diesen unglücklichen Monarchen, aus dessen auswärtiger Politik besser als aus irgendeinem Kompendium der Diplomat lernen kann, wie man es nicht machen muß.

Die Weltlage war, als um die Jahrhundertwende die Allianz= frage ventiliert wurde, in vieler Hinsicht eine andere als zwölf Jahre später. Diese natürlich wiederum eine andere als die gegenwärtige. In aller Politik, zumal in der auswärtigen, ist allein der Wechsel beständig. Und es ist die Aufgabe der Ver= antwortlichen, sich die eigenen Aufgaben nach dem Wandel der Situation immer anders und immer neu zu stellen, ohne die alten bleibenden Ziele der nationalen Geschichte aus dem Auge zu verlieren.

Um die Jahrhundertwende war Rußland noch nicht durch den japanischen Krieg geschwächt, sondern gewillt, seine eben gewonnene Stellung an der asiatischen Ostküste und speziell im Golf von Petschili zu befestigen und auszubauen. Die Beziehun= gen zwischen England und Rußland waren gerade wegen der zwischen beiden Reichen schwebenden asiatischen Fragen damals recht gespannte. Die Gefahr lag nahe, daß einem mit Eng=

---

[1]) Es gibt etwas Schlimmeres als die Isolierung, nämlich Allianzen, die Mißtrauen in sich bergen.

land verbündeten Deutschland die Rolle gegen Rußland zufallen würde, die später Japan allein übernommen hat. Nur hätten wir diese Rolle unter Bedingungen durchführen müssen, die nicht zu vergleichen sind mit den günstigen Voraussetzungen, die Japan für seinen Zusammenstoß mit Rußland vorfand. Der japanische Krieg war in Rußland unpopulär, und Rußland mußte ihn auf ungeheure Entfernungen als einen Kolonialkrieg führen. Ließen wir uns gegen Rußland vorschieben, so kamen wir in eine viel schwierigere Lage. Der Krieg gegen Deutschland wäre unter solchen Umständen in Rußland nicht unpopulär gewesen, er wäre von russischer Seite mit nationalem Elan geführt worden. Für Frankreich hätte der Casus foederis vorgelegen. Frankreich hätte seinen Revanchekrieg unter nicht ungünstigen Bedingungen führen können. England stand damals vor dem Burenkrieg. Seine Lage würde erleichtert worden sein, wenn diese schwierige kolonial=politische Unternehmung unterstützt und begleitet worden wäre von einer großen europäischen Konflagration, wie solche England in der Mitte des 18. und im ersten Jahrzehnt des 19. Jahr=hunderts gute Dienste geleistet haben. Wir Deutschen hätten einen schweren Landkrieg nach zwei Fronten zu tragen gehabt, während England die leichtere Aufgabe zugefallen wäre, unsern Handel lahm zu legen, sein Kolonialreich ohne große Mühe weiter zu vergrößern und von der gegenseitigen Schwächung der Festlandmächte zu profitieren. Wir hätten uns für englische Zwecke mißbrauchen lassen, wie sich heute Frankreich von England mißbrauchen läßt und für England verblutet. Endlich und nicht zuletzt hätten wir während eines kriegerischen Engagements auf dem Festlande und geraume Zeit nachher keinesfalls Kraft, Mittel und Muße gefunden, den Aufbau unserer Kriegsflotte so zu fördern, wie wir es haben tun können. Wenn wir diesen, viel=

32

leicht letzten Moment, uns den notwendigen Seepanzer zu schmie=
den, ungenützt hätten vorübergehen lassen, so würden wir damit
für absehbare Zeit jede Aussicht auf Selbständigkeit zur See
und damit auf eine selbständige und unabhängige Weltpolitik
verloren haben. Wir hätten unsere Haut gegen Rußland für
England zu Markte getragen, dem es, als uns Chamberlain,
übrigens ohne Rückendeckung durch den Premierminister Lord
Salisbury, seine Offerten machte, natürlich nicht unerwünscht
gewesen wäre, wenn wir als englischer Landsknecht ihm die in
Ostasien unbequemen Russen vom Halse geschafft hätten. Wie
die Verhältnisse damals lagen, war es jedenfalls klüger, an den
englischen Interessen gleichsam vorüberzugehen, den feindlichen
Zusammenstoß und die gefügige Abhängigkeit in gleicher Weise
zu meiden.

So ist es denn auch in der Tat gelungen, uns unbehelligt und
unbeeinflußt von England diejenige Macht zur See zu schaffen,
die unseren wirtschaftlichen Interessen und unserem weltpoli=
tischen Willen die reale Grundlage gab, und die anzugreifen
auch dem stärksten Gegner als ein ernstes Wagnis erscheinen
mußte. Was das für uns bedeutet, hat sich in diesem Kriege
gezeigt, wo unsere Schlachtflotte die englische Hauptmacht an die
Nordsee bindet und dadurch England verhinderte, an den Meer=
engen seine volle Kraft zu entwickeln, wo der Unterseebootkrieg
eine überragende Bedeutung gewonnen hat, wo unsere Unterseee=
boote sich als eine scharfe, wirksame und wuchtige Waffe erwiesen
und dem feindlichen Handel und Verkehr empfindliche Schläge
versetzt haben, wo durch sie die englische Seeherrschaft zum
erstenmal seit Jahrhunderten ernstlich gefährdet wird. Auf allen
Meeren haben unsere heldenhaften Seeoffiziere und ihre brave
Mannschaft der jungen deutschen Flagge einen Ruhm errungen,

der ewig fortklingen wird. Die Tapferen der „Emden" und „Karlsruhe", der „Königsberg" und der „Möve", den Grafen Spee mit seinen beiden Söhnen, Otto Weddigen und sie alle, die auf den U-Booten fuhren und kämpften, wird unser Volk nie vergessen. Sie werden weiter leben in seinem Herzen wie die Helden der alten Zeit und der Sage, wie Roland, Siegfried und der Cherusker.

Während der ersten zehn Jahre nach der Einbringung der Marinevorlage von 1897 und dem Beginn unserer Schiffsbauten wäre eine zum Äußersten entschlossene englische Politik wohl in der Lage gewesen, die Entwicklung Deutschlands zur Seemacht kurzerhand gewaltsam zu unterbinden, uns unschädlich zu machen, bevor uns die Krallen zur See gewachsen waren. Mit Recht wurde im September 1914 in einer Berliner Zeitung geschrieben, England wolle uns klein machen, bevor wir zu groß würden, habe aber den richtigen Zeitpunkt hierfür verpaßt. Wir wären inzwischen so groß geworden, daß wir jetzt mit gutem Mut in den Kampf mit England eintreten könnten. Und im 13. Monat des Krieges konstatierte die „Frankfurter Zeitung" ebenso zutreffend, England habe, als es zur kriegerischen Auseinandersetzung gekommen wäre, die trübe Wahrnehmung machen müssen, daß es trotz aller Einkreisungspläne den rechten Augenblick versäumt hatte, wo es den gefürchteten Mitbewerber hätte klein machen können.

In England wurde der Präventivkrieg gegen Deutschland während des Ausbaus unserer Flotte wiederholt gefordert. Der Zivillord der Admiralität, Mr. Arthur Lee, erklärte am 3. Februar 1905 in öffentlicher Rede, man müsse die Augen auf die Nordsee richten, die britische Flotte in der Nordsee sammeln und im Kriegsfalle „den ersten Schlag führen, bevor die andere Partei

34

Zeit finden würde, in den Zeitungen zu lesen, daß der Krieg erklärt ist". Diese Auslassung unterstrich der „Daily Chronicle" mit den Worten: „Wenn die deutsche Flotte 1904 im Oktober zerstört worden wäre, würden wir in Europa für sechzig Jahre Frieden gehabt haben. Aus diesen Gründen halten wir die Äußerungen von Mr. Arthur Lee, angenommen, daß sie im Auftrage des Kabinetts erfolgten, für eine weise und friedfertige Erklärung der unwandelbaren Absicht der Herrin der Meere." Schon im Herbst 1904 hatte die „Army and Navy Gazette" ausgeführt, wie unerträglich es sei, daß England allein durch das Vorhandensein der deutschen Flotte dazu gezwungen werde, Vorsichtsmaßregeln zu treffen, deren es sonst nicht bedürfen würde. „Wir haben", hieß es in diesem Artikel, „schon einmal einer Flotte das Lebenslicht ausblasen müssen, von der wir Grund hatten zu glauben, daß sie zu unserem Schaden verwendet werden könnte. Es fehlt in England wie auf dem Festlande nicht an Leuten, die die deutsche Flotte für die einzige und wirkliche Bedrohung der Erhaltung des Friedens in Europa halten. Sei dem, wie es wolle, wir begnügen uns damit, darauf hinzuweisen, daß der gegenwärtige Augenblick besonders günstig ist für unsere Forderung, daß diese Flotte nicht weiter vergrößert werde." Um dieselbe Zeit schrieb in einem Artikel, in dem der prophylaktische Krieg gegen Deutschland offen gepredigt wurde, eine angesehene englische Revue: „Wenn die deutsche Flotte vernichtet würde, wäre der Friede Europas auf zwei Generationen gesichert; England und Frankreich oder England und die Vereinigten Staaten oder alle drei würden die Freiheit der Meere verbürgen und den Bau neuer Schiffe verhindern, die in den Händen ehrgeiziger Mächte mit wachsender Bevölkerung und ohne Kolonien gefährliche Waffen sind." Gerade um diese Zeit, im Herbst 1904, schickte Frankreich sich an, uns in Marokko zu brüskieren. Einige Monate vorher, im Juni 1904, hatte ein französischer Politiker und Publizist, der in Frankreich und England gute Beziehungen hatte und dabei für seine Person ein ehrlicher Friedensfreund war, mir mit dem Ausdruck der Besorgnis erzählt, der Bau unserer Flotte rufe in weiten englischen Kreisen große und wachsende Unruhe hervor. Man wäre sich dort nur noch nicht im klaren darüber, wie die Fortführung unserer Schiffsbauten zu verhindern sei, ob durch direkte Vorstellungen oder durch Begünstigung der chauvinistischen Elemente in Frankreich. „Sie werden", äußerte mein französischer Bekannter, der kurz vorher in London maßgebende und hochstehende Persönlichkeiten gesprochen hatte, „Ihren Flottenplan nicht ausführen können, denn es wird nicht lange dauern, bis England Sie vor die Wahl stellt, entweder mit Ihren Schiffsbauten aufzuhören oder die englische Flotte auslaufen zu sehen." Wir haben trotzdem unser Flottenprogramm durchgeführt. Als im Winter 1909 ein englischer Parlamentsredner die Tatsache feststellte, daß England nicht nötig haben würde, so fieberhaft zur See zu rüsten, wenn es zehn Jahre zuvor das Aufkommen der deutschen Seemacht verhindert hätte, sprach er einen Gedanken aus, der vom Standpunkt reiner Machtpolitik zutreffend war. Die Gelegenheit, eine werdende Flotte im Keime zu ersticken, die England in früheren Zeiten und gegen andere Länder wiederholt wahrnahm, hätte es aber Deutschland gegenüber nicht finden können, da wir nicht die Flanke boten.

Die Flotte, die wir uns seit 1897 geschaffen haben und die uns, freilich in weitem Abstande von England, zur zweiten Seemacht der Erde macht, sicherte uns die Möglichkeit, der Vertretung unserer deutschen Interessen in der Welt machtpolitischen Nachdruck zu leihen. Ihr ist in erster Linie die Aufgabe zugedacht, unseren Welthandel, Leben und Ehre unserer deutschen Mitbürger im Auslande zu schützen. Diese Aufgabe haben deutsche Kriegsschiffe in Westindien und Ostasien erfüllt.

Gewiß war es eine vorwiegend defensive Rolle, die wir unserer Flotte zuwiesen. Daß diese defensive Rolle sich in ernsten internationalen Konflikten erweitern konnte, ist selbstverständlich. Wenn das Reich mutwillig angegriffen werden sollte, gleichviel von welcher Seite, mußte in unseren Zeiten die See als Kriegsschauplatz eine ganz andere und vermehrte Bedeutung gewinnen als 1870. Daß in einem solchen Fall die Flotte wie die Armee getreu der preußisch-deutschen Tradition im Hieb die beste Parade sehen würde, darüber brauchte kein Wort gesagt zu werden. Völlig gegenstandslos aber war die Sorge, die den Bau unserer Flotte begleitet hat, es möchte mit dem Erstarken Deutschlands zur See die deutsche Angriffslust erwachen.

Von allen Völkern der Erde ist das deutsche dasjenige, das am seltensten angreifend und erobernd vorgegangen ist. Wenn wir von den Römerfahrten der deutschen Kaiser des Mittelalters absehen, deren treibende Kraft mehr ein großartiger traumhafter politischer Irrtum gewesen ist als ungebändigte Eroberungs- und Kriegslust, so werden wir vergeblich in unserer Vergangenheit nach Eroberungskriegen suchen, die denen Frankreichs im 17., 18. und 19. Jahrhundert, denen des habsburgischen Spaniens, Schwedens in seiner Glanzzeit, denen des russischen und englischen Reichs im Zuge ihrer grundsätzlich expansiven nationalen Politik an die Seite zu setzen sind. Mehr als die Verteidigung und Sicherung unseres Vaterlandes haben wir Deutschen in Jahrhunderten nie erstrebt. So wenig wie der Große König seine unbesiegten Bataillone nach der Eroberung Schlesiens und der Sicherung der Selbständigkeit der preußischen Monarchie zu Abenteuern führte, so wenig dachten Kaiser Wilhelm I. und Bismarck daran, nach den beispiellosen Erfolgen zweier großer Kriege zu neuen Taten auszuholen. Wenn sich ein Volk der politischen Selbstbeschränkung rühmen darf, so ist es das deutsche. Wir haben uns unsere Erfolge immer selbst begrenzt und nicht abgewartet, daß uns durch die Erschöpfung unserer nationalen Mittel eine Grenze gesetzt wurde. Unsere Entwicklung entbehrt deshalb der Epochen blendenden plötzlichen Aufstiegs und ist mehr ein langsames unverdrossenes Vorwärtsarbeiten und Fortschreiten gewesen. Die rastlose Art anderer Völker, aus den erreichten Erfolgen den Ansporn zu neuen größeren Wagnissen zu schöpfen, fehlt dem Deutschen fast gänzlich. Unsere politische Art ist nicht die des wagehalsig spekulierenden Kaufmannes, sondern mehr die des bedächtigen Bauern, der nach sorgsamer Aussaat geduldig die Ernte abwartet.

Nach dem Deutsch-Französischen Kriege war die Welt voll Furcht vor neuen kriegerischen Unternehmungen Deutschlands. Kein irgendmöglicher Eroberungsplan, der uns damals nicht angedichtet wurde. Seitdem sind mehr als vier Jahrzehnte vergangen. Wir sind an Volkskraft und materiellen Gütern reicher, unsere Armee ist stärker und stärker geworden. Die deutsche Flotte entstand und entwickelte sich. Die Zahl der großen Kriege, die seit 1870 ausgefochten wurden, war eher größer denn geringer als früher in dem gleichen Zeitraum. Deutschland hat die Teilnahme an keinem gesucht und allen Versuchen, in kriegerische Verwicklungen hineingezogen zu werden, kühl widerstanden.

Ohne Ruhmredigkeit noch Übertreibung kann gesagt werden, daß noch nie in der Geschichte eine Waffenmacht von so überlegener Stärke wie die deutsche in gleichem Maße der Erhaltung und Sicherung des Friedens gedient hat. Mit unserer über jeden

Zweifel erhabenen Friedensliebe ist diese Tatsache nicht erklärt. Friedliebend ist der Deutsche stets gewesen und hat doch wieder und wieder zum Schwerte greifen müssen, weil er sich gegen fremden Angriff zur Wehr setzen mußte. Tatsächlich ist der Friede in erster Linie erhalten geblieben, nicht weil ein deutscher Angriff auf andere Nationen unterblieb, sondern weil andere Nationen die deutsche Abwehr eines etwaigen eigenen Angriffs fürchteten. Die Stärke unserer Rüstung hat sich von 1871 bis 1914 als ein Schutz des Friedens erwiesen, wie ihn die letzten bewegten Jahrhunderte nicht gekannt haben. Ein weltgeschichtliches Urteil liegt in dieser Tatsache.

Die Ergänzung unserer Wehrmacht durch die Flotte bedeutete bei richtig geleiteter deutscher auswärtiger Politik eine vermehrte und verstärkte Friedensgarantie. Wie die Armee die mutwillige Störung der kontinental-politischen Wege Deutschlands verhinderte, so die Flotte die Störung unserer weltpolitischen Entwicklung. Solange wir die Flotte nicht hatten, waren unsere gewaltig anwachsenden weltwirtschaftlichen Interessen, die zugleich unveräußerliche nationalwirtschaftliche Interessen sind, die freie Angriffsfläche, die das Deutsche Reich seinen Widersachern bot. Als wir diese Blöße deckten, den Angriff auf das Reich auch zur See zu einem Wagnis für jeden Gegner machten, schützten wir nicht nur den eigenen, sondern mit ihm den europäischen Frieden. Um die Gewinnung von Schutzmitteln, nicht von Angriffsmitteln war es uns zu tun. Wir sind, nachdem wir in die Reihe der Seemächte eingetreten sind, auf den zuvor beschrittenen Bahnen ruhig weitergegangen. Die neue Ära uferloser deutscher Weltpolitik, die im Auslande vielfach prophezeit wurde, ist ausgeblieben. Wohl aber hatten wir jetzt die Möglichkeit, unsere Interessen wirksam wahrzunehmen, Übergriffen entgegenzutreten und überall, vornehmlich in Kleinasien, in Ostasien und Afrika unsere Stellung zu behaupten und auszubauen.

Das Netz unserer internationalen Beziehungen mußte sich in dem Maße ausdehnen, in dem wir in unsere weltpolitischen Aufgaben hineinwuchsen. Fern gelegene überseeische Reiche, die uns in der Zeit reiner Kontinentalpolitik wenig zu kümmern brauchten, wurden von größerer und größerer Bedeutung für uns. Die Pflege guter, wenn möglich freundschaftlicher Beziehungen zu ihnen wurde eine bedeutsame Pflicht unserer auswärtigen Politik. In erster Linie handelte es sich hierbei um die beiden neuen Großmächte des Westens und des Ostens, um die Vereinigten Staaten von Nordamerika und um Japan. Hier wie dort galt es, entstandene Trübungen zu überwinden, ehe an die Anbahnung freundschaftlicher Beziehungen gedacht werden konnte.

Während des Spanisch-Amerikanischen Krieges waren in einem Teil der öffentlichen deutschen Meinung starke Sympathien für Spanien hervorgetreten, die in Nordamerika natürlich nicht angenehm empfunden wurden. Auch hatte die Art und Weise, in der ein Teil der englischen und amerikanischen Presse Zwischenfälle ausgebeutet hatte, die sich vor Manila zwischen unserem Geschwader und der amerikanischen Flotte abgespielt hatten, die deutsch-amerikanischen Beziehungen getrübt. Ihren Höhepunkt erreichte diese Verstimmung im Februar 1899, so daß es angezeigt erschien, der Anbahnung günstigerer Beziehungen zwischen den beiden bluts- und stammverwandten Völkern mit Nachdruck das Wort zu reden. Was ich in dieser Richtung im Reichstag damals ausführte[1]), hat sich viele Jahre als richtig erwiesen: „Vom Standpunkte einer verständigen Politik ist gar kein Grund

---

[1]) Reden I, Seite 74.

vorhanden, warum nicht Deutschland und Amerika in den besten
Beziehungen zu einander stehen sollten. Ich sehe keinen Punkt,
wo sich die deutschen und die amerikanischen Interessen feindlich
begegneten, und auch in der Zukunft sehe ich keinen Punkt, wo die
Linien ihrer Entwicklung sich feindlich zu durchkreuzen brauchten.“

Mehr als irgend ein anderer brachte Kaiser Wilhelm II. Ame=
rika Verständnis entgegen. Die Anbahnung eines guten Verhält=
nisses zu den Vereinigten Staaten war ihm in erster Linie zu
danken. Er gewann die Amerikaner allmählich durch eine kon=
sequent freundliche Behandlung. Mit dem Präsidenten Roose=
velt verbanden ihn lange persönliche gute Beziehungen. Die Ent=
sendung des Prinzen Heinrich nach Amerika hatte vollen Erfolg.
Sie trug wesentlich dazu bei, beide Völker daran zu erinnern,
wie viele gemeinsame Interessen sie verbinden und wie wenig
wirkliche Gegensätze sie trennen. Ein glücklicher Gedanke unseres
Kaisers war es auch, durch den Austausch namhafter Universi=
tätslehrer deutscher und amerikanischer Hochschulen den geistigen
Konnex der beiden germanischen Völker fester und inniger zu
gestalten. Deutsches Geistesleben, deutsche Dichtkunst, Philo=
sophie und Wissenschaft haben vielleicht nirgends in der Welt
so aufrichtige Bewunderung gefunden wie in den Vereinigten
Staaten. Andererseits sind die Wunder amerikanischer Technik
wohl in keinem anderen Lande so eifrig studiert und so freudig
anerkannt worden wie in Deutschland. Dieser intime Austausch
geistiger, wissenschaftlicher Errungenschaften gewann durch die
Einrichtung der Austauschprofessoren seinen äußeren Ausdruck.

Die intimer werdenden Beziehungen zwischen den Völkern
und Staatsoberhäuptern förderten auch unsere politischen Be=
ziehungen zu den Vereinigten Staaten. Wir haben uns nicht
nur über Samoa mit den Amerikanern freundschaftlich ausein=

andergeſetzt, Amerika iſt uns auch während der kritiſchen Periode, die unſere Politik am Anfang des neuen Jahrhunderts zu durch= laufen hatte, nie ſtörend in den Weg getreten. Es gibt außer Öſterreich wohl kaum ein Reich, wo ſo natürliche Voraus= ſetzungen für fortdauernde freundſchaftliche Beziehungen mit uns beſtehen als Nordamerika. In den Vereinigten Staaten leben etwa 10 Millionen Deutſche. In ihnen war ſeit der Gründung des „Deutſch=Amerikaniſchen Nationalbundes“ im Jahre 1901 das Beſtreben im Wachſen, bei voller Treue gegen ihr neues Vaterland doch die Verbindung mit der alten deutſchen Heimat feſtzuhalten und zu beleben.

Dieſe Anhänglichkeit unſerer Landsleute in Amerika an unſer Land hat im gegenwärtigen Kriege bisher die Feuerprobe beſtanden. Freilich hat ſich demgegenüber gezeigt, wie ſtark, ja leidenſchaftlich die Hinneigung des in den Vereinigten Staaten lebenden Volks= elementes engliſcher Herkunft an das Mutterland iſt. Der Welt= krieg hat unter anderen Folgen auch die gehabt, daß er das angel= ſächſiſche Solidaritätsgefühl belebt und gekräftigt hat. Seit dem Ausbruch des Weltkriegs ſteht uns die ganze engliſch ſprechende Welt, ſoweit ſie angelſächſiſcher Raſſe iſt und noch darüber hinaus, feindlich gegenüber. Bei der numeriſchen Überlegenheit der Anglo= Amerikaner, die faſt alle ſtaatlichen öffentlichen Amter innehaben, konnte es nicht ausbleiben, daß im Kriege zwiſchen Deutſchland und England das Gewicht der amerikaniſchen Sympathien ſich auf die engliſche Seite neigte und die offizielle amerikaniſche Politik der vorherrſchenden Volksſtrömung folgte. „Zwiſchen Deutſchland und Amerika iſt eine Entfremdung eingetreten, die ſich in vielen Jahren nicht überbrücken laſſen wird“, ſchrieb im Juni 1915 der New=Yorker Korreſpondent eines großen Berliner Blattes. Deutſch= land hat die parteiiſche und unfreundliche Orientierung des offi=

ziellen und öffentlichen Amerika während des Krieges bitter und zu seinem Nachteil empfunden. Was uns von dieser Seite während der Differenzen über die Führung des U=Bootkriegs an Rücksichts= losigkeit, auch in der Form, geboten wurde, war uns noch nicht widerfahren und steht wohl einzig da in der Geschichte der diplo= matischen Beziehungen zwischen großen Ländern. Der Groll, den weite deutsche Kreise gegen das so lange als ehrlich befreundet an= gesehene amerikanische Volk gegenwärtig empfinden, ist nur zu ver= ständlich und ist berechtigt. Dieser Groll wird nicht dadurch ge= mildert, daß Amerika durch seine Ausbeutung der gegenwärtigen Weltkonjunktur im Begriffe steht, das reichste Land der Erde zu werden. In dem Monatsbericht einer der großen New=Yorker Ban= ken vom Juli 1915 wurde festgestellt, daß the war business der Vereinigten Staaten nach kaum einjähriger Kriegsdauer alles Da= gewesene übersteige. "America", heißt es in dem Bericht wört= lich, "is the only country in the world whose bank position has grown steadily stronger. Gold is flowing to us from every quarter of the globe, the imports of the last six month breaking all records in our financial history". Der Bericht gipfelt in den Worten: „The situation is absolu= tely unprecedented and merits the careful study of every thoughtful American[1].“ Ich möchte hinzufügen: Und jedes nachdenklichen Europäers. Ein Triumphgesang, wie ihn am Schluß des Jahres 1915 in satter Selbstzufriedenheit

---

[1] Amerika ist das einzige Land in der Welt, dessen finanzielle Stellung sich stetig immer mehr verstärkt hat. Aus jedem Teile der Welt strömt Gold in unser Land, unsere Einfuhr während der letzten 6 Monate über= trifft alles, was in der Finanzgeschichte je erlebt worden ist... Nie hat es eine solche Lage gegeben, und sie verdient, daß jeder nachdenkliche Amerikaner sie sorgsam studiert.

der amerikaniſche Schatzſekretär mit einem mitleidigen Seitenblick auf das durch den Weltkrieg „dezimierte und verarmte Europa" über den noch nicht dageweſenen wirtſchaftlichen Aufſchwung der Vereinigten Staaten ſeit dem Beginn dieſes Krieges angeſtimmt hat, iſt ſelten oder nie gehört worden. Es wird aber trotz allem im amerikaniſchen wie im deutſchen Intereſſe liegen, ſpäter wirtſchaftspolitiſch wieder normale Beziehungen herzuſtellen. Das wird auch erreichbar ſein, wenn hüben und drüben die Politik von ruhigen und feſten Händen geleitet wird, übertriebene Freundſchaftsbeteuerungen und ergebnisloſe Nachgiebigkeit ebenſo vermieden werden wie Unſicherheit und Nervoſität bei gelegentlichen Reibungen. Achtung vor dem anderen auf der Grundlage und in den Grenzen der Selbſtachtung wird auch den Beziehungen zwiſchen uns und den Vereinigten Staaten am zuträglichſten ſein.

Ähnlich wie unſere Beziehungen zu Amerika hatte auch unſer Verhältnis zu Japan gegen Ende des 19. Jahrhunderts eine Periode der Verſtimmung zu durchlaufen. Bis zum Beginn der neunziger Jahre hatten wir den Japanern als Vorbild gedient und als Freund gegolten, und mit Stolz nannten ſich die Japaner die Preußen des Oſtens. Unſere Beziehungen zu Japan bekamen einen ſtarken Stoß, als wir 1895 an der Seite von Frankreich und Rußland, mit denen wir uns ad hoc zu einem oſtaſiatiſchen Dreibund gruppiert hatten, das ſiegreiche Japan nötigten, ſeine Forderungen gegenüber dem beſiegten China zurückzuſchrauben. Als wir damals Japan in den Arm fielen, verloren wir viele ſeit Jahrzehnten dort aufgeſpeicherte Sympathien, ohne dafür bei Frankreich und Rußland ſonderlichen Dank zu ernten. Ein vom Deutſchen Kaiſer um dieſe Zeit entworfenes Bild, das nur idealen Friedensbeſtrebungen dienen ſollte, wurde von unſeren Gegnern und Konkurrenten mit Eifer und Erfolg dazu benutzt, uns in Japan Abbruch zu tun.

44

Jahrelanger Sorgfalt war es während des folgenden Dezenniums allmählich gelungen, in Japan wieder einer besseren Stimmung gegen Deutschland Raum zu schaffen. Wir hatten kein Interesse daran, das japanische Volk zum Gegner zu haben. Natürlich waren wir ebensowenig dazu da, den Japanern die Kastanien aus dem Feuer zu holen. Es wäre nicht nur für Japan, sondern auch für England eine erhebliche Entlastung gewesen, wenn wir uns um ihrer ostasiatischen Interessen willen gegen Rußland hätten vorschieben lassen. Uns selbst wäre damit schlecht gedient worden. So wenig glücklich der Gedanke war, für die schönen Augen Frankreichs und Rußlands Japan zu verstimmen und uns zu entfremden, so wenig konnte uns daran liegen, uns wegen der ostasiatischen Interessen anderer Mächte mit Rußland zu entzweien. Gegen Ende der 80er Jahre sagte mir Fürst Bismarck mit Bezug auf Rußland und Asien: „In dem russischen Faß gärt und rumort es ja ganz bedenklich, das könnte einmal zu einer Explosion führen. Am besten für den Weltfrieden wäre es wohl, wenn die Explosion nicht in Europa, sondern in Asien erfolgte. Wir müssen uns dann nur nicht gerade vor das Spundloch stellen, damit der Zapfen nicht uns in den Bauch fährt." Hätten wir uns vor dem Russisch-Japanischen Kriege gegen Rußland vorschieben lassen, so wären wir bei der Explosion vor das Spundloch zu stehen gekommen. Ich habe den Fürsten Bismarck auch gelegentlich sagen hören: „Wenn Ihnen Herr N. etwas vorschlägt, das für ihn nützlich, für Sie aber schädlich ist, so ist das nicht dumm von N. Es ist aber dumm von Ihnen, wenn Sie darauf eingehen."

Der Weltkrieg, in dem Europa verarmt, bedeutet für Japan eine günstige Konjunktur, nicht nur, weil es ähnlich wie die Vereinigten Staaten von Amerika, wenn auch nicht in so hohem Grade durch Kriegslieferungen gewinnt, sondern auch, weil es in Asien freie Hand bekommt, und gleichzeitig der Wert seiner Freundschaft für Rußland wie für England steigt. Es hat sich unserer schönsten und zukunftsreichsten Kolonie bemächtigt. Durch den japanischen Vorstoß gegen Tsingtau sind dem japanischen Volk die Sympathien verloren gegangen, die wir ihm lange entgegengetragen haben. Es wird an Japan sein, das Vertrauen des im Weltkriege siegreichen Deutschen Reiches wiederzugewinnen.

Wenn Deutschland nach der Erreichung des großen Zieles seiner europäischen Politik mit den vermehrten und ständig sich vermehrenden Kräften in die weitere Welt hineingelangt hat, so war damit nicht gesagt, daß nun die ganze Summe unserer nationalen Kraft für Unternehmungen außerhalb des europäischen Festlandes frei geworden ist. Der Übergang zur Weltpolitik bedeutete uns die Eröffnung neuer politischer Wege, die Erschließung neuer nationaler Aufgaben, aber kein Verlassen aller alten Wege, keinen grundstürzenden Wechsel unserer Aufgaben. Die neue Weltpolitik sollte eine Erweiterung, nicht eine Verlegung unseres politischen Betätigungsfeldes sein.

Wir dürfen nie vergessen, daß die Konsolidierung unserer europäischen Großmachtstellung es uns ermöglicht hat, die nationale Wirtschaft zur Weltwirtschaft, die kontinentale Politik zur Weltpolitik zu weiten. Die deutsche Weltpolitik ist auf die Erfolge unserer europäischen Politik gegründet. In dem Augenblick, in dem das feste Fundament der europäischen Machtstellung Deutschlands ins Wanken geriete, wäre auch der weltpolitische Aufbau nicht mehr haltbar. Es ist der Fall denkbar, daß ein weltpolitischer Mißerfolg unsere Stellung in Europa unberührt ließe, es ist aber der Fall undenkbar, daß eine empfindliche Einbuße an Macht und Geltung in Europa nicht eine entsprechende Erschütterung unserer weltpolitischen Stellung zur Folge hätte. Nur auf der Basis europäischer

Politik können wir Weltpolitik treiben. Die Erhaltung unserer starken Position auf dem Festlande ist heute noch wie in der Bismarckischen Zeit Anfang und Ende unserer nationalen Politik. Das gilt auch für die Bürgschaften, die uns der Friede bringen muß. Ohne ausreichende Sicherung und Stärkung unserer europäischen Stellung würden uns koloniale Erwerbungen nichts nützen.

Sind wir auch weltpolitisch unseren nationalen Bedürfnissen folgend über Bismarck hinausgegangen, so werden wir doch stets die Grundsätze seiner europäischen Politik als den festen Boden unter unseren Füßen behaupten müssen. Die neue Zeit muß mit ihren Wurzeln in den Überlieferungen der alten ruhen. Die Garantie für eine gesunde Entwicklung liegt auch hier in einem verständigen Ausgleich zwischen Altem und Neuem, zwischen Erhaltung und Fortschritt. Der Verzicht auf Weltpolitik wäre gleichbedeutend gewesen mit einem langsamen, sicheren Verkümmern unserer nationalen Lebenskräfte. Eine Politik weltpolitischer Abenteuer ohne Rücksicht auf unsere alten europäischen Interessen hätte vielleicht zunächst reizvoll und imponierend gewirkt, bald aber zu einer Krisis, wenn nicht zur Katastrophe in unserer Entwicklung geführt. Die gesunden politischen Erfolge werden nicht viel anders wie die kaufmännischen gewonnen: in ruhiger Fahrt zwischen der Skylla ängstlicher Vorsicht und der Charybdis wagehalsigen Spekulierens.

„Die Basis einer gesunden und vernünftigen Weltpolitik ist eine kräftige nationale Heimatpolitik." Das sagte ich im Dezember 1901[1]), als der Abgeordnete Eugen Richter einen Gegensatz hatte konstruieren wollen zwischen der Politik, die dem neuen Zolltarif zugrunde lag, die den Schutz der heimischen Arbeit, insbesondere der landwirtschaftlichen, bezweckte, und der neuen Weltpolitik, die

---

[1]) Reden II, Seite 15.

den Interessen des Handels folgte. Der scheinbare Gegensatz war tatsächlich ein Ausgleich, denn die deutsche Weltwirtschaft war hervorgegangen aus einem zu höchster Blüte entwickelten nationalen Wirtschaftsleben. Die Verbindung zwischen Politik und Volkswirtschaft ist in unserer modernen Zeit eine innigere als in der Vergangenheit. Die modernen Staaten reagieren mit ihrer inneren wie mit ihrer auswärtigen Politik unmittelbar auf die Schwankungen und Veränderungen des hochentwickelten wirtschaftlichen Lebens, und jedes bedeutsame wirtschaftliche Interesse drängt alsbald in irgendeiner Weise zum politischen Ausdruck. Der Welthandel mit allen Lebensinteressen, die von ihm abhängen, hat unsere Weltpolitik notwendig gemacht. Das heimische Wirtschaftsleben fordert eine entsprechende Heimatpolitik. Hinüber und herüber muß ein Ausgleich gesucht und gefunden werden.

Sieben Jahre nach den Zolltarifverhandlungen kam der damals wirtschaftspolitisch umstrittene Ausgleich zwischen deutscher Welt- und Heimatpolitik in der großen Politik zur Geltung bei Gelegenheit der bosnischen Krise im Jahre 1908. Dies Ereignis ist vielleicht besser als jede akademische Erörterung geeignet, das rechte wirkliche Verhältnis zwischen unserer überseeischen und unserer europäischen Politik klarzulegen. Die deutsche Politik bis zur Aufrollung der bosnischen Frage war vorwiegend beherrscht von den Rücksichten auf unsere Weltpolitik. Nicht als ob Deutschland seine auswärtigen Beziehungen nach seinen überseeischen Interessen orientiert hätte, aber weil das Mißfallen Englands an der Entfaltung des deutschen Überseehandels und insbesondere an der Erstarkung der deutschen Seemacht auf die Gruppierung der Mächte und ihre Stellung zum Deutschen Reich einwirkte. Die öffentliche Meinung des englischen Volkes überließ sich seit dem Beginn unseres Schiffsbaues zeitweise einer unbegründeten, ja sinnlosen und deshalb fast

48

panikartigen Besorgnis vor einer deutschen Landung in England. Von einem nicht kleinen Teil der weitverzweigten und mächtigen englischen Presse wurde diese Besorgnis systematisch genährt.

Ich war während meiner Amtszeit überzeugt, daß es zu einem Zusammenstoß zwischen Deutschland und England nicht kommen werde, wenn wir 1. uns eine Flotte bauten, die anzugreifen für jeden Gegner mit einem übermäßigen Risiko verbunden wäre, 2. darüber hinaus uns auf kein ziel- und maßloses Bauen und Rüsten einließen, auf kein Überheizen unseres Marinekessels, 3. England nicht erlaubten, unserem Ansehen und unserer Würde zu nahe zu treten, 4. aber auch nichts zwischen uns und England setzten, was nicht wieder gutzumachen gewesen wäre. Darum habe ich ungehörige und unser nationales Empfinden verletzende Angriffe, wie den beleidigenden Ausfall von Chamberlain im Januar 1902, immer und mit Ernst zurückgewiesen, von welcher Seite sie auch kommen mochten, aber der Versuchung zu einer Einmischung in den Burenkrieg widerstanden, denn eine solche würde dem englischen Selbstgefühl eine Wunde geschlagen haben, die sich nicht wieder geschlossen hätte; 5. wenn wir ruhige Nerven und kaltes Blut behielten, England weder brüskierten noch ihm nachliefen.

In der englischen Politik machte sich seit dem Anfang des neuen Jahrhunderts der Einfluß König Eduards VII. geltend, eines Monarchen von ungewöhnlicher Menschenkenntnis und Kunst der Menschenbehandlung, von reicher und vielseitiger Erfahrung. Seine Politik richtete sich nicht so sehr direkt gegen die deutschen Interessen als daß sie versuchte, durch eine Verschiebung der europäischen Machtverhältnisse Deutschland allmählich mattzusetzen. Sie suchte durch eine Reihe von Ententen, denen zuliebe vielfach nicht unwichtige britische Interessen geopfert wurden, die anderen Staaten und so Deutschland zu isolieren. Es

war die Ära der sogenannten englischen Einkreisungspolitik. Mit
Spanien war ein Mittelmeervertrag geschlossen worden. Frank=
reich kam dem Widersacher des Deutschen Reichs selbstverständlich
entgegen, und der britisch=französische Vertrag über Ägypten und
Marokko im Jahre·1904 ließ die Erinnerung an Faschoda völlig
in den Hintergrund treten. Unter der Nachwirkung der schweren,
im Kriege mit Japan zu Lande und zu Wasser erlittenen Nieder=
lagen und schwerer innerer Wirren hatte sich Rußland, um Ruhe
an der langen Grenze zu haben, wo sich in Asien russische und
englische Interessen berühren, und auch aus Sorge vor einem zwei=
ten Kriege mit Japan zu einer Abmachung mit England über die
Interessensphären in Asien entschlossen und sich damit England
genähert. Italien wurde mit Eifer umworben. Ähnliche Be=
mühungen gegenüber Österreich=Ungarn scheiterten gelegentlich der
Monarchenzusammenkunft in Ischl an der unerschütterlichen Bünd=
nistreue des greisen Kaisers Franz Joseph. In Algeciras hatten
wir einen schwierigen Stand, obwohl Deutschlands Politik das
eigene nationale Interesse als Glied der allgemeinen internatio=
nalen Interessen gegen die von England gestützten französischen
Ansprüche vertrat. Die Einkreisungspolitik schien damals in der
Konstellation der Mächte äußerlich standzuhalten, wiewohl durch
das Zustandekommen der Konferenz überhaupt und durch ihre wich=
tigsten Beschlüsse die Absichten der deutschen Politik mit Bezug
auf Marokko im wesentlichen erreicht worden waren. Es war nun
die Frage, wie das Ententensystem auf dem Gebiete der eigentlichen
europäischen Politik bestehen würde.

Die endgültige Einverleibung der Provinzen Bosnien und Herze=
gowina, die Österreich gemäß den Bestimmungen des Berliner
Kongresses seit 1878 besetzt hielt, in das österreichisch=ungarische
Staatsgebiet führte eine große europäische Krise herauf. Ruß=

land widersetzte sich dem österreichischen Vorgehen. Im Vertrauen auf den scheinbar unmittelbar bevorstehenden bewaffneten
Austrag der alten österreichisch-russischen Balkanrivalität glaubte
Serbien, das seine großserbischen Pläne durchkreuzt sah, gegen die
Donaumonarchie zum Kriege rüsten zu dürfen. England stellte
sich auf die russische Seite, und die von der englischen Presse geführte Sprache klang fast leidenschaftlicher als die Stimmen, die
uns aus Rußland entgegenschallten. Die Spitze der englischen Politik schien sich weniger gegen Österreich als gegen das mit Österreich verbundene Deutschland zu richten. Es war das erstemal, daß
das deutsch-österreichische Bündnis vor einem schweren Konflikt
seine Haltbarkeit und Stärke erweisen sollte. Ich ließ in meinen
Reichstagsreden[1]) wie in meinen Weisungen an unsere Vertreter
im Ausland keinen Zweifel, daß Deutschland entschlossen sei, in
Nibelungentreue und unter allen Umständen am Bündnis mit
Österreich-Ungarn festzuhalten. Das deutsche Schwert war in die
Wagschale der europäischen Entscheidung geworfen, unmittelbar für
unseren österreichisch-ungarischen Bundesgenossen, mittelbar für die
Erhaltung des europäischen Friedens und vor allem und in erster
Linie für das deutsche Ansehen und die deutsche Weltstellung.

Die Stunde war da, die zeigen mußte, ob Deutschland durch
die Einkreisungspolitik wirklich mattgesetzt war, ob die in den Kreis
der antideutschen Politik gezogenen Mächte es mit ihrem europäischen Lebensinteresse vereinbar finden würden, feindlich gegen
das Deutsche Reich und seine Verbündeten aufzutreten oder nicht.
Der Verlauf der bosnischen Krise wurde tatsächlich das Ende der
Einkreisungspolitik Eduards VII. Keine Macht zeigte Lust, die
eigenen europäischen Interessen fremden weltpolitischen Inter

---

[1]) Reden V, Seite 124 ff.

essen unterzuordnen und die eigenen Knochen für andere zu Markt zu tragen. Durch die bosnische Annexionskrisis wurde weder der Krieg entfesselt, noch auch nur unser Verhältnis zu Rußland ernstlich geschädigt. Die sehr überschätzte Konstellation von Algeciras zerbarst an den handfesten Fragen der Kontinentalpolitik. Italien blieb an der Seite seiner Verbündeten, Frankreich verhielt sich abwartend und nicht unfreundlich für Deutschland, und Kaiser Nikolaus entschied sich für einen gütlichen Ausgleich der bestehenden Schwierigkeiten. So erwies sich damals die kunstvolle Einkreisung und Isolierung Deutschlands, während einiger Zeit das Schreckbild ängstlicher Gemüter, als ein diplomatisches Blendwerk, dem die realpolitischen Voraussetzungen fehlten. Der belgische Gesandte in Berlin, Baron Greindl, zog das Fazit dieser diplomatischen Kampagne, die uns einen bedeutsamen Erfolg brachte und dabei der Welt den Frieden erhielt, als er nach dem Abschluß der bosnischen Krisis, am 1. April 1909 an seine Regierung schrieb: „Der von Herrn Iswolski und Sir Edward Grey ausgearbeitete Konferenzvorschlag, die Verhandlungen über eine Kollektivdemarche in Wien und der ganze Meinungsaustausch zwischen London, Paris und St. Petersburg zielten ständig darauf hin, Österreich-Ungarn zu einem Vergleich zu zwingen, der einer Demütigung sehr ähnlich gewesen wäre. Diese hätte Deutschland ebenso unmittelbar und fühlbar getroffen wie Österreich-Ungarn und hätte dem Vertrauen, das man in Wien dem Bündnis mit Deutschland entgegenbringt, einen schweren Schlag versetzt. Diese Umtriebe wurden durch die ganz unzweideutige und entschiedene Haltung Deutschlands vereitelt, die es trotz alles Drängens niemals aufgegeben hat. Deutschland allein hat den Frieden durchgesetzt. Die Mächte in der vom König von England organisierten Neugruppierung haben ihre Kräfte mit dem Verband der europäischen Zentralmächte gemessen und sich außerstande gezeigt, denselben zu lockern." Über den Eindruck, den unser Erfolg in St. Petersburg hinterlassen hatte, schrieb Baron Greindl, man empfinde dort, daß die Triple-Entente Rußland keine genügende Stütze biete, um auf mindestens normale Beziehungen zu Deutschland verzichten zu können. Die Erfahrung habe Rußland die Wirkungslosigkeit der von König Eduard gebildeten Koalition beim erstenmal gezeigt, wo diese auf die Probe gestellt worden wäre. Der belgische Geschäftsträger in Paris berichtete um dieselbe Zeit, in Frankreich sei von dem frenetischen Enthusiasmus, mit dem dort einst die russische Allianz begrüßt worden wäre, nicht mehr viel zu spüren. Der jener Isolierungspolitik zugrunde liegende Rechenfehler war der gewesen, daß sie die europäische Großmachtstellung des Deutschen Reichs nicht mit ihrem vollen Wert als Faktor in die politische Rechnung eingestellt hatte. Gewiß, wenn es gelungen wäre, unserer Stellung in Europa einen empfindlichen Stoß zu versetzen, so würde auch unsere Weltpolitik tödlich getroffen worden sein. Soweit war die Rechnung der Einkreisungspolitik richtig. Aber wir waren so leicht auf dem Festlande nicht zu treffen. Der Dreibund war eine Macht, gegen die sich um fernerliegender Interessen willen selbst von einer geschickten Diplomatie keine Macht vorschieben ließ, gegen die jede Macht den Kampf nur um letzte Lebensfragen wagen konnte. Last not least waren die Festlandmächte vielfach durch Interessen verbunden, die sich der deutsch-englischen Rivalität auf der See und im Welthandel nicht unterordnen ließen. Nur mit England stand Deutschland in weltpolitischer Verrechnung. Bei allen anderen europäischen Mächten kam die kontinentalpolitische Gegenrechnung für die Gestaltung ihrer Beziehungen zum Deutschen Reich entscheidend in Betracht. Wie recht die Mächte des Festlandes damals hatten, neben und vor allen Interessengemeinschaften mit Deutsch-

land den Respekt vor dem in Kraft und Kräften starrenden deutschen Nachbarn in die große politische Berechnung zu stellen, das
haben die vergangenen Kriegsmonate bewiesen, in denen die englische Freundschaft die Furchtbarkeit der deutschen Feindschaft nicht
zu beschwören und von denen, die auf diese Freundschaft gebaut
hatten, das Verderben nicht abzuwenden vermochte.

Es war die große Lehre der bosnischen Krise, daß unsere Weltpolitik auf unserer Kontinentalpolitik ruht. Unsere Weltpolitik hatte
uns in Gegensatz zu England gebracht. Gegen die deutsche Welt-
handels- und Seemacht war die Einkreisungspolitik gerichtet, die
eine ernste Gefährdung unserer Sicherheit zu werden schien. Durch
unsere Stärke als Kontinentalmacht zerrissen wir das Einkreisungs-
netz, so daß jenseits des Kanals jene Ernüchterung eintreten konnte,
die einer Epoche ruhigen Gedankenaustauschs und verständigen In-
teressenausgleichs zwischen den beiden Nationen voranzugehen
schien. Der Besuch, den König Eduard dem deutschen Kaiserpaar
im Winter 1909, unmittelbar nachdem in der bosnischen Krisis
die entscheidende Wendung eingetreten war, in der Reichshaupt-
stadt abstattete, nahm einen befriedigenden Verlauf. Der König
fand eine herzliche Aufnahme. Er wußte seinerseits durch die
Friedensliebe, die er wiederholt zum Ausdruck brachte und die bald
nachher in der englischen Thronrede wie in der Adreßdebatte des
englischen Parlaments noch bekräftigt wurde, den günstigen Eindruck seines Besuches zu unterstreichen und zu vertiefen. Mit diesem letzten Besuch des Königs Eduard in Berlin fiel ein freundliches und für die Zukunft gute Hoffnungen erweckendes Licht
nicht nur auf das Verhältnis des Königs zu Deutschland, sondern
auch auf die Beziehungen zwischen zwei großen Völkern, die allen
Grund hatten, sich gegenseitig zu achten und friedlich in Friedens-
arbeiten miteinander zu wetteifern. Der Versuch, den deutsch-eng-

54

lischen Gegensatz zu einem System der gesamten internationalen Politik zu erweitern, ist bis 1914 nicht wiederholt worden.

Ganz auf die kontinentalpolitische Machtstellung Deutschlands gegründet war der Bund der drei Großmächte Mitteleuropas. Die europäische Geschichte hat selten oder nie ein Bündnis von einer Standfestigkeit wie den Dreibund gesehen. Im Jahre 1879 schloß Bismarck das Bündnis mit Österreich-Ungarn, 1883 trat Italien dem Bunde bei. Während 30 Jahren sind die Bündnisverträge regelmäßig erneuert worden, und immer wieder hatten sich hinsichtlich der Haltbarkeit des Dreibundes die Hoffnungen der Übelwollenden, die Befürchtungen der Wohlmeinenden als unbegründet erwiesen. Soweit sich eine der Parteipolitik angehörende Kennzeichnung auf die in Ursachen, Wirkungen und Zwecken wesensverschiedene internationale Politik anwenden läßt, wird man sagen dürfen, daß dem Dreibund ausgesprochen konservative Tendenzen eigen waren, und daß hierin der vorwiegende Grund für seine Haltbarkeit zu suchen war. Es waren nicht Eroberungsabsichten, nicht unbefriedigter Ehrgeiz, was die Staaten des Dreibundes zusammengeführt hatte und zusammenhielt. Der feste Wille, die bestehenden europäischen Machtverhältnisse zu erhalten, ihre gewaltsame Veränderung, wenn nötig auch mit Gewalt zu verhindern, hatte die drei mitteleuropäischen Reiche zusammengeführt. Jeder revolutionären europäischen Politik, die etwa die Bahnen Ludwigs XIV. oder Napoleons I. betreten wollte, sollte die geschlossene Kraft Mitteleuropas entgegentreten, die wie ein mächtiges Befestigungswerk den Kontinent teilte. Das Bestehende erhalten wollen, heißt in der internationalen Politik den Frieden wollen. Die Begründer des Dreibundes haben bewußt eine Friedensbürgschaft geschaffen. Der Dreibund hat auch mehr als einmal während der letzten 30 Jahre aufsteigende Kriegsgefahren gebannt.

Wenn ich gefragt würde, welche von den vielen gewaltigen Arbeiten, die ein neuer Herkules, Fürst Bismarck, vollbracht hat, um dem deutschen Volk die ihm gebührende Stellung in der Welt zu erringen, vom Standpunkt der Technik der auswärtigen Politik die größte Bewunderung verdient, so würde ich nicht zögern, zu erwidern: Die Weisheit und Tatkraft, mit denen Fürst Bismarck von dem Augenblicke an, wo die Regelung der deutschen Frage im preußischen Sinne und für das Haus der Hohenzollern entschieden war, gegenüber allen Widerständen an die Wiederanknüpfung der Verbindung mit Österreich ging. Während noch Pulverdampf das Schlachtfeld von Königgrätz bedeckte, sah sein geniales Auge schon am Horizont die Möglichkeit eines auf gesunder Grundlage gesicherten Zusammengehens zwischen einem durch Preußen geeinigten Deutschland und einer selbständigen, in verjüngter Kraft neu erstehenden österreichisch-ungarischen Monarchie. Sich nicht in die internen Verhältnisse der Doppelmonarchie einzumischen, weder in die zisleithanischen, noch in die transleithanischen, war ihm eine Regel, von der er nie abgewichen ist. Sein berühmtes Wort, daß, wenn der Kaiser von Österreich zu Pferde stiege, ihm alle seine Völker gegen den auswärtigen Feind folgen würde, ist viele Jahre, nachdem es gesprochen wurde, vom Gang der Ereignisse bestätigt worden. Noch heute gilt, was er den Deutsch-Österreichern zurief: „Dienen Sie treu Ihrem Kaiser, dann dienen Sie am besten dem Deutschen Reich." Er hat auch recht behalten, wenn er dem Magyarentum für die Zukunft der österreichisch-ungarischen Monarchie wie für unser Bündnis mit ihr besondere Bedeutung beilegte. Als ich, im Sommer 1884 zum Geschäftsträger in St. Petersburg bestimmt, einer Einladung nach Varzin folgte, verbreitete sich Fürst Bismarck in einer mir unvergeßlich gebliebenen Unterredung über die Völker der Balkanhalbinsel. „Sie können uns meist nicht leiden," meinte er, „das hat aber nicht viel zu sagen, denn Gott hat es in seiner Weisheit so eingerichtet, daß sie sich untereinander noch weniger leiden können." Dann auf Ungarn übergehend: „Die Ungarn haben Schneid im Leibe, viel Temperament, und sind dabei kluge Köpfe. Es gehört schon etwas dazu, um sich durch Jahrhunderte und gegen solche Schwierigkeiten zu behaupten, wie sie das fertig bekommen haben. Sie haben im Gegensatz zu den Slawen für Österreich den Vorzug, daß sie kein Magnet nach außen zieht. und wenn es auch Ungarn geben mag, die auf die ‚Schwaben‘ räsonnieren, so hat das nicht viel zu bedeuten, denn Deutsche und Ungarn sind durch ihre Lebensinteressen so aufeinander an= gewiesen, daß jede europäische Krisis sie zusammenführen muß und nur großer Unverstand auf beiden Seiten sie dauernd trennen könnte."

Das Verhältnis Italiens zum Dreibund hat während 33 Jahren manche Oszillationen durchgemacht, die zum Teil der Rückschlag innerpolitischer Vorgänge in Italien waren, zum Teil aus der besonderen Entwicklung einzelner Mittelmeerfragen her= vorgingen. Italien vom Dreibund zu trennen war den zeitweise mit großer Hartnäckigkeit und vielem Eifer betriebenen Bemü= hungen unserer Gegner vor dem gegenwärtigen Kriege nicht gelungen.

Die Beziehungen Italiens zu Österreich waren von Anfang an komplizierter als unser Verhältnis zu Italien. Die Erinne= rung an die leidenschaftlichen Kämpfe, die das italienische Volk während eines halben Jahrhunderts gegen die österreichische Herrschaft in Italien geführt hat, war nie erloschen. Denk= mäler und Inschriften, eine umfangreiche Literatur und eine von

Frankreich angefachte chauvinistische Agitation sorgten dafür, solche Erinnerungen wachzuhalten. Der Umstand, daß fast eine Million Italiener der Habsburgischen Monarchie angehören, war und blieb ein empfindlicher Punkt. Ein bedeutender italienischer Staatsmann, der Botschafter Graf Nigra, hatte recht, wenn er mir einmal sagte: „Österreich und Italien können nur Alliierte oder Feinde sein." Daß sie Alliierte blieben, lag im wohlverstandenen Interesse beider Länder, lag insbesondere im italienischen Interesse. Frankreich, dessen klügste Staatsmänner die italophile Politik des Kaisers Napoleon III. als einen verhängnisvollen Fehler angesehen haben, das noch heute die Konkurrenz Italiens im Mittelmeer unbequem empfindet und nie aufhören wird, nach der Vorherrschaft in diesem Meer zu streben, das Napoleon I. „un lac français" nannte, ist für Italien ein gefährlicherer Rivale als Österreich. Wenn österreichische Beamte in Triest und Trient vielleicht nicht immer geschickt verwalteten, so hat sich doch hier wie dort das italienische Volkstum durch Jahrhunderte unversehrt erhalten, während die Serben und Kroaten an der adriatischen Küste das italienische Element bis aufs Messer bekämpfen und es vielfach zurückgedrängt haben, und alle Welt weiß, wie es vollends unter russischer Herrschaft und russischem Einfluß heterogenen Volksteilen zu gehen pflegt. Was England angeht, so sind die Sympathien für dies Land, das einst den Führern der italienischen Nationalbewegung ein Asyl bot, und dessen Institutionen den Italienern während ihrer Befreiungskämpfe als Vorbild galten, in Italien weit verbreitet. Trotzdem war es kurzsichtig, sich durch solche Gefühlsregungen darüber täuschen zu lassen, daß England in seiner Politik wohl oft andere mit Geschick für seine Zwecke benutzt, aber kaum jemals für andere selbstlose Opfer gebracht hat. Der kaltschnäuzige

58

Egoismus, mit dem England dem italienischen Alliierten die diesem notwendigen Lebensmittel, Kohle und Baumwolle vorenthält, stellt die italienische Geduld auf eine harte Probe. Italien und Deutschland waren durch so viele und schwerwiegende Momente, die Abwesenheit jeder nationalen Rivalität — da die Erinnerung an den Kampf im Teutoburger Wald und die Schlacht bei Legnano doch weit zurückliegt — auch aller störenden Reminiszenzen, durch die Gleichartigkeit ihres geschichtlichen Werdegangs und durch gemeinsame Gefahren, die sie in gleicher Weise bedrohen konnten, so augenscheinlich aufeinander angewiesen, daß es einer neunmonatigen Wühlarbeit von französischer und englischer Seite bedurfte, um diese in der Natur der Dinge begründete, historisch wie vom Standpunkt der Realpolitik einleuchtende Interessengemeinschaft zu zerstören.

Wir neigten dazu, unser Verhältnis zu Italien, das, entgegen der landläufigen Ansicht über den Charakter beider Völker, bei uns mehr mit dem Gefühl, in Italien mehr mit dem Verstande genommen wurde, bisweilen zu ungünstig zu beurteilen, bisweilen etwas überschwenglich aufzufassen. Italien hatte weder in Algeciras, noch mit seiner Tripolisexpedition, noch kurz vorher, bei der Entrevue von Racconigi sich von uns trennen wollen. In Algeciras stimmten die italienischen Vertreter in einigen mehr nebensächlichen Fragen mit den Westmächten und gegen uns. Diese Abstimmungen wurden von der französischen Presse mit Geschick aufgegriffen und ausposaunt als Schwenkung Italiens vom Dreibund zu Frankreich. In anderen und wichtigeren Fragen hat Italien in Algeciras unseren Standpunkt unterstützt und gefördert. Das hat unser Vertreter in Algeciras, Herr von Radowitz, immer anerkannt und sich wiederholt gegen die Angriffe gewandt, die gegen die Stellungnahme Italiens auf der

Konferenz gerichtet wurden. Ich kam seinem Wunsche nach, als ich im November 1906 im Reichstag[1]) den gegen Italien erhobenen Vorwürfen entgegentrat. Herr von Radowitz hat auch später sein Urteil über die italienischen Delegierten mir gegenüber dahin zusammengefaßt, daß sie in der Form vielleicht zu sehr geneigt gewesen wären, das italienisch-französische Verhältnis in möglichst freundlichem Licht erscheinen zu lassen, in der Sache aber uns gute Dienste geleistet hätten. Die gegenteilige Auffassung ist ebensowenig begründet wie der in Rußland vielfach verbreitete Glaube, daß Fürst Bismarck auf dem Berliner Kongreß Rußland getäuscht und verraten habe.

Italien hatte auch Interessen, die außerhalb des Rahmens des Dreibundes lagen. Wir selbst hatten selbständige Interessen jenseits der Dreibundpolitik, sie fehlten auch Österreich nicht. Das hat Fürst Bismarck bisweilen mit Schärfe betont. Der Dreibund würde nicht so lange Dauer gewonnen haben, wenn er eine absolute Bindung der verbündeten Mächte in allen ihren Unternehmungen, auf allen ihren politischen Wegen verlangt hätte. Cum grano salis konnte eine Tatsache des innerpolitischen, unseres nationalen staatlichen Lebens, vergleichsweise zur Charakterisierung des Dreibundes herangezogen werden. Wie dem Deutschen Reich gerade dadurch eine Gewähr der Dauer gegeben ist, daß seine Verfassung bei aller Bindung in den großen nationalpolitischen Aufgaben den Einzelstaaten ihre Selbständigkeit in der eigentümlichen Erfüllung ihrer engeren Aufgaben läßt, so band nach der häufig und nachdrücklich betonten Ansicht seines Begründers der Dreibund die drei großen Mächte Mitteleuropas in den großen kontinentalpolitischen Zwecken, auf

---

[1]) Reden IV, Seite 119 ff.

die der Bund begründet wurde, ließ ihnen aber Freiheit in der Verfolgung ihrer besonderen nationalen Interessen. Italien, Österreich und Deutschland ruhen mit den Wurzeln ihres Lebens in der europäischen Politik, und ihre Wurzeln waren vielfältig und fest ineinander verschlungen. Das Geäst der Bäume aber sollte sich frei nach den verschiedenen Seiten ausbreiten können. Der Dreibundvertrag sollte nicht die Heckenschere sein, die das freie Wachstum ohne zwingenden Grund hinderte. So hat der Dreibund ein Menschenalter hindurch gelebt und hat mehr noch als im Interesse der Zentralmächte im Interesse Italiens gewirkt. Auf den Dreibundvertrag gestützt, der ihm in Europa den Rücken deckte, konnte Italien den kolonialpolitischen Weg beschreiten und für die Bestätigung der errungenen Erfolge auf die Unterstützung seiner Verbündeten rechnen.

Es hat seit der Begründung des Dreibundes immer Politiker gegeben, die der Zugehörigkeit Italiens zum Dreibunde einen rechten Wert nicht zusprechen wollten. Solche Bedenken gründeten sich auf den Zweifel daran, ob Italien in der Lage und willens sein würde, in allen vorkommenden Verwickelungen der internationalen Politik mit Österreich und uns Hand in Hand zu gehen. Auch wenn diese Zweifel begründet waren, wurde damit gegen den Wert der Zugehörigkeit Italiens zum Dreibund noch nicht alles bewiesen. Auch wenn Italien nicht in allen Situationen bis zu den letzten Konsequenzen mit uns und Österreich und wir und Österreich nicht in allen Verwickelungen des weltpolitischen Getriebes mit Italien gehen konnten, so wurde doch jede der drei Mächte durch den Bestand des Bündnisses lange verhindert, dem Gegner der anderen zur Seite zu treten. Das hatte Fürst Bismarck im Auge, wenn er einmal äußerte, es genüge ihm, daß ein italienischer Korporal mit der

italienischen Fahne und einem Trommler neben sich die Front
gegen Westen, d. h. gegen Frankreich, und nicht gegen Osten,
d. h. gegen Österreich, nehme. Alles weitere mußte davon abhängen, wie eine eventulle Konfliktsfrage in Europa gestellt
wurde. Der letzte und volle Wert eines Bündnisses kann nur
im Ernstfall erprobt werden. Soweit politische Voraussicht
reicht, läßt sich sagen, daß die Schwenkung Italiens vom Dreibund zu unseren Gegnern, die im Widerspruch mit den Traditionen und dem Geist vieler seiner besten Männer von Cavour
bis Crispi erfolgte, und auch vom realpolitischen Standpunkt
nicht zu rechtfertigen ist, sich als ein Fehler erweisen wird. Ich
will die Frage unerörtert lassen, ob und auf welche Weise es
beim Beginn des Krieges möglich gewesen wäre, den Abfall
Italiens vom Dreibund zu verhindern. Den Bruch zwischen Italien und Österreich zu vermeiden, hätte vor allem im italienischen
Interesse gelegen. Wird Italien bei seinen neuen Verbündeten
und mit ihnen das gewinnen, was es bei den alten aufgab?
Die wichtigsten Interessen, die Italien hat, seine Mittelmeer-
interessen, sind seit jeher von England mit kühler Gleichgültigkeit, von Frankreich mit traditioneller Scheelsucht, von Rußland, das nach den Dardanellen strebt, wie im Hinblick auf die
serbischen Ansprüche an der Ostküste des Adriatischen Meeres
mit kaum verhüllter Abneigung behandelt worden. Wird sich
das jetzt ändern? Hätte Italien nicht besser getan, einem
Kriege fernzubleiben, der ihm Hekatomben von Menschenleben
und Milliarden an Geld gekostet hat, ohne ihm bisher auch nur
einen Teil dessen einzubringen, was es auf gütlichem Wege von
Österreich erreichen konnte? Wir mußten wünschen, daß Österreich die immerhin nennenswerte Militärmacht, die es jetzt gegen
Italien aufbietet, an der russischen Front hätte verwenden können.

Italien hat Österreich erst den Krieg erklärt, als die seit Monaten währende Karpathenschlacht mit dem deutsch-österreichischen Durchbruch am Dunajek gegen Rußland entschieden war und damit die militärische Situation der Zentralmächte sich zu unseren Gunsten geklärt hatte.

Sehr sorgsam haben wir die Beziehungen zur Türkei und zum Islam namentlich seit der Orientreise unseres Kaiserpaares gepflegt. Diese Beziehungen waren nicht sentimentaler Natur, sondern wir hatten am Fortbestand der Türkei ein erhebliches wirtschaftliches, militärisches und auch politisches Interesse. Was meine Politik gegenüber der Türkei anbelangt, so möchte ich sie dahin zusammenfassen, daß es mein Bestreben war, durch eine innerlich gut organisierte und unabhängige Türkei uns eine Stütze im Orient zu schaffen. Deshalb suchte ich das Türkische Reich vor Schädigung zu wahren, vermittelte zwischen ihm und den Balkanstaaten, beugte einem gemeinsamen Vorgehen der Balkanstaaten gegen die Türkei vor, warnte diese selbst vor Unvorsichtigkeiten in Albanien und Arabien und sah auch keinen Grund, mit den Jungtürken nicht ebenso gut zu stehen wie mit dem Sultan Abdul Hamid. Die Türkei ist für uns in wirtschaftlicher und finanzieller Hinsicht ein ergiebiges und fruchtbares Betätigungsfeld, auf das schon Rodbertus und Friedrich List hingewiesen hatten, und das wir mit Vorteil bestellt haben. Daß darüber hinaus die militärische Kraft der Türkei ein bedeutsamer Faktor ist, und daß die osmanische Rasse sich ihre oft bewährten soldatischen Tugenden ungeschwächt erhalten hat, beweist die Gegenwart. Die Türkei hat durch eine loyale und kluge Politik, die sie in diesem Krieg von Anfang an ihre Stellung an unserer Seite nehmen ließ, wie durch die Widerstandskraft, mit der sie dem Ansturm des Dreiverbandes

standhielt, den Beweis erbracht, daß der kranke Mann des Kai=
sers Nikolaus I. unter dessen Urenkel, sechzig Jahre nach dem
Krimkrieg, noch auf gesunden Beinen steht. War die Türkei
lange Jahre ein wichtiges Glied in der Kette unserer politischen
Beziehungen, so wird unser Verhältnis zu ihr nach dem Kriege
noch wichtiger für uns werden. Die in der Vergangenheit auf
die Beziehungen zwischen Deutschland und der Türkei gewandte
Mühe belohnt sich reichlich in der Gegenwart und kann uns wie
unserem türkischen Bundesgenossen in der Zukunft noch reichere
Früchte tragen. Der durch ihre Haltung im gegenwärtigen
Kriege gestärkten und verjüngten Türkei, die sich an den Dar=
danellen wie am Tigris standhaft behauptet und vor der Welt
ihr Recht auf starkes, selbständiges staatliches Eigenleben neu
erwiesen hat, steht eine große Aufgabe bevor als Vermittler
zwischen Orient und Okzident. Ich habe es immer für richtig
gehalten, unsere Beziehungen zu allen Balkanstaaten so weit
zu pflegen, als dies ohne Beeinträchtigung der türkischen In=
teressen möglich war. Während der sechs Jahre, die ich als
deutscher Gesandter in Bukarest tätig war, konnte ich mich davon
überzeugen, einen wie glänzenden Aufschwung im verflossenen
halben Jahrhundert Rumänien unter der Leitung des Königs
Carol genommen hat, eines der weisesten und erfolgreichsten
Fürsten der Geschichte. Rumänien wird seine große Stellung
um so sicherer behaupten, je mehr es sich angelegen sein läßt,
gute und vertrauensvolle Beziehungen zu seinem ungarischen
Nachbarn aufrecht zu erhalten. Ungarn und Rumänien sind schon
deshalb aufeinander angewiesen, weil sie beide nicht der slawi=
schen Völkerfamilie angehören und beide nur einen einzigen wirk=
lichen Feind, den Panslawismus, haben. Von diesem Feind ist
auch das kernige bulgarische Volk bedroht, das, geführt von

64

einem Monarchen, der ein feiner politischer Kopf ist, sich in utraque fortuna, im Glück wie im Unglück hervorragend tüchtig gezeigt hat, und in dem eine große Zukunft steckt. Von den alten Hellenen sagte einst Plato, sie säßen um das Mittelmeer herum, wie die Frösche um einen Teich. Die heutigen Griechen sind durch ihre geistige Regsamkeit und Findigkeit ein bedeutsamer Faktor an der Küste jenes schönen Meeres geworden. Es gab eine Zeit, wo die Serben, die die Aufmerksamkeit von Goethe und Ranke auf sich gezogen hatten, ihre Bildung in Deutschland suchten, und bis zu diesem Kriege waren sie bemüht, ihre wirtschaftlichen Beziehungen zu uns fruchtbar zu gestalten. Das Serbenvolk hat sich zu seinem Verderben von dem panslawistischen Versucher umgarnen lassen und büßt das jetzt mit Blut und Gut.

Das Deutsche Reich hatte von Preußen gute Beziehungen zum Zarenreich geerbt. Bis auf die mehr auf persönlichen als auf sachlichen Gründen beruhende Feindschaft der Zarin Elisabeth gegen Friedrich den Großen und den Scheinkrieg, den Preußen und Rußland 1812 gegeneinander führten, hatte Preußen Rußland und Rußland Preußen kaum je auf der Seite der Gegner gesehen. Das schwierige polnische Teilungswerk hatte wohl vorübergehende Reibungen verursachen, nicht aber tiefgehende Gegensätze hervorbringen können. Gerade die polnischen Angelegenheiten haben Preußen und Rußland oft zusammengeführt. Für beide Reiche lag in dem aus den polnischen Teilungen hervorgegangenen territorialen Besitzstande eine Mahnung, sich nicht zu entzweien, sondern die gemeinsame Abwehr großpolnischer Aspirationen als eine Brücke zu betrachten, auf der Preußen und Rußland sich immer wieder begegnen konnten. Während der ersten Hälfte des 19. Jahrhunderts waren die Be-

ziehungen zwischen dem preußischen und dem russischen Herr=
scherhause über das konventionelle Maß hinaus intim, so daß
sie auch in der Politik der beiden Reiche zum Ausdruck kamen.
In der schweren Zeit des Krimkrieges erleichterte die freund=
liche Haltung Preußens die Stellung Rußlands nicht unwesent=
lich, und sie fand ihr Gegenstück in der Haltung, die Kaiser
Alexander II. im Deutsch=Französischen Kriege einnahm. Es
ist oft darüber gestritten worden, ob wir den Russen oder diese
uns mehr zu Dank verpflichtet wären. Das Schuldkonto zwi=
schen beiden Staaten hat hin und her geschwankt. Ob die Russen
uns 1813/14, 1866 und 1870/71 oder wir ihnen während des
Krimkrieges, des Russisch=Türkischen Krieges von 1877/78 und
im Russisch=Japanischen Kriege wertvollere Dienste geleistet ha=
ben, läßt sich natürlich nicht mit mathematischer Genauigkeit
feststellen, und eine derartige Aufrechnung würde, auch wenn
sie möglich wäre, politisch zwecklos sein. Mehr noch als unter
Privatleuten wird im Völkerleben die allzusehr unterstrichene
Dankesschuld als eine Last empfunden, die der Verpflichtete ab=
zuschütteln sucht. Als nicht lange nach dem Abschluß des Frank=
furter Friedens, im September 1872, die beiden Kaiser von
Rußland und Österreich sich in der Hauptstadt des neuen Deut=
schen Reichs mit dem ehrwürdigen Sieger des großen Völker=
ringens die Hände reichten, hatte Fürst Bismarck für die euro=
päische Politik eine neue Basis geschaffen. Die vereinte Kraft
der Ostmächte wirkte erkaltend auf die Revanchestimmung des
französischen Volkes und war eine Friedensbürgschaft ersten Ran=
ges. Bismarck erwartete auch von der engeren Bindung Ruß=
lands an die konservativen Tendenzen der auswärtigen Politik
Deutschlands und Österreichs einen mäßigenden Einfluß auf die
damals in Rußland stärker anschwellende panslawistische Strö=

66

mung. Es sollte, wie er sich ausdrückte, der stürmische russische Elefant zwischen den zahmen Elefanten Deutschland und Österreich gehen.

Der Berliner Kongreß brachte 1878 eine Trübung des bis dahin ungestörten Einvernehmens unter den Ostmächten. Rußland, das nach den starken Verlusten eines langen und unerwartet schwierigen Feldzugs es nicht auf die Besetzung von Konstantinopel hatte ankommen lassen, mußte sich in Berlin einige nicht unwesentliche Modifikationen des Friedens von San Stefano gefallen lassen. Diese Abänderungen waren im wesentlichen auf geheime Abmachungen zurückzuführen, die das St. Petersburger Kabinett vor dem Kriege gegen die Türkei mit Österreich und nach erfolgtem Waffenstillstand mit England abgeschlossen hatte. Aber die russische Presse, deren Einfluß auf die russische öffentliche Meinung im Laufe der letzten Jahrzehnte erheblich zugenommen hatte, schob die Verantwortung für die das russische Volk wenig befriedigenden Ergebnisse des Berliner Kongresses auf den Vorsitzenden des Kongresses, der gleichzeitig sein hervorragendster Teilnehmer war, den Fürsten Bismarck. Der russische Reichskanzler, Fürst Gortschakow, dessen persönliches Verhältnis zum Fürsten Bismarck sich nach und nach immer mehr verschlechtert hatte, ließ nicht nur der russischen Presse die Zügel schießen, sondern erörterte selbst gegenüber einem französischen Journalisten den Gedanken eines russisch-französischen Bündnisses, das freilich damals noch nicht mehr als ein Gedanke war. Als auch Kaiser Alexander II. der deutschfeindlichen Strömung nachzugeben schien, schloß Bismarck 1879 den Bündnisvertrag mit Österreich-Ungarn, der zur Basis des Dreibundes wurde. Nach Abschluß dieses Bündnisses sagte mir der Timeskorrespondent in Paris, Herr v. Blowitz, ein vielgewandter Mann: „Das ist wohl der beste diplomatische Coup, den Bismarck noch gemacht hat." Fürst Bismarck setzte aber gleichwohl seine gewohnte Energie an die Wiedergewinnung des alten Verhältnisses zu Rußland. Er hat namentlich während der Regierungszeit Kaiser Alexanders III. seine Politik gegenüber Rußland im wesentlichen auf die Person des Zaren zugeschnitten und das damit motiviert, daß Preußen trotz der seit jeher vorhandenen Abneigung weiter russischer Kreise gegen Deutschland mit Alexander I., Nikolaus I. und Alexander II. gute Geschäfte gemacht habe. Vor dem Kriege gab es in Rußland, wie auch die englische und französische Presse zugibt und die Diplomatie dieser Länder wußte, einflußreiche deutschfreundliche Faktoren. Damit ist es seit dem Kriege natürlich vorbei. Der hier und da gegen Fürst Bismarck erhobene Vorwurf, er habe die Selbständigkeit der deutschen Politik und unsere nationale Würde Rußland gegenüber nicht immer gewahrt, ist ebenso kindlich wie ungerecht. Allerdings aber war Fürst Bismarck davon überzeugt, daß Deutschland ein Interesse an ruhigen und gesicherten Beziehungen zu seinem östlichen Nachbarn habe. Er ließ sich in dieser Überzeugung selbst nicht durch die umfassenden und anscheinend bedrohlichen russischen militärischen Vorbereitungen und Truppenanhäufungen beirren, die während der 80er Jahre an unserer Ostgrenze stattfanden. Auch hierüber hat er sich öffentlich ausgesprochen, am rückhaltlosesten in der Reichstagsrede vom 6. Februar 1888. Er hat auch mehr wie einmal darauf hingewiesen, daß er keine Lust habe, seine Politik neben der Rachsucht der Franzosen mit russischen Revanchegefühlen zu belasten. Auch im Hinblick auf England wollte es Fürst Bismarck mit Rußland nicht ganz verderben, da wir, wenn wir England zum offenen und permanenten Feinde bekämen, dieses völlig an Rußland ketten, wenn wir aber die Mög=

68

lichkeit einer Verständigung mit Rußland aus der Hand gäben, dadurch die englische Politik erleichtern und die englische Weltstellung sichern würden. Tatsächlich gelang ihm bald nach dem Abschluß des deutsch-österreichischen Bündnisses nicht nur eine erhebliche Besserung der deutsch-russischen Beziehungen, sondern die Dreikaiserbegegnung zu Skierniewice führte 1884 zu einer neuen Annäherung der drei Kaiserreiche.

Der europäische Friede war durch den Bestand des Dreibundes auf der einen, durch die Entente der Ostmächte auf der anderen Seite nahezu ideal gesichert. Aber dem idealen Zustande war von vornherein eine Grenze gesetzt an den einander vielfach widerstreitenden Zielen der österreichischen und der russischen Orientpolitik. Es war eine Frage der Zeit, wann dieser Gegensatz, der nicht abhing vom guten oder schlechten Willen der Staatsmänner, sondern von der Verschiedenheit sehr realer politischer Interessen beider Reiche, wieder zur Erscheinung kam. Es war die bulgarische Frage, die aufs neue die Beziehungen zwischen Rußland und Österreich erschütterte. Das Einvernehmen der drei Kaisermächte überlebte nicht den stürmischen Sommer 1886. Fürst Bismarck hat bekanntlich selbst erklärt, daß er gegenüber dieser neuen Situation bestrebt gewesen wäre, unter Festhalten am Dreibund wenigstens für Deutschland ein gesichertes freundliches Einvernehmen mit Rußland zu bewahren. Zu diesem Zweck habe er rückwärts der Verteidigungsposition des Dreibunds der deutschen Politik noch gleichsam eine Aufnahmestellung gesichert im sogenannten Rückversicherungsvertrag mit Rußland. Über die Motive, die ihn beim Abschluß dieses Vertrags leiteten, über dessen Wert und Tragweite hat sich Fürst Bismarck auch später öffentlich mehr wie einmal ausgesprochen, am eingehendsten in jenem Artikel der „Hamburger Nachrichten" vom 24. Oktober

1896, der, wie wir heute wissen, direkt von ihm inspiriert war. Er hat die Nichterneuerung des Vertrags durch seinen Nachfolger scharf getadelt und als einen verhängnisvollen Fehler bezeichnet. Auf die Nichterneuerung des Rückversicherungsvertrags sei automatisch der Abschluß des russisch-französischen Bündnisses erfolgt. Das durch keine vertragliche Abmachung mehr gebundene Rußland und das isolierte Frankreich hätten sich zueinander gefunden, nachdem die Scheidewand zwischen beiden fortgezogen worden wäre. Fürst Bismarck erblickte in dieser Schwenkung Rußlands von der Seite des Deutschen Reichs an die Seite des unversöhnten Gegners Deutschlands eine große Verstärkung der französischen Machtstellung und damit eine erhebliche Erschwerung der deutschen Politik. Er hat stets mit Entschiedenheit bestritten, daß der Rückversicherungsvertrag mit Rußland ein unfreundlicher Akt gegenüber Österreich gewesen sei. Er sei sich, hat der große Staatsmann in mündlicher Aussprache wie in Auslassungen der „Hamburger Nachrichten" oft wiederholt, natürlich niemals im unklaren darüber gewesen, daß die Wahrung der Integrität der österreichisch-ungarischen Monarchie und ihrer Großmachtstellung ein deutsches Interesse sei, er wäre aber auch davon überzeugt gewesen, daß die Erhaltung des europäischen Friedens ebensosehr im österreichischen wie im deutschen Interesse liege. Von solchen Erwägungen ausgehend, betrachtete es Fürst Bismarck als seine Aufgabe, zu verhindern, daß, wie er in seiner unsterblichen Rede vom 6. Februar 1888 im Reichstage ausführte, Europa von Moskau bis an die Pyrenäen und von der Nordsee bis Palermo in einen Krieg gestürzt werde, dessen Ausgang kein Mensch voraussehen könne, und nach dessen Ausgang, wie er sich damals ausdrückte, man kaum mehr wissen werde, warum man sich eigentlich geschlagen habe. Fürst Bismarck hat die Ver=

hinderung eines Koalitionskrieges gegen uns geradezu als sein größtes Verdienst in der auswärtigen Politik bezeichnet und ist bis an das Ende seiner Amtszeit unermüdlich bestrebt gewesen, eine solche Katastrophe zu vermeiden. Es müsse, äußerte er noch am Abend seines Lebens, 1896, in einem Gespräch mit dem Chefredakteur der „Hamburger Nachrichten", auch Österreich erwünscht sein, daß ein Krieg, der von allen kontinentalen Mächten die ungeheuerlichsten Opfer an Blut, Geld und Vermögen fordern würde, überhaupt vermieden werde. Der deutsche Rückversicherungsvertrag mit Rußland hätte also auch im Interesse Österreichs gelegen, da er der Sicherung des Weltfriedens gedient habe. Daß Fürst Bismarck in jedem Allianzverhältnis die Führung für sich beanspruchte und sich nie das Leitseil überwerfen ließ, lag in seiner Art. Talleyrand pflegte zu sagen, daß jedes Bündnis den Beziehungen zwischen Reiter und Pferd gleiche, fügte aber immer hinzu: „Quant à moi, je préfère faire le cavalier[1]." Fürst Bismarck dachte ähnlich.

Die französisch-russische Allianz bedeutete jedenfalls eine tiefgehende Umwandlung der internationalen Lage. In den neunziger Jahren hatten wir Deutschen, wenn ich mich eines dem militärischen Leben entlehnten Bildes bedienen darf, vor der Front die durch die rapide Entwicklung des deutschen Außenhandels und den Bau der deutschen Flotte geweckte britische Rivalität, im Rücken den Zweibund, den Frankreich willens war, nach Möglichkeit für seine Hoffnungen zu nutzen. In dieser Situation mußten wir den Übergang zur Weltpolitik suchen und finden. Es war vorerst ein schmaler Weg, auf dem wir nur mit Vorsicht vorwärtsgehen konnten. Ähnlich wie während des Burenkrieges unsere

---

[1] Was mich angeht, so bin ich lieber Reiter als Pferd.

Haltung zu England, richteten wir zwei Jahre später während des Russisch-Japanischen Krieges unsere Haltung zu Rußland ein. Ohne Japan gegenüber die Pflicht korrekter und strikter Neutralität zu verletzen, war unsere Haltung gegenüber Rußland eine sehr freundschaftliche. Unsere Neutralität gegenüber Rußland war sogar um eine Nuance wohlwollender als die Frankreichs. Der Russisch-Japanische Krieg hinterließ als Niederschlag eine Abkühlung der russisch-französischen und eine erhöhte Wärme in den deutsch-russischen Beziehungen. Nicht so sehr durch die Schwächung Rußlands, die wie einst nach dem Krimkriege, so auch nach dem ostasiatischen Kriege vielfach überschätzt wurde, als durch die Wiederherstellung vertrauensvoller Beziehungen zwischen Rußland und Deutschland, deren einzelne Etappen die wiederholten Begegnungen zwischen den Monarchen beider Reiche bezeichneten, hatte der Zweibund allmählich viel von seiner ersten Schärfe verloren. Auch nach der bosnischen Krise haben sich die normalen Beziehungen zwischen Rußland und uns rasch wiederhergestellt, wie dies der besonders befriedigende Verlauf der Begegnung bewies, die im Juni 1909 in den finnischen Schären zwischen Kaiser Wilhelm und Kaiser Nikolaus stattfand. Nachdem der Bismarckſche Rückversicherungsvertrag nicht erneuert worden war, lag es nicht im Vermögen und konnte es nicht in der Absicht der deutschen Politik liegen, Rußland von Frankreich zu trennen. Nachdem zwischen Rußland und Frankreich ein Bündnisvertrag abgeschlossen und in das nationale Empfinden beider Völker übergegangen war, war uns die Möglichkeit, Rußland vom französischen Bündnis zu lösen und durch vertragsmäßige Bande an uns zu knüpfen, für absehbare Zeit verbaut. Wohl aber konnten wir die deutschlandfeindliche Spitze des Zweibundes durch Sanierung der deutsch-russischen Beziehungen abstumpfen. Diese Aufgabe war erfüllbar, und sie ist lange erfüllt worden, wesentlich erleichtert durch die zwischen unserem Kaiser und Kaiser Nikolaus bestehenden persönlichen Beziehungen. Die Hoffnungen der französischen Chauvinisten auf das russische Bündnis haben sich während 24 Jahren nicht erfüllt. Die russischen Staatsmänner haben Frankreich sogar gelegentlich zu verstehen gegeben, daß die russische Politik nicht gewillt sei, in den Dienst einer französischen Revanchepolitik zu treten. Die hochgespannten Erwartungen, mit denen in Frankreich der Abschluß des Zweibundes begrüßt worden war, mußten herabgestimmt werden. Die französische Politik sah sich gezwungen, in der Richtung der die nationale französische Stimmung im letzten Ende beherrschenden Gefühle und Aspirationen einen Ersatz für die getäuschten Zweibundhoffnungen zu suchen. Sie fanden diesen Ersatz in der französisch-englischen Entente, die zeitweise für uns eine bedrohlichere Rolle spielte als der Zweibund. Der die Franzosen beherrschende Groll gegen die deutschen Herren von Elsaß-Lothringen suchte und fand einen Verbündeten in der mit dem Ausbau unserer Flotte und mit unserer überseeischen Entwicklung Schritt für Schritt anschwellenden Unruhe und Eifersucht weiter englischer Kreise. Dem Zweibund fehlte im Grunde ein beiden verbündeten Mächten gemeinsamer und dauernder Interessengegensatz zum Deutschen Reich. Rußland fand mit seinen macht- und wirtschaftspolitischen Ansprüchen vielleicht keine europäische Macht so selten auf seinem Wege wie Deutschland. Das hat sich natürlich geändert, seitdem ein ungeheurer Krieg zwischen uns und Rußland ausgebrochen ist. Wir haben jetzt ein Recht und die Pflicht, reale Gewähr dafür zu erlangen, daß Ostpreußen, die Provinz, die im Laufe der Jahrhunderte mehr wie irgendeine andere durch feindliche Einfälle gelitten hat, nicht wieder barbarischer Verwüstung ausgesetzt wird. König Ludwig III. hat dem bayrischen und dem deutschen Volk aus dem Herzen geredet, wenn er sagte, daß wir einen Frieden brauchen, der uns für viele Jahrzehnte die Ruhe sichert. So ungeheure Opfer dürfen nicht umsonst gebracht worden sein. Nachdem das Tischtuch zwischen uns und Rußland zerschnitten ist, brauchen wir nach Osten erheblich verstärkte und erhöhte Sicherheit, die nach Lage der Dinge jetzt nur in einer Korrektur unserer ungünstigen östlichen Landesgrenzen bestehen kann, einer Korrektur, die uns vor neuen Invasionen schützt. Wir können natürlich auch nicht die Wiedererstarkung des Russischen Reiches wünschen. Wir werden aber bei der starken Zunahme der russischen Bevölkerung, deren jährlicher Geburtenüberschuß den unseren weit übertrifft, und bei der nationalen und konfessionellen Homogenität der russischen Volksmasse damit rechnen müssen, wenn nicht Rußland entweder politischer und sozialer Zersetzung verfällt oder die Ukraine, seine Kornkammer und die Basis seiner Industrie, verliert. Ob die Loslösung von Kongreßpolen eine Schwächung Rußlands bedeuten würde, steht dahin. Bevor der Draht zwischen uns und Rußland unwiderruflich zerschnitten war, waren wir wohl berechtigt, die Beziehungen zu diesem Nachbarn sorgsam zu pflegen. Nirgends stießen Deutschland und Rußland mit ihren Ansprüchen und Interessen unmittelbar aufeinander. Dabei war Deutschland dasjenige Land, wohin Rußland am meisten ausführte und von dem es die größte Menge Waren bezog. Gewiß fehlt es nicht an Gegensätzen auch zwischen England und Frankreich. England hat bis in die jüngste Zeit hinein seine folgenreichsten Fortschritte meist auf Kosten Frankreichs erreicht, so im Sudan, so zuvor in Hinterindien. Aber es stand Frankreich, dem die überseeische Politik keine Lebensfrage ist, frei, seine weltpolitischen Interessen denen Englands nachzustellen und dadurch die französisch-englischen

Gegensätze zu beschränken um den Preis eines französisch-englischen Einvernehmens. Frankreich zahlte den hohen Einsatz für
die Freundschaft Englands zu einer Zeit, da es sich in seinen Zweibundhoffnungen enttäuscht sah. Man könnte sagen, der Groll
gegen Deutschland ist seit vierundvierzig Jahren die Seele der
französischen Politik, die anderen internationalen Fragen sind
mehr materieller Natur und gehen nur den Leib an.

Von Rußland wie von England trennte uns bis zum August
1914 kein unüberwindlicher Interessengegensatz. Die Zusammen-
stöße, die wir im Siebenjährigen Kriege und 1812 mit Rußland
gehabt hatten, hinterließen keine politische oder nationale Animosi-
tät. England und Deutschland hatten niemals den Degen gekreuzt. Anders mit Frankreich. War zwischen Deutschland und
Rußland der Kriegszustand nur eine Episode gewesen, so war
umgekehrt durch das Verhängnis der Geschichte Deutschland
seit Jahrhunderten der Gegenstand französischer Angriffslust.
Wenn Ranke vor 45 Jahren an Thiers schrieb, daß Deutschland
gegen Ludwig XIV. Krieg führe, so mögen wir heute mit demselben Rechte sagen, daß wir gezwungen sind, gegen Richelieu
und Ludwig XIV., Napoleon und Gambetta en vedette zu sein.

Die Unversöhnlichkeit Frankreichs war ein Faktor, den jeder
Tieferblickende seit 1871 in die politischen Berechnungen einstellen mußte. „La France", schrieb am 1. Februar 1914 der
französische Geschichtsforscher Ernest Lavisse, ein Mann von aner-
kannter wissenschaftlicher wie politischer Stellung, in seiner Vor-
rede zu den Erinnerungen des Elsässers Auguste Lalance, „n'admet
pas la sinistre conception bismarckienne, elle n'admet
pas l'argument de l'ethnographie, ni que la force suffise
à créer un droit sur les âmes. Et les Allemands ne com-
prendront jamais, jamais que nous sommes attachés à l'Al-

sace-Lorraine par un devoir d'honneur[1]." In der angesehen=
ſten Pariſer Monatsſchrift, der „Revue des deux mondes",
faßte um dieſelbe Zeit ein anderer franzöſiſcher Hiſtoriker, Henri
Welſchinger, ſein Urteil über das Verhältnis zwiſchen Deutſch=
land und Frankreich in die Worte zuſammen: „Il y a litté-
ralement un abîme entre la France et l'Allemagne, et rien
ne pourra le combler[2]." Es erſchien mir immer ſchwächlich,
die Hoffnung zu nähren, Frankreich wirklich und aufrichtig ver=
ſöhnen zu können, ſolange wir nicht die Abſicht hatten, Elſaß=
Lothringen wieder herauszugeben. Und dieſe Abſicht war und iſt
in Deutſchland ſelbſtverſtändlich nicht vorhanden. Gewiß gab
es eine Menge Einzelfragen, wo wir Hand in Hand mit Frank=
reich gehen und namentlich zeitweiſe mit ihm zuſammengehen
konnten; mit Recht waren wir beſtrebt, höfliche, ruhige und fried=
liche Beziehungen zu Frankreich aufrechtzuerhalten. Darüber
hinaus aber durften wir keinen Phantasmen nachjagen, ſonſt
konnte es uns gehen wie dem Aſtronomen bei Lafontaine, der,
während er nach den Sternen blickte, in das Loch fiel, das vor
ſeinen Füßen lag und das er nicht geſehen hatte. Das Loch hieß
in dieſem Falle le trou des Vosges. Wir durften uns auch
Frankreich gegenüber von Aufmerkſamkeiten und Liebenswürdig=
keiten, der petite monnaie des internationalen Verkehrs, nicht
allzuviel verſprechen. Der Groll gegen Deutſchland ſaß zu tief

---

[1] Frankreich anerkennt nicht die finſtere Bismarckſche Auffaſſung
(der elſaß=lothringiſchen Frage), Frankreich anerkennt weder die aus der
Ethnographie abgeleiteten Beweisgründe, noch den Grundſatz, daß die Ge=
walt ein Recht über die Seelen ſchaffen könne. Die Deutſchen werden nie=
mals, niemals begreifen, daß es eine Ehrenpflicht iſt, die Frankreich mit
Elſaß=Lothringen verbindet.
[2] Zwiſchen Frankreich und Deutſchland klafft buchſtäblich ein Abgrund,
und nichts vermag ihn auszufüllen.

in den französischen Herzen, als daß wir ihn durch billige Freundschaftsbezeugungen beseitigen konnten. Niemals war Frankreich, auch nicht nach den katastrophalen Niederlagen der Jahre 1812 bis 1815, so hart getroffen worden wie durch den Krieg von 1870/71. Für die Tatsache, daß uns Deutschen nationale Notwendigkeit gewesen ist, was den Franzosen als brutale Härte des Siegers erscheint, finden wir in Frankreich kein Verständnis. Vielleicht wird sich das französische Volk im Laufe der Zeit den Bestimmungen des Frankfurter Friedens fügen, wenn es erkennen muß, daß sie unabänderlich sind, und namentlich wenn es uns gelingt, unsere noch immer ungünstige strategische Position gegenüber Frankreich weiter auszubauen. Solange Frankreich eine Möglichkeit zu erkennen glaubt, durch eigene Kraft oder fremde Hilfe Elsaß-Lothringen wieder an sich zu bringen, wird es im gegenwärtigen Zustande ein Provisorium, nicht ein Definitivum sehen. Wenn in der Vergangenheit hier und da der Gedanke einer englisch-französisch-deutschen oder auch einer russisch-französisch-deutschen Entente aufgetaucht ist, so lag dem der Wunsch zugrunde, daß Deutschland, um eine französische Kooperation zu ermöglichen, in eine Regelung der elsaß-lothringischen „Frage" in französischem Sinne und zur französischen Befriedigung einwilligen möge, ein Gedanke, der natürlich einer völligen Verkennung unserer Interessen und deutscher Sinnesart entsprach.

Auch solche Franzosen, die ihr Verhältnis zu Deutschland nicht lediglich vom Standpunkt der Revanche auffassen, fordern Verständnis für die Grundstimmung des französischen Volkes. Es sei ein Beweis lebhaften Ehrgefühls, wenn eine Nation so tief unter einer einmal erlittenen Kränkung ihres Stolzes leide, daß der Wunsch nach Vergeltung zur beherrschenden nationalen Leidenschaft wird. Wohl ist es richtig, daß Frankreich durch

Jahrhunderte den Geist der Unruhe in die europäische Geschichte getragen hat. Wir mußten uns durch Verstärkung unserer Stellung gegen Westen vor neuen Störungen unseres Friedens sichern. Das Mittel hat tatsächlich auch nicht ganz versagt, zum Nutzen nicht nur Deutschlands, sondern ganz Europas. Aber der Franzose sieht die Dinge mit anderen Augen an. Die Politik ruhmvoller Abenteuer, die Europa oft die Ruhe genommen hat, ist für Frankreich die eigene große Vergangenheit, die den eigentümlichen nationalen Ehrgeiz der Franzosen am großartigsten und ursprünglichsten zum Ausdruck gebracht hat. Die französische Geschichte unterscheidet sich von der deutschen unter vielem anderen auch darin, daß sie in den größten, in jenen dramatischen Momenten, wo sich die Schicksale der Völker entscheiden, von französischen Eroberungskriegen zu erzählen hat, während in der deutschen Geschichte die Taten nationaler Verteidigung die schönsten Ruhmesblätter sind. Eben die Zeiten eines Ludwig XIV., eines Napoleon I., deren Wiederkehr wir verhindern wollen und gegen die wir uns schon einmal durch eine Verstärkung unserer Grenzen gegen Frankreich sichern mußten, sind für viele Franzosen und in bewegten Momenten für die ganze Nation das Ziel nationaler Sehnsucht. Das durch die Ereignisse von 1866 und 1870 erstarkte Deutschland hat all seine neue Kraft auf den Ausbau des eigenen nationalen Lebens gewandt. Frankreich ist nach jeder Erstarkung seiner nationalen Macht aggressiv nach außen aufgetreten und wird es immer wieder tun, wenn es sich Erfolg versprechen kann. Damit mußten wir rechnen und uns selbst als denjenigen Gegner ansehen, gegen den sich Frankreich immer wieder in erster Linie wenden würde, wenn es glaubte, einen Angriff auf Deutschland siegreich durchführen zu können. Wer ernsthaft Politik treiben will, darf sich nicht vorübergehenden

Eindrücken der Gegenwart hingeben, sondern muß der Vergangenheit eingedenk bleiben und in die Zukunft schauen. Wir haben bewiesen, daß wir militärisch und wirtschaftlich, als Volkskraft wie als Organisation Frankreich überlegen sind. Wir dürfen uns aber nicht verhehlen, daß die französische Gegnerschaft durch den Krieg noch erheblich verschärft werden wird. „Die französische Stimmung gegen uns während des Deutsch-Französischen Krieges 1870/71 verhält sich zur heutigen Stimmung wie ein rauchender Fabrikschlot zu einer Vesuveruption", schrieb im Winter 1914/15 ein guter Kenner französischer Stimmungen und Zustände. Der Unterrichtsminister Albert Sarraut, um nur ein Beispiel von vielen anzuführen, ermahnte im Sommer 1915 bei einer Preisverteilung im Lycée Condorcet die französische Jugend, nie zu vergessen und niemals zu verzeihen, was Deutschland Frankreich jetzt angetan hätte. „Si jamais un Français essayait de l'oublier, que sa conscience en révolte lui refuse la paix des jours et le repos des nuits[1]." Es wäre ein Irrtum, anzunehmen, daß von dieser Stimmung die Radikalen noch eine Ausnahme machten. Sie haben, sobald es zum Kriege gekommen war, wieder den Weg zu den chauvinistischen Traditionen der Jakobiner gefunden, selbst Herr Gustave Hervé, der vor dem Kriege eingesperrt worden war, weil er erklärt hatte, die französische Trikolore gehöre auf den Misthaufen.

Die französische Revanchepolitik wird getragen von dem unbeirrbaren Glauben der Franzosen an die Unverwüstlichkeit der Lebenskraft Frankreichs. Dieser Glaube fußt auf den Erfahrungen der französischen Geschichte. Kein Volk hat die Folgen nationalen

---

[1] Sollte jemals ein Franzose versuchen, es zu vergessen, so möge sein empörtes Gewissen ihm den Frieden der Tage und die Ruhe der Nächte verweigern.

Mißgeschicks stets so schnell verwunden wie das französische, keines nach schweren Enttäuschungen und scheinbar vernichtenden Niederlagen so leicht Spannkraft, Selbstvertrauen und Tatenfreudigkeit wiedergewonnen. Mehr als einmal schien Frankreich durch äußere Feinde endgültig überwunden, durch innere Wirrnisse so zermürbt, daß Europa glaubte, Frankreich habe aufgehört, gefährlich zu sein. Aber immer wieder stand in kürzester Zeit die französische Nation in der alten oder in vermehrter Kraft vor Europa und konnte aufs neue den Kampf um die europäische Suprematie aufnehmen, die Machtverhältnisse Europas aufs neue in Frage stellen. Der Auf= und Niedergang dieses Volkes hat die Staaten Europas immer aufs neue mit Staunen erfüllt. Der allmähliche Niedergang von der stolzen Höhe, auf die Ludwig XIV. Frankreich gehoben hatte, schien zum Zerfall des französischen Staates zu führen durch die große Revolution, die in kurzer Folge den Bürgerkrieg, die Auflösung der Armee, die Vernichtung der alten wirtschaftlichen Blüte und den Staatsbankerott nach sich zog. Zehn Jahre nach dem Ausbruch der Revolution waren die Heere der französischen Republik Herren über Italien, die Niederlande und alles Land links des Rheins und standen siegreich im Herzen Deutschlands, und wieder nach zehn Jahren strahlte das erste Kaiserreich in seinem höchsten Glanze, und Napoleon schien dem Ziele der Herrschaft über den gesamten Kontinent nahe. Es folgten die Katastrophen von Leipzig und Waterloo, die volle Besiegung Frankreichs, zweimal die Einnahme der französischen Hauptstadt. In mehr als zwanzig Jahren ununterbrochener Kriege hatte die französische Nation ihre wirtschaftliche und physische Kraft bis auf die Neige verbraucht, und doch konnte sich Frankreich unter dem zweiten Kaiserreich wiederum an die erste Stelle erheben. Die Niederlage von 1870 traf in ihren Folgen Frankreich schwerer als je eine zuvor. Aber daß sie die Kraft zu neuem Aufstieg des elastischen Volkes nicht gebrochen hat, beweisen die Leistungen Frankreichs in diesem Kriege. Was vor mehr als einem halben Jahrhundert in seinem klassischen Werk „L'Ancien Régime et la Révolution" Alexis de Tocqueville über die französische Nation schreibt, trifft in mancher Hinsicht noch heute zu: „Quand je considère cette nation en elle-même, je la trouve plus extraordinaire qu'aucun des événements de son histoire. En a-t-il jamais paru sur la terre une seule qui fût si remplie de contrastes et si extrême dans chacun de ses actes, plus conduite par des sensations moins par des principes; faisant ainsi toujours plus mal ou mieux qu'on ne s'y attendait, tantôt audessous du niveau commun de l'humanité, tantôt fort audessus; un peuple tellement inaltérable dans ses principaux instincts qu'on le reconnaît encore dans des portraits qui ont été faits de lui il y a deux ou trois mille ans, et en même temps tellement mobile dans ses pensées journalières et dans ses goûts qu'il finit par se devenir un spectacle inattendu à lui-même, et demeure souvent aussi surpris que les étrangers à la vue de ce qu'il vient de faire; le plus casanier et le plus routinier de tous quand on l'abandonne à lui-même, et lorsqu'une fois on l'a arraché malgré lui à son logis et à ses habitudes, prêt à pousser jusqu'au bout du monde et à tout oser; indocile par tempérament, et s'accommodant mieux toutefois de l'empire arbitraire et même violent d'un prince que du gouvernement régulier et libre des principaux citoyens; aujourd'hui l'ennemi déclaré de toute obéissance, demain mettant à servir une sorte de passion que les nations les mieux douées pour la servitude ne peuvent atteindre; conduit par un fil tant que personne ne résiste, in-

gouvernable dès que l'exemple de la résistance est donné
quelque part; trompant toujours ainsi ses maîtres, qui le
craignent ou trop ou trop peu; jamais si libre qu'il faille
désespérer de l'asservir, ni si asservi qu'il ne puisse encore
briser le joug; apte à tout, mais n'excellant que dans la guerre;
adorateur du hasard, de la force, du succès, de l'éclat et du
bruit, plus que de la vraie gloire; plus capable d'héroisme
que de vertu, de génie que de bons sens, propre à concevoir
d'immenses desseins plutôt qu'à parachever de grandes entre-
prises; la plus brillante et la plus dangereuse des nations de
l'Europe, et la mieux faite pour y devenir tour à tour un
objet d'admiration, d'haine, de pitié, de terreur, mais jamais
d'indifférence?" [1]

---

[1] Betrachte ich diese Nation in ihrer Eigenart, so finde ich sie außer-
gewöhnlicher als irgendein Ereignis ihrer Geschichte. Hat es jemals auf
der Erde ein Volk gegeben, so voller Widersprüche, und das in allen seinen
Handlungen so sehr bis zum Äußersten ginge, mehr durch Empfindungen
geführt als durch Grundsätze; ein Volk, das infolgedessen stets die Erwartungen, die man von ihm hegt, enttäuscht oder übertrifft, bald unter dem
Durchschnitt der Menschheit, bald weit darüber hinaus, ein Volk so un-
veränderlich in seinen hauptsächlichen Triebfedern, daß man es noch in den
Schilderungen erkennt, die vor zwei- oder dreitausend Jahren von ihm
gemacht wurden, und gleichzeitig in seinen täglichen Gedanken und in seiner
Geschmacksrichtung so beweglich, daß es schließlich für sich selbst ein un-
erwartetes Schauspiel wird, und häufig über seine eigenen Handlungen
und das, was es angerichtet hat, ebenso erstaunt ist, wie die Fremden;
wenn man es sich selbst überläßt, das häuslichste und seinen Gewohnheiten
treueste Volk der Welt, hat man es aber einmal gegen seine Natur seinem
Heim und seinen Gewohnheiten entrissen, bereit, bis ans Ende der Welt
vorzudringen und alles zu wagen; von unbelehrbarem Temperament und
trotzdem mehr geneigt, sich dem Willkürregiment und selbst der Gewaltherr-
schaft eines Fürsten zu unterwerfen als der gesetzmäßigen und freien Regierung der besten Bürger; heute der ausgesprochene Feind jedes Gehorsams,
morgen erfüllt von einer Art Leidenschaft, zu dienen, die selbst diejenigen
Nationen nicht zu erreichen vermögen, die die größte Begabung für die

Tatsächlich hat Frankreich bald nach Wiederaufrichtung seiner durch die Niederlagen von Wörth und Sedan, wie bisher noch durch jedes kriegerische Mißgeschick umgestürzten Staatsordnung seine Kräfte, die kontinentalpolitisch einstweilen gelähmt waren, weltpolitisch gewaltig geregt. Es hat sich während der letzten fünfundzwanzig Jahre ein Kolonialreich geschaffen, das ihm den in Europa erlittenen Gebiets- und Bevölkerungsverlust um ein Vielfaches ersetzt, und hat sich damit zur zweiten Kolonialmacht der Welt erhoben. Der vor den Toren Frankreichs liegende nordafrikanische Besitz ist durch Marokko fast verdoppelt worden.

Ob die volle und unbeschränkte politische, wirtschaftliche und militärische Herrschaft über Marokko, wie manche glauben, eine Schwächung, ob sie nicht vielmehr, namentlich für die Zukunft, eine erhebliche Stärkung Frankreichs bedeutet, ist hier nicht zu untersuchen. Jedenfalls beweist die kolonialpolitische Tätigkeit Frankreichs, wie rasch und intensiv die französische Unternehmungslust bald nach der Niederlage von 1870 wiederauflebte, um den erneuten nationalen Aufstieg in der Richtung zu versuchen, die offen stand und die auch von Deutschland in Tunis wie in

Dienstbarkeit haben; an einem Faden zu führen, solange niemand widersteht, nicht mehr zu regieren, sobald irgendwo das Beispiel des Widerstands gegeben ist; auf diese Weise immer seine Herren täuschend, die es entweder zu sehr oder zu wenig fürchten; niemals so frei, daß man daran verzweifeln könnte, es zu knechten; noch so geknechtet, daß es nicht schließlich doch sein Joch brechen könnte; geschickt für alles, aber ausgezeichnet nur im Kriege; Anbeter des Glücks, der Stärke, des Erfolgs, des Glanzes und des Lärms, mehr als des wahren Ruhms, mehr heroisch als tugendhaft, mehr genial als verständig, befähigter, gewaltige Pläne zu entwerfen, als große Unternehmungen auszuführen; das glänzendste und gefährlichste Volk in Europa, dasjenige Volk, das am meisten gemacht ist, ein Gegenstand der Bewunderung, des Hasses, des Mitleids, des Schreckens, aber niemals der Gleichgültigkeit zu werden.

Tonkin geflissentlich offen gelassen wurde. Einen vollgültigen Ersatz für den Verlust Elsaß-Lothringens wird aber Frankreich auch in dem gewaltigsten Kolonialbesitz nicht erblicken. Darüber war sich auch Bismarck nicht im unklaren, der eine Förderung der kolonialpolitischen Pläne Frankreichs empfahl, um die Augen der Franzosen wenigstens vorübergehend von den Vogesen abzulenken.

Als wir in der Marokkofrage mit Frankreich aneinandergerieten, handelte es sich für uns nicht darum, die kolonialen Pläne Frankreichs zu durchkreuzen, sondern wir hatten gewichtige eigene Interessen und darüber hinaus unser nationales Ansehen zu wahren. Unser Vorgehen in den marokkanischen Angelegenheiten hatte seinen Rechtsgrund in dem Madrider Vertrag von 1880 und im deutsch-marokkanischen Handelsvertrag von 1890. Zum Vorgehen wurden wir genötigt durch die eigenmächtige Marokkopolitik Frankreichs, die unsere deutschen Wirtschaftsinteressen wie unser nationales Ansehen in gleicher Weise zu verletzen drohte. Der zu Madrid im Jahre 1880 abgeschlossene Marokkovertrag hatte die Ausübung des Schutzrechtes der europäischen Großmächte über Marokko geregelt. Er war abgeschlossen worden auf Grund der Anerkennung der Souveränität Marokkos. Auf eben dieser Grundlage ging Deutschland 1890 einen Handelsvertrag mit Marokko ein. Eine Änderung der Madrider Abmachungen war nur statthaft unter Zustimmung der Signatarmächte, der europäischen Großmächte mit Ausnahme Rußlands, der Vereinigten Staaten, der skandinavischen Staaten, Hollands, Belgiens und Portugals. Gewiß hatte Frankreich, das mit seinem eigenen Kolonialbesitz Marokko benachbart ist, ein besonderes Interesse an der Entwicklung der marokkanischen Angelegenheiten. Mit dieser Tatsache ist auf deutscher Seite stets gerechnet worden. Auf der

Basis der Madrider Abmachungen wäre gegen eine Berücksichtigung der besonderen französischen und ebenso der spanischen Interessen nichts einzuwenden gewesen. Aber die geflissentliche Rücksichtslosigkeit, mit der Frankreich seine viel weitergehenden Aspirationen in Marokko unbekümmert um den Madrider Vertrag von 1880 wie um den deutsch-marokkanischen Handelsvertrag von 1890 zu verwirklichen suchte, schuf eine neue Lage. Am 8. April 1904 war zwischen England und Frankreich ein Abkommen getroffen worden, das zwischen beiden Westmächten eine Reihe alter kolonialer Streitfragen schlichtete. In diesem Abkommen erklärte Frankreich, daß es von England nicht die Räumung Ägyptens fordern wolle, England dagegen erkannte an, daß Frankreich als Nachbarstaat Marokkos das Recht habe, die Ruhe dort zu erhalten und dem Sultan im Notfall bei seinen Verwaltungsreformen militärische und finanzielle Hilfe zu leisten. Es lag kein Anlaß vor, gegen denjenigen Teil dieses Abkommens Stellung zu nehmen, der sich auf Ägypten bezog. Auch abgesehen davon, daß wir durch einen solchen Einspruch unsere damals ohnehin schwierigen Beziehungen zu England noch mehr kompliziert haben würden, hatte schon Fürst Bismarck die Meinung vertreten, daß Deutschland gerade in Ägypten den Engländern keine Schwierigkeiten bereiten solle. „In Ägypten", pflegte der Fürst zu sagen, „sind wir englisch, in Serbien österreichisch und in Bulgarien russisch." Was Marokko anging, so hatte Frankreich auch in dem Abkommen vom 8. April 1904 ausdrücklich versprochen, daß es den politischen Zustand von Marokko nicht ändern werde. Schon deshalb war es angezeigt, erst einmal abzuwarten, ob die französische Regierung diese Zusage erfüllen, wie sie überhaupt das Abkommen in der Praxis ausführen und wie sie sich namentlich mit unseren vertragsmäßigen Rechten in

Marokko und den dortigen deutschen Interessen abfinden würde. Hiervon abgesehen hängt es von den Umständen ab und ist eine Frage der Opportunität, wann eine Aktion begonnen werden soll. Manche Gründe sprachen dafür, das englisch-französische Abkommen nicht mit sofortigen Drohungen, noch besonderer Nervosität zu begrüßen. Es empfahl sich, die ägyptische Frage nicht mit der marokkanischen zu verquicken und auch in der marokkanischen Frage Frankreich nicht a priori Übelwollen oder Mißtrauen zu zeigen. Um so besser waren wir berechtigt, uns gegen eine Verletzung des bestehenden Rechtszustandes und unserer wirtschaftlichen Interessen zur Wehr zu setzen, wenn es sich zeigte, daß Frankreich diese zu achten nicht gewillt sei. Das sollte sich bald herausstellen. Frankreich mischte sich immer ungenierter in die marokkanischen Verhältnisse ein, es hoffte einen neuen, großen und wertvollen Kolonialbesitz unter Ignorierung des Madrider Vertrags wie des deutsch-marokkanischen Handelsvertrags erwerben zu können, in der Annahme, daß für die Verwirklichung seiner Ziele die englische Billigung und Unterstützung ausreichend wären. Die französische Regierung suchte dem englisch-französischen Abkommen eine scharfe Spitze gegen Deutschland zu geben, indem sie selbstherrlich über ein wichtiges koloniales Interessengebiet verfügte, ohne das Deutsche Reich auch nur der Beachtung zu würdigen. Es war ein deutlicher Versuch, die weltpolitischen Entscheidungen für die Westmächte allein in Anspruch zu nehmen. Die französische Politik zögerte nicht, bald nach dem Abschluß des englisch-französischen Abkommens die Konsequenzen zu ziehen, als seien die Madrider Signatarmächte überhaupt nicht auf der Welt. Frankreich ging an die „Tunifikation" von Marokko. Der französische Vertreter in Marokko, St. René-Taillandier, suchte sich die Mitregentschaft über Marokko zu sichern. Durch die Umgestaltung der polizeilichen Einrichtungen, die Gründung einer Staatsbank unter französischer Leitung, Vergebung der öffentlichen Arbeiten und Lieferungen an französische Firmen sollte das wirtschaftliche und staatliche Leben in Marokko so weit unter französischen Einfluß gebracht werden, daß die schließliche Einverleibung Marokkos in den französischen Kolonialbesitz nur eine Formsache gewesen wäre. Dem damaligen französischen Minister des Auswärtigen, Delcassé, einem begabten und unternehmenden Staatsmann, der aber, wo Deutschland in Frage kam, sich zu sehr von Gefühlsmomenten bestimmen ließ, schwebte der Gedanke vor, uns in Marokko vor ein Fait accompli zu stellen. Er wußte, daß er damit unserem Ansehen in der Welt einen empfindlichen Stoß versetzen würde. Von einer Verständigung mit Deutschland wollte er nichts wissen, teils weil er in noch höherem Grade als die meisten anderen politisch tätigen Franzosen von Revanchegedanken erfüllt war, teils auch weil er glaubte, daß Frankreich, das in der Zunahme der Bevölkerung immer weiter hinter Deutschland zurückblieb, wenn es sich an Deutschland anschlösse, allmählich in ein Abhängigkeitsverhältnis zu ihm geraten würde. Wir hatten in Marokko bedeutende und zukunftsreiche wirtschaftliche Interessen, die durch die Schließung der offenen Tür schwer geschädigt wurden. Die in Deutschland ziemlich weit verbreitete Ansicht, daß Frankreich in Marokko auf Schwierigkeiten und Hindernisse stoßen werde, die militärisch, finanziell und politisch seine Stoßkraft in Europa lahmlegen würden, hielt genauer Prüfung nicht stand. Die Zeiten, wo Barbaren und Halbbarbaren zivilisierten Nationen dauernden Widerstand zu leisten vermochten, sind seit den Fortschritten der modernen Waffentechnik vorüber, mag es sich nun um Berber oder Araber, Perser oder Anamiten handeln. Eher war vorauszusehen, daß Frankreich seine „schwarze Macht", sein

afrikanisches Eingeborenenheer durch Bildung weiterer Kompa-
nien und Schwadronen aus dem brauchbaren Marokkanermaterial
mit der Zeit nicht unerheblich verstärken könnte. Darüber hinaus
standen unsere Würde und unsere neuerrungene weltpolitische
Machtstellung auf dem Spiel. Die Ignorierung der Madrider
Signatarmächte bei Abschluß des französisch=englischen Marokko=
abkommens bedeutete in specie eine Brüskierung des Deutschen
Reichs. Mit England war Frankreich vertraglich im reinen, mit
Spanien waren geheime Unterhandlungen im Gange, Rußland
war nicht Signatarmacht, Italien ging im Mittelmeer seine
eigenen Wege, den Vereinigten Staaten lagen die marokkani=
schen Angelegenheiten fern, ein Widerstand der kleineren Staaten
Europas war ernstlich nicht zu besorgen. So waren nur Öster=
reich und vor allen Dingen Deutschland offenbar beiseite geschoben.
Wir standen vor einer bedeutungsvollen Wahl. Sollten wir uns
bei einer wichtigen internationalen Entscheidung ausschalten, uns
als Quantité négligeable behandeln lassen? Oder sollten wir
die Berücksichtigung unserer Interessen und die Beachtung unseres
Willens fordern? Die erstere Entscheidung wäre die bequemere
gewesen, für die zweite sprachen nicht nur Ehrgefühl und Stolz,
sondern auch unser wohlverstandenes Interesse. Ließen wir uns
einmal ungestraft auf die Füße treten, so wäre dem ersten Versuch,
uns schlecht zu behandeln, bald der zweite und dritte gefolgt.

Am 3. Juli 1900 hatte Kaiser Wilhelm II. das programmatische
Wort gesprochen: „Ich bin nicht der Meinung, daß unser deut=
sches Volk vor 30 Jahren unter der Führung seiner Fürsten ge=
siegt und geblutet hat, um sich bei großen auswärtigen Entschei=
dungen beiseite schieben zu lassen. Geschähe das, so wäre es ein
für allemal mit der Weltmachtstellung des deutschen Volkes vor=
bei, und ich bin nicht gewillt, es dazu kommen zu lassen." Die

französische Marokkopolitik war ein unverhüllter Versuch, Deutschland bei einer großen auswärtigen Entscheidung beiseite zu schieben, der Versuch, die Machtverhältnisse in Europa einer Korrektur zugunsten Frankreichs zu unterziehen. Ein Präzedenzfall wäre geschaffen worden, der notwendig zu Wiederholungen hätte reizen müssen. Darauf durften wir es nicht ankommen lassen. In diesem Sinne wurde die Marokkofrage für uns eine nationale Frage. Unserer Marokkopolitik waren die Wege gewiesen.

Am 31. März 1905 legte Seine Majestät der Kaiser auf meinen Rat in Tanger an, wo er mit unzweideutigen Worten für die Unabhängigkeit und Souveränität Marokkos eintrat. Damit war die Forderung Deutschlands nach Mitentscheidung der marokkanischen Angelegenheiten vor der Welt angemeldet. Es war erklärt, daß Deutschland an dem auf der Grundlage der Souveränität Marokkos abgeschlossenen internationalen Vertrag von 1880 festhielt und nicht geneigt war, ungefragt die durch das französisch-englische Marokkoabkommen und das französische Vorgehen in Marokko geschaffene neue Lage anzuerkennen. Unser Ziel war, an Stelle der einseitig französisch-englischen Regelung der Marokkofrage eine internationale durch die Madrider Signatarmächte zu setzen. Wir mußten auch verhindern, daß eine internationale Konferenz der französischen Marokkopolitik einfach ihr Plazet gab. Beides ist durch das Zustandekommen und die Beschlüsse der Algeciraskonferenz erreicht worden. Frankreich setzte dem Konferenzplan heftigen Widerstand entgegen. Eine Zeitlang schien es, als wolle Herr Delcassé die Entscheidung über Krieg und Frieden von der Konferenzfrage abhängig machen. Als die deutsche Regierung unerschütterlich blieb, willigte Frankreich in die Konferenz. Herr Delcassé legte das Portefeuille des Auswärtigen nieder. Er trat zurück, und wir setzten unseren Willen durch. Der Rücktritt des Herrn Delcassé war für uns kein Augenblickserfolg. Sein Sturz lähmte den französischen Chauvinismus, gab den vorsichtigen und friedlichen Elementen in Frankreich wieder die Oberhand und erleichterte damit unsere Politik wie die Fortführung des Flottenbaues. Herr Delcassé war das Instrument, dessen sich unsere Gegner bedienen wollten, um uns zu treffen. Durch ihn gedachten, wie Carl Peters mit Recht hervorhob, diejenigen englischen Kreise, die uns unser Flottenprogramm nicht ausführen lassen wollten, Frankreich zum Kriegsbündnis mit England zu verleiten, um uns dann mit der englischen Flotte zu überfallen. Daß ihnen diese Waffe aus der Hand geschlagen wurde, war gerade damals, wo wir mit unserem Flottenbau uns ungefähr auf der Mitte des Weges, auf halbem Aufstieg befanden, besonders wichtig. In Algeciras hatten wir gegenüber den Ententemächten und bei dem geringen Interesse, das die anderen Mächte an der marokkanischen Frage nahmen, naturgemäß keine leichte Stellung. Trotzdem gelang es uns, unter Wahrung der Souveränität des Sultans, für die Organisation der Polizei und die Errichtung der marokkanischen Staatsbank eine internationale Regelung zu erreichen und den deutschen wie den wirtschaftlichen Interessen aller anderen Länder die offene Tür in Marokko zu sichern. Nicht alles Erwünschte, aber das Wesentliche war erreicht worden. Der Versuch, uns von einer großen internationalen Entscheidung auszuschließen, war durchkreuzt worden. Wir hatten nicht nur die Handelsfreiheit in Marokko erfolgreich verteidigt, sondern auch bewiesen, daß wir uns selbst durch eine Koalition anderer Mächte nicht beiseite schieben ließen. An der künftigen Gestaltung der marokkanischen Angelegenheiten war uns ein entscheidendes Mitbestimmungsrecht gesichert, auf das wir ohne ausreichende Kompensationen nicht zu

verzichten brauchten. Die Beschlüsse der Konferenz von Alge=
ciras waren ein Riegel vor den Tunifikationsbestrebungen Frank=
reichs in Marokko. Sie waren auch eine Klingel, die wir jeder=
zeit ziehen konnten, wenn Frankreich wieder solche Tendenzen an
den Tag legte. In Frankreich wurde die neue Ordnung der
Dinge alsbald nach der Algecirasconferenz sehr peinlich empfunden.
Die „unselige Algecirasakte" wurde als eine „Frankreich aufge=
zwungene europäische Vormundschaft", bestenfalls als eine „ehren=
volle Rückzugslinie" bezeichnet. Die Algecirasakte, so erklärte die
„Revue des deux mondes", lege Frankreich weit mehr Pflichten
auf als sie ihm Rechte gewähre. „On a vu nulle part une sou-
veraineté aussi garottée par des liens multiples et assujettie à
de si nombreuses et si minutieuses servitudes... Les puissan-
ces ou plutôt la principale entre elles, l'Allemagne, ont con-
senti à ce que nous établissions notre protectorat au Maroc
à la condition de n'y jouir d'aucun avantage économique.
On a donné une extension tout-à-fait inusitée à la formule
bien connue de la porte ouverte... La France, c'est triste
à dire, n'a obtenu aucune prime de gestion au Maroc."[1]
Man hat wohl gesagt, wir hätten nach dem Rücktritt Delcassés
eine direkte Verständigung mit Frankreich über Marokko suchen
sollen. Es mag dahingestellt bleiben, ob Frankreich überhaupt
geneigt war, uns einen annehmbaren Preis zu zahlen. Jeden=

[1] Niemals sah man irgendwo eine Souveränität, die durch so viel=
fache Bande eingeschnürt und so zahlreichen und so sehr ins einzelne gehen=
den Verpflichtungen unterworfen war... Die Mächte, oder vielmehr
die hauptsächlichste unter ihnen, Deutschland, erklärten sich in Algeciras
mit unserm Protektorat über Marokko nur unter der Bedingung einver=
standen, daß wir dort keinerlei wirtschaftlichen Vorteil genossen. Man gab
in Algeciras der bekannten Formel von der offenen Tür eine ganz und gar
ungewohnte Ausdehnung... Frankreich, es ist traurig, es sagen zu müssen,
hat in Marokko keinerlei Unternehmergewinn eingeräumt erhalten.

falls durften wir damals schon mit Rücksicht auf unsere Stellung in der Türkei und zum Islam diesen Weg nicht einschlagen. Im November 1898 hatte Kaiser Wilhelm II. in Damaskus erklärt: „Mögen die 300 Millionen Mohammedaner, welche auf der Erde verstreut leben, dessen versichert sein, daß zu allen Zeiten der Deutsche Kaiser ihr Freund sein wird." In Tanger hatte sich der Kaiser mit Entschiedenheit für die Integrität Marokkos ausgesprochen. Wir hätten uns um jeden Kredit in der islamischen Welt gebracht, wenn wir so kurze Zeit nach diesen Kundgebungen Marokko an die Franzosen verkauft hätten. Unser Botschafter in Konstantinopel, Freiherr von Marschall, der sich hervorragende Verdienste um die Pflege unserer Beziehungen zur Pforte und zum Islam erworben hatte, sagte mir in jenen Tagen: „Wenn wir Marokko trotz Damaskus und Tanger jetzt preisgeben, so verlieren wir mit einem Schlage unsere Stellung in der Türkei und mit ihr die Vorteile und Zukunftsaussichten, die wir uns durch jahrelange Arbeit mühsam erworben haben."

Das deutsch=französische Sonderabkommen vom 9. Februar 1909, das unter hervorragender Mitwirkung des späteren Staats=sekretärs v. Kiderlen=Wächter zustande kam, verminderte die Möglichkeit fortgesetzter Reibungen zwischen beiden Staaten, indem es Frankreich einen gewissen politischen Einfluß in Marokko sicherte, ohne ihm die Aneignung zu ermöglichen, hielt aber das Prinzip der offenen Tür fest und gewährleistete deutschem und französischem Handel und Gewerbe das gleiche Betätigungsrecht im unabhängigen und in seinem Gebietsumfange unverminderten marokkanischen Staat. Das Abkommen diente dem Frieden, indem es die Algecirasakte in denjenigen Punkten ergänzte, in denen sie sich in der Praxis als verbesserungsfähig erwiesen hatte. Durch deutsche wirtschaftliche und finanzielle Mitarbeiterschaft sollte

ein Zusammenwirken der deutschen und französischen Kaufleute in Marokko und damit für beide Teile wirtschaftlicher Nutzen herbeigeführt werden. Das Abkommen von 1909 war ein reiner Geschäftsvertrag und konnte den Marokko-Streit beendigen. Hierbei war allerdings die Voraussetzung, daß Frankreich den ihm in Marokko eingeräumten politischen Einfluß maßvoll und verständig ausübte. Die Beschlüsse der Algeciras-Konferenz selbst wurden durch das Abkommen von 1909 ausdrücklich bestätigt. Das deutsche Mitbestimmungsrecht über das Schicksal Marokkos, dieses Recht, das einer Annexion Marokkos durch Frankreich entgegenstand, wurde durch den Sondervertrag vom 9. Februar 1909 in keiner Weise berührt. Was 1911 für den Verzicht auf unser Recht erreicht wurde, mag es nun viel oder wenig sein, mag das uns zugefallene Stück Kongo einen kleinen oder großen Wert haben, ist jedenfalls nur erlangt worden auf der Grundlage von Algeciras und dank unseres Vorgehens im Jahre 1905. Noch während des gegenwärtigen Kriegs sprach eine französische Broschüre von der „portion de notre Congo français, que l'Allemagne nous a extorquée en échange de l'hypothèque morale qu'elle avait mise insolamment sur le Maroc[1]."
Uns einen Teil von Marokko anzueignen, haben wir nie beabsichtigt. Nicht aus Furcht vor Frankreich, sondern in unserem eigenen Interesse. Wir hätten dort neben Frankreich auch England und Spanien gegen uns gehabt. Wir durften auf der anderen Seite auch nicht hoffen, durch übertriebenes Entgegenkommen in der Marokkofrage Frankreich zu versöhnen. Der Kongo-Marokko-Vertrag, der unseren Verzicht auf die in Algeciras

---

[1] Der Teil unseres französischen Kongo, den Deutschland uns abpreßte, im Austausch gegen die moralische Hypothek, die es mit solcher Rücksichtslosigkeit Marokko auferlegt hatte.

erworbenen und im Vertrag von 1909 gewahrten Rechte be=
deutete, ist vielmehr zum Ausgangspunkt jenes Esprit nouveau
geworden, der 1911 aufkam und mit dem französischen Chau=
vinismus die französische Aktionslust erheblich steigerte. Auch
die italienische Tripolisexpedition stand letzten Endes mit jenem
Marokko=Kongo=Abkommen in ursächlichem Zusammenhange. Als
in Rom bekannt wurde, daß die Einverleibung Marokkos in den
französischen Kolonialbesitz sicher sei, sagte der damalige italie=
nische Minister des Außern, Marquis San Giuliano, seinen
Sekretären, indem er seine Uhr zog: „Merken Sie sich diese
Stunde und dieses Datum. Heute hat es sich entschieden, daß
wir nach Tripolis gehen. Es bleibt uns keine andere Wahl, wenn
wir nicht den letzten Moment versäumen wollen, wo die Besitz=
ergreifung von Tripolis für uns möglich ist." Die Tripolis=
expedition wurde ihrerseits wieder der Anstoß zum ersten Balkan=
krieg, der nicht nur ein harter Schlag für das Türkische Reich
war, sondern auch für die gesamte europäische Politik weitreichende
Folgen gehabt hat. Diese Wirkung der italienischen Expedition
nach Tripolis war von Marquis San Giuliano und Herrn
Giolitti, den damaligen Leitern der italienischen Politik, nicht
beabsichtigt, aber wie oft in der Politik zog ihre Aktion weitere
Kreise, als sie selbst ursprünglich gewollt hatten.

Einen wie hohen wirtschaftlichen Wert Marokko auch für Frank=
reich haben mochte, einen wie bedeutenden politischen und mili=
tärischen Machtzuwachs sich Frankreich von dieser Vergrößerung
seines nordafrikanischen Kolonialreichs versprechen mochte, seine
Marokkopolitik war ihm gerade in den kritischen Momenten noch
mehr Mittel zum Zweck als Selbstzweck. War es gewissen fran=
zösischen Kreisen mit der anfänglichen Ignorierung Deutschlands
um einen wirksamen Vorstoß gegen die Weltmachtstellung und

das Ansehen Deutschlands mit englischer Hilfe zu tun gewesen, so glaubte man später eine Gelegenheit winken zu sehen, unter günstigen Bedingungen an der Seite Englands zur entscheidenden Abrechnung mit Deutschland zu kommen. Diese Tendenzen der französischen Politik rückten die Marokkoangelegenheit zweimal in das Vordertreffen der deutschen Politik und stellten die Erhaltung des Weltfriedens in Frage.

Zu einer Zeit, wo niemand in Deutschland an den Ausbruch des Weltkriegs dachte, schrieb ich in meinen damaligen Ausführungen über „Deutsche Politik unter Kaiser Wilhelm II." von der Unversöhnlichkeit Frankreichs, nicht ohne in Deutschland Widerspruch zu finden: „Bei der Betrachtung unseres Verhältnisses zu Frankreich dürfen wir nicht vergessen, daß Frankreich unversöhnt ist. Das letzte Ziel französischen Strebens wird, menschlichem Ermessen nach, noch auf lange hinaus das sein, die heute noch fehlenden Voraussetzungen für eine aussichtsreiche Auseinandersetzung mit dem Deutschen Reiche zu schaffen. Halten wir uns diese Wahrheit nüchtern gegenwärtig, so werden wir Frankreich gegenüber das richtigste Verhältnis gewinnen. Entrüstete Deklamationen über französische Unverbesserlichkeit sind ebenso geschmacklos wie unfruchtbare Werbeversuche. Der deutsche Michel hat es nicht nötig, immer wieder mit einem Blumenstrauß in der Hand und bisweilen ziemlich linkischer Verbeugung sich der spröden Schönen zu nähern, deren Blick auf den Wasgau gerichtet ist. Nur die langsame Erkenntnis der Unabänderlichkeit des Verlustes von 1871 kann Frankreich zur endgültigen und vorbehaltlosen Gewöhnung an den im Frankfurter Frieden festgesetzten Zustand der Dinge bringen. Es ist nicht unmöglich, daß die krampfhafte Anspannung der letzten militärischen Kräfte in ihrer Rückwirkung auf die wirtschaftlichen und sozialen Verhältnisse

Frankreichs diesen Beruhigungsprozeß beschleunigen wird und daß sich hierbei wieder einmal das französische Sprichwort als richtig bewährt, que l'excès du mal amène la guérison[1]). Die Wiedereinführung der dreijährigen Dienstzeit bezeichnet einen so hohen Grad des Rüstungsfiebers, daß sie vielleicht die Rückkehr zu normaler Temperatur einleiten wird. Wenn die Durchführung der dreijährigen Dienstzeit die Einkommensteuer nach sich ziehen sollte, so würde auch das zur Ernüchterung beitragen. Bis dahin steht Frankreich gegen uns. Wiewohl es bemüht ist, militärisch den Nachteil auszugleichen, in den es durch seine geringere Bevölkerungszahl uns gegenüber versetzt ist, hat es doch nicht mehr das alte Zutrauen allein in die eigene Kraft. Die französische Politik sucht durch Bündnisse und Freundschaften ein Gleichgewicht oder womöglich ein Übergewicht gegen den deutschen Nachbarn zu gewinnen. Frankreich hat sich zu diesem Zweck eines Teiles der eigenen freien Initiative begeben müssen und ist abhängiger als früher von fremden Mächten geworden. Das ist den Franzosen natürlich bekannt und bewußt. Daß der reizbare französische Nationalstolz sich mit dieser Tatsache abfindet, zeigt, welches der alles beherrschende nationale Wunsch des französischen Volkes ist. Als wenige Tage nach dem Krüger=Telegramm wie in ganz Europa auch in Frankreich die Wogen der Burenbegeisterung hoch gingen, fragte ein englischer Minister nicht ohne Besorgnis einen französischen Diplomaten, ob Frankreich sich nicht versucht sehen könnte, an Deutschlands Seite zu treten. Die Antwort des Franzosen lautete: ,Seien Sie überzeugt, daß, solange Elsaß=Lothringen deutsch ist, das französische Volk, was sich auch sonst ereignen möge, in Deutschland den permanenten, in jeder anderen Macht nur den akzidentiellen

---

[1]) Die Ausartung des Übels bringt die Heilung.

Gegner sehen wird.' Es ist kaum eine internationale Konstellation denkbar, die Frankreich veranlassen könnte, seine von der Erinnerung an 1871 inspirierte Politik einer grundsätzlichen Korrektur zu unterziehen."

Ich glaube, daß die Ereignisse der letzten Jahre diese meine Diagnose bestätigt haben. Wie wenig den Franzosen Erfolge und Mißerfolge in der weiteren Welt neben dem Verlust an der europäischen Stellung Frankreichs bedeuten, zeigte auch der Verlauf und die Wirkung des Faschoda-Streites. Frankreich erlitt in diesem Streit gegenüber England eine unleugbare Niederlage, die schmerzlich empfunden wurde. Faschoda bedeutete für Frankreich das Ende eines alten und stolzen kolonialpolitischen Traumes und ließ die französische Nation die britische überlegene Macht unerbittlich fühlen. Einen Augenblick brauste in Frankreich die öffentliche Meinung elementar auf und wandte sich jäh gegen England. Die große Masse derjenigen, die in der Politik das Vergängliche nicht vom Dauernden zu scheiden vermögen, den rauschenden Lärm des Aktuellen für den wahren Widerhall des Bedeutsamen nehmen, glaubte die Wendung der französischen Politik gekommen. Die Verstimmung gegen England sollte Frankreich an die Seite Deutschlands drängen, die Enttäuschung über den Mißerfolg im Sudan die Erbitterung über den Verlust Elsaß-Lothringens paralysieren, eine frische Hoffnung auf Vergeltung für Faschoda an die Stelle der alten auf Revanche für Metz und Sedan treten. Grundsätzlicher als durch solche Kombinationen konnte das Wesen der französischen Politik nicht verkannt werden. Ein Volk, das sich ein Menschenalter in eine Hoffnung, ein Ideal eingelebt hat, läßt sich nicht durch ein seitab vom großen Wege betroffenes Mißgeschick aus dem Geleis werfen. Der Haß gegen Deutschland konnte durch eine Verstimmung gegen England nicht berührt, geschweige denn beseitigt werden. Der momentane Zorn gegen England hätte noch viel leidenschaftlicher und innerlicher sein können, als er es tatsächlich war, er wäre doch nicht der Anfang dauernder feindseliger Gesinnungen geworden, denn das Verhältnis Frankreichs zu England war schon vor dem Konflikt im Sudan in die Rechnung der französischen Politik einbezogen worden. Frankreich sah schon früh in der englischen Eifersucht gegen Deutschland den natürlichen Verbündeten gegen die Sieger von 1870 und drängte an die Seite Englands. Man war in Paris enttäuscht, daß England für die französische Freundschaft ein Opfer an Interessen im Sudan und am Nil nicht hatte bringen wollen, aber Frankreich selbst war unter allen Umständen, wenn auch mit zusammengebissenen Zähnen, bereit, den gleichen und höheren Preis für die englische Freundschaft zu zahlen. Die Niederlage im Faschoda-Streit wurde auf das Unkostenkonto der französischen Revanchepolitik gebucht und wirkte im letzten Erfolge weniger verstimmend gegen England als aufs neue erbitternd gegen Deutschland. Achtundvierzig Stunden nach dem Zurückweichen Frankreichs im Faschoda-Streit wurde ein französischer Botschafter, einer der besten politischen Köpfe Frankreichs, von seinem italienischen Kollegen auf den Stand der französisch-englischen Beziehungen angesprochen. Der Italiener fragte, welche Rückwirkung das Ereignis auf die französische Stellung zu England haben werde. Der Franzose erwiderte: „Eine günstige! Nachdem die Differenz über den Sudan erledigt ist, steht einer vollen Entente mit England gar nichts mehr im Wege."

Diese Entente ist denn auch nicht lange nach dem Faschoda-Zwischenfall zustande gekommen und hat sich durch alle Wechselfälle der internationalen Politik behauptet. Durch sein Bündnis mit Frankreich und die Verwicklungen im Osten war Rußland häufig an die Seite der französisch-englischen Entente getreten, so daß von einer Triple-Entente gesprochen werden konnte als eines Gegenstücks zum Dreibunde. Zu einer fest geschlossenen Koalition ist die Triple-Entente allerdings erst durch den Krieg geworden. Noch am 24. April 1914 berichtete der belgische Gesandte in Berlin, Baron Beyens, anläßlich des Gerüchts, daß der russische Botschafter in Paris, Herr Iswolski, nach London versetzt werden sollte, Herr Iswolski werde sich an der Themse davon überzeugen können, daß die englische öffentliche Meinung nichts dafür übrig habe, England seine Aktionsfreiheit durch einen formalen Vertrag einbüßen zu sehen, der sein Schick- sal an das Rußlands und Frankreichs ketten würde. Erst das Londoner Protokoll vom 5. September 1914 verwandelte den früher losen Zusammenhang zwischen den drei Mächten in eine enge Allianz. Deshalb sind aber die Interessengegensätze zwischen unseren Gegnern nicht für immer aus der Welt geschafft. Die Solidarität, die zwischen England und Rußland, Frankreich und England, Rußland und Japan der Krieg herbeigeführt hat, diese durch das gemeinsam vergossene Blut vorläufig fest zusammen- geschweißte Einheit entspricht nicht der Natur der Dinge. Auch sonst bestehen beispielsweise zwischen Amerika und Japan, Japan und dem australischen Commonwealth Gegensätze, die nur dieser Krieg in den Hintergrund gedrängt hat. Die politische Führung des Dreiverbandes lag auch vor dem Weltkrieg in den ent- scheidenden Momenten meist in den Händen Englands. Die englische Führung hat wohl gelegentlich ernüchternd auf Frank- reich gewirkt und damit der Erhaltung des europäischen Friedens gedient. Aber wie sehr die leitenden Kreise in England bereit waren, ihren maßgebenden Einfluß auf die Ententepolitik in einem

Augenblick, in dem ihnen der europäische Frieden nicht mehr halt=
bar schien, entschlossen und zielbewußt gegen den deutschen Rivalen
anzusetzen, das hat der Ausbruch und der Verlauf des Weltkrieges
gezeigt. Die Erwägung, daß, wenn der lästige deutsche Neben=
buhler aus der Welt oder wenigstens aus der Weltpolitik ver=
schwände, England nach dem Ausspruch von Montaigne, „que le
dommage de l'un est le profit de l'autre[1])" nur gewinnen
könne, war der Mehrzahl der führenden britischen Politiker
politisches Dogma geworden. Zwischen der englischen und der
französischen Grundstimmung uns gegenüber bestand aber doch
ein ausgeprägter Unterschied. Frankreich war seit der Unter=
zeichnung des Frankfurter Friedensvertrages jederzeit bereit, uns
anzugreifen, wenn es sich bei zureichenden Kräften glaubte und
auf ein gleichzeitiges Vorgehen Rußlands gegen Deutschland
rechnen konnte. England nur dann, wenn es zu der Überzeugung
kam, daß sein Eingreifen in einen Krieg die politische und wirt=
schaftliche Schwächung Deutschlands herbeizuführen vermöge. War
die Triebfeder der französischen Politik uns gegenüber mehr
falsch verstandener nationaler Idealismus, so war die der eng=
lischen krasser nationaler Egoismus. Wer aber kaltblütig seinen
Interessen folgt, wird im entscheidenden Augenblick stets der
Meister sein dessen, der an seiner Seite einer Idee nachjagt.
Die Zukunft wird lehren, ob die englische Interessenpolitik nicht
eben deshalb in die Irre ging, weil die Vergangenheit einen deutsch=
englischen Interessengegensatz von der Art, daß er einen Daseins=
kampf rechtfertigte, gar nicht erzeugt hatte.

Gewiß hat der englische Kaufmann über See bisweilen die Kon=
kurrenz des deutschen unbequem empfunden, konkurrierten in der
Welt hier und da die deutschen mit den englischen wirtschaftlichen

---

[1]) Der Nachteil des einen ist der Gewinn des anderen.

Interessen. Aber auf seinen großen weltpolitischen Bahnen hat
England kaum eine der großen Mächte so selten hemmend vor
sich gesehen wie das Deutsche Reich. Das ist bei aller Sorge vor
der deutschen Kriegsflotte den Engländern lange Zeit nicht ent=
gangen. Deutschland und England waren bis 1914 die einzigen
europäischen Großmächte, zwischen denen nie ein Tropfen Blut
vergossen worden war. Es hatte zwischen ihnen Reibungen und
Spannungen gegeben, niemals einen Krieg. Auch in England gab
es Leute, die einsahen, daß sich England im dauernden Gegensatz
zu uns, bei einer forciert antideutschen Politik nur selbst schade,
die begriffen, wie treffliche Kunden England und Deutschland ein=
ander sind, und wie schmerzlich das britische Wirtschaftsleben den
Ausfall der deutschen Kundschaft empfinden müßte. Den Inter=
essengegensätzen zwischen Deutschland und England standen vitale
Interessengemeinschaften gegenüber. Die Gefahren der neuen
Welt= und Seemacht für die englische Vormachtstellung auf dem
Meere lagen nur im Bereich der Möglichkeiten oder, richtiger ge=
sagt, der Einbildung, nicht im Bereich fühlbarer Wirklichkeiten.
Mit der Stellung Frankreichs zu Deutschland war das Verhältnis
zwischen Deutschland und England nicht zu vergleichen.

Obwohl wir seit dem Beschreiten des weltpolitischen Weges in
England oft einen Widersacher gehabt hatten, konnten unsere Be=
ziehungen zu England, nachdem wir die nötige Verteidigungsstärke
zur See erlangt hatten, aufrichtig und vorbehaltlos freundliche wer=
den. Gerade durch den Bau unserer Flotte hatten wir das Haupt=
hindernis beseitigt für ein Zusammengehen zwischen uns und Eng=
land auf der Grundlage voller Parität und gesunder Wechselseitig=
keit, hatten wir die Bahn freigemacht für eine den Interessen beider
Länder entsprechende Verständigung auf allen Gebieten der großen
Weltpolitik. Die englischen Minister haben sich dieser Erkenntnis

verschlossen, haben die Verständigung und ein verständiges Zu= sammengehen nicht gewollt. Sie dürfen sich deshalb auch nicht wundern, wenn wir bei der Ungunst der deutschen Küstenverhält= nisse für unsere Sicherheit und Unabhängigkeit gegenüber England ernsthafte und reale Garantien fordern. In England hat sich wie in früheren englischen Kriegen die Wendung vom Frieden zum Kriege langsam vollzogen. England pflegt sein ganzes Gewicht nicht sofort und nicht auf einmal, sondern allmählich in die Wag= schale zu werfen. Die Erfahrungen der Geschichte legten uns die Mahnung nahe, mit dieser Eigenart des englischen Volkes zu rech= nen. Im Dezember 1915 hob ein neutraler Beobachter, der kurz vorher England besucht hatte, im „Berliner Tageblatt" hervor, daß viele Engländer zu Beginn des Krieges der Meinung gewesen wären, England täte besser, neutral zu bleiben; nach dem Ausbruch des Krieges und in seinem weiteren Verlauf hätte diese Ansicht jedoch allen Boden verloren. Daß dies zutraf, zeigte die Rede, die Anfang Januar 1916 einer der namhaftesten englischen Staats= männer, Lord Rosebery, in Edinburg hielt, in der er uns beschul= bigte, „by a deliberate and infamous conspiracy against the liberties of the world[1)]" den Weltkrieg entfesselt zu haben, und in der er, ein früherer Premierminister, sich so weit vergaß, unsere Freundlichkeiten gegenüber England, deutsche Besuche in England, alle unsere Bemühungen um die Herbeiführung eines guten Verhältnisses zu England als „Judaskisses" zu bezeichnen. Einige Wochen später erwiderte der gegenwärtige englische Premier= minister Mr. Asquith auf eine entgegenkommende Rede des deut= schen Reichskanzlers mit einer sachlich und persönlich beleidigenden Schärfe, wie sie auch in Kriegszeiten gegenüber einer leitenden

---

[1)] Durch eine wohlerwogene und niederträchtige Verschwörung gegen die Freiheit der Welt.

Perſönlichkeit eines noch vor kurzem befreundeten Landes noch nicht
dageweſen iſt.

In der richtigen Erkenntnis, daß Frieden und Freundſchaft zwi=
ſchen Deutſchland und England beiden Ländern heilſam ſein wür=
den, hat Kaiſer Wilhelm II. ſeit ſeinem Regierungsantritt an der
Herſtellung eines guten Verhältniſſes zwiſchen den beiden großen
germaniſchen Nationen gearbeitet. Es gab viele Gebiete, auf denen
beide Völker gleichlaufende Intereſſen hatten. In dem Maße, in
dem hüben und drüben die Erkenntnis an Boden gewann, daß die
nationalen Intereſſen beider Länder bei gemeinſamem Vorgehen
am beſten auf ihre Rechnung kamen, hätten auch die Voraus=
ſetzungen für ein ehrliches Vertrauens= und Freundſchaftsverhältnis
Raum gewinnen können.

Daß die Gefahr eines kriegeriſchen Zuſammenſtoßes zwiſchen
Deutſchland und England mehr wie einmal nahegerückt ſchien,
wollte noch nicht beſagen, daß der bewaffnete Konflikt nur auf=
geſchoben, nicht aufgehoben war. Es iſt ſchon oft dageweſen, daß
die Diplomatie in die Notwendigkeit verſetzt ſchien, der bewaffneten
Macht die Fortführung der Auseinanderſetzungen zu überlaſſen.
Aber gerade die Nähe dieſes kritiſchen Augenblicks hat häufig ge=
nügt, die ſtockenden Verhandlungen wieder in Fluß zu bringen und
zum friedlichen Ergebnis zu führen. Kriegswolken gehören zum
Bilde des politiſchen Himmels. Aber die Zahl derer, die ſich ent=
laden, iſt ungleich geringer als die Zahl der Wolken, die ſich ver=
ziehen. Schwere Gefahren haben den Frieden zwiſchen England
und Frankreich in den vierziger Jahren des neunzehnten Jahr=
hunderts während der Julimonarchie bedroht, und zeitweiſe auch
in der Epoche des zweiten Kaiſerreichs. In ſeiner Rede vom
6. Februar 1888 hat Fürſt Bismarck den Nachweis geführt, daß,
von der verhältnismäßig kurzen Periode abgeſehen, wo das von

ben napoleonischen Kriegen erschöpfte Europa unter der Obhut der heiligen Allianz eine noch dazu ziemlich trügerische Ruhe genoß, die Gefahr großer Konflagrationen immer vorhanden war. Alle diese bedrohlichen Wolken haben sich verzogen, ohne daß eine Entladung erfolgt wäre. Und wenn ich meine eigenen Erlebnisse und Erfahrungen an mir vorüberziehen lasse, so erinnere ich mich, daß vier Jahre nach dem Frankfurter Frieden, als der „Krieg-in-Sicht-Artikel" der „Post" erschien, Fürst Bismarck von manchen Seiten kritisiert wurde, weil er nicht begreifen wolle, daß der Krieg mit Frankreich unvermeidlich sei. Nach dem Berliner Kongreß und noch mehr während des schicksalsschweren Winters 1887/88 wurde Fürst Bismarck getadelt, weil er trotz des Umsichgreifens der panslawistischen Strömung in Rußland und trotz umfassender russischer militärischer Vorbereitungen den Frieden mit Rußland zu erhalten suchte. Fürst Bismarck ließ sich nicht irremachen. Er hat dreimal Krieg geführt, ist aber viel häufiger Konflikten ausgewichen, die er nicht wollte. Die naive Auffassung, daß ein Krieg ein unvermeidliches Naturereignis sei wie ein Erdbeben oder ein Platzregen, lag seiner Betrachtungsweise fern. Er hat trotz nahegerückter Konflikte 1875, wie 1878, wie 1887/88 den Frieden erhalten. Und in der Tat haben wir nach jenen kritischen Momenten mit Frankreich noch 39, mit Rußland noch 36 bzw. 26 Jahre in Frieden gelebt. Ich habe sagen hören, es wäre besser gewesen, wenn es 1905 bei der Marokkodifferenz oder 1909 anläßlich der bosnischen Annexionsfrage zum Kriege gekommen wäre. Solches Herumplätschern in den blauen Wellen des unbegrenzten Ozeans der Konjekturalpolitik, wie ich es einmal im Reichstag genannt habe, führt leicht in Untiefen. Was geschehen wäre, wenn es in dieser oder jener kritischen Phase der Vergangenheit zum Kriege gekommen wäre, ist heute ebensowenig festzustellen, wie sich mit

104

Sicherheit sagen läßt, ob, wenn im Juli 1914 die allgemeine Kon=
flagration nicht eingetreten wäre, wir den Weltbrand später doch
bekommen hätten, oder ob nicht vielleicht Ereignisse eingetreten
wären, die die Gefahr des allgemeinen Krieges wieder für abseh=
bare Zeit ausgeschaltet hätten. Deutschland hatte jedenfalls kein
Interesse an einem Weltkrieg. Wenige Wochen vor dem Ausbruch
des Krieges, am 12. Juni 1914, schrieb der belgische Gesandte in
Berlin, Baron Beyens, seiner Regierung: „In wenigen Jahren
wird ein Gleichgewicht der Kräfte zwischen Deutschland und Frank=
reich nicht mehr möglich sein. Deutschland braucht sich nur zu ge=
dulden, braucht nur im Frieden seine wirtschaftliche und finan=
zielle Macht dauernd weiter zu steigern, braucht nur die Wirkungen
seines Geburtenüberschusses abzuwarten, um ohne Widerspruch und
ohne Kampf in ganz Zentraleuropa zu herrschen." Schon diese
Erwägung zeigt, wie unbegründet der von unseren Feinden gegen
uns erhobene Vorwurf ist, Deutschland hätte den Krieg gewollt.

Die Behandlung unserer Beziehungen zu England verlangte eine
besonders feste und stetige Hand. Wir wünschten freundliche,
ja freundschaftliche Beziehungen, aber wir fürchteten die unfreund=
lichen nicht. Dementsprechend mußte sich Deutschland zu England
stellen, das amtliche Deutschland wie die Nation selbst. Eine Poli=
tik des Nachlaufens wäre so verfehlt gewesen wie eine Politik des
Brüskierens. Lange Zeit stand unsere auswärtige Politik bis zu
einem gewissen Grade im Dienst unserer Rüstungsfragen, sie
mußte unter anormalen Verhältnissen arbeiten. Nach dem Ausbau
unserer Flotte war der normale Zustand wiederhergestellt: die Rü=
stung stand im Dienste der Politik. Die Freundschaft wie die Feind=
schaft des auf eine starke Flotte gestützten Deutschen Reichs hatten
für England naturgemäß einen anderen Wert als Freundschaft
und Feindschaft des zur See ungerüsteten Deutschlands. England

hat die Freundschaft nicht gewollt, hat die ihm von uns wiederholt hingehaltene Hand zurückgestoßen. Es hat geglaubt, in Feindschaft zu Deutschland besser auf seine Rechnung zu kommen. Die Geschichte Englands, das stets gegen die Besiegten am schonungslosesten war in den wenigen europäischen Kriegen, zu denen es sich in der neueren Zeit entschloß, gibt uns Deutschen eine Vorstellung von dem Schicksal, das uns im Falle des Erliegens erwartet hätte. England hat noch alle seine Kriege, einmal im Kampf, mit rücksichtsloser Aufwendung aller Mittel geführt. Die englische Politik war immer geleitet von dem, was Gambetta die Souraineté du but genannt hat. England ist nur mit gleicher Entschlossenheit und gleichem Zielbewußtsein beizukommen. Wie der Charakter der Engländer nun einmal ist, und nachdem wir zum erstenmal im Lauf der Weltgeschichte mit England in Krieg geraten sind, hängt unsere Zukunft davon ab, daß wir unter gleich rücksichtsloser Einsetzung aller Kräfte und Mittel den Sieg erringen und freie Bahn gewinnen. Wir haben nach einem vom deutschen Volk mit unvergleichlichem Heroismus, aber auch mit furchtbaren Opfern gegen die halbe Welt geführten Krieg das Recht und die Pflicht, mit der eigenen Sicherheit und Unabhängigkeit zur See wirklich ausreichende und vor allem reale Gewähr für die Freiheit der Meere, für die fernere Erfüllung unserer weltwirtschaftlichen und weltpolitischen Aufgaben zu erlangen. Wie in dieser Beziehung das große Ringen ausgeht, wird entscheidend sein für das Gesamtergebnis und die Gesamtbeurteilung des ganzen Krieges.

Die deutsche Politik hatte es verstanden, schon bevor sie sich eine starke Flotte geschaffen hatte, uns für unsere Weltinteressen zukunftsreiche Stützpunkte zu sichern. Unseren alten Kolonialbesitz haben wir entwickelt und gefördert. Der deutsche Kolonialhandel betrug 1912 das Siebeneinhalbfache unseres Kolonialhandels von

1900. Der ernste Aufstand der Hereros in Südwestafrika wurde, wenn auch unter großen Kosten und schmerzlichen Opfern, dank der Zähigkeit und Bravour unserer Truppen in langen und mühsamen Kämpfen überwunden. Die Namen der Tapferen, die im afrikanischen Wüstensand kämpften und starben — ich nenne nur den Grafen Wolff-Werner von Arnim und den Freiherrn Burkhard von Erffa, die beide freiwillig hinüberzogen und drüben beide heldenmütig in den Tod gingen — verdienen es, in unserer Geschichte fortzuleben. Ihre heroische Haltung war ein bedeutsames Vorzeichen dafür, daß unser Volk in langer Friedenszeit seine kriegerischen Tugenden nicht eingebüßt hatte. Möge ihr Blut nicht umsonst geflossen sein, und Südwestafrika, die älteste deutsche Kolonie, das große Gebiet, wo, von Fürst Bismarck geführt, Deutschland zum erstenmal afrikanischen Boden betrat, nach diesem Kriege mit seinen Diamantfeldern in unsern Besitz zurückkehren. Der südwestafrikanische Aufstand bezeichnete eine Krisis in unserer Kolonialpolitik, aber auch die Wendung zum Besseren. Durch die Reorganisation der Kolonialverwaltung, die Umwandlung der Kolonialabteilung des Auswärtigen Amts in ein selbständiges Reichsamt, vor allem durch die Erweckung eines lebendigen Verständnisses für unsere Aufgaben und Ziele auf kolonialem Gebiete gelang es während der Amtszeit des Staatssekretärs Dernburg, unsere Kolonialpolitik endlich über den toten Punkt wegzubringen. Es ging hier wie in der Flottenfrage. Unter großen Mühen und in langen Kämpfen ist es uns schließlich doch geglückt, alle bürgerlichen Parteien von der Nützlichkeit und Notwendigkeit einer positiven Kolonialpolitik zu überzeugen und sie für eine solche zu gewinnen. Gleichzeitig mit dem Beginn unseres Flottenbaues erfolgte im Herbste 1897 unsere Landung in Kiautschou, mit der meine Tätigkeit als Staatssekretär des Auswärtigen Amts begann. „It is from the year of Kiao-chau that the growth of the formidable German Navy really dates[1]“, ſchrieb im Verlauf des gegenwärtigen Krieges die „Times“, die der Entwicklung unſerer Seemacht und Seegeltung von Anfang an mit einem durch Neid geſchärften Auge folgte. Unſere Feſtſetzung an der chineſiſchen Küſte ſtand in der Tat im innern und unmittelbaren Zuſammenhang mit der Flottenvorlage und war ein erſter praktiſcher Schritt auf dem Wege der Weltpolitik. Einige Wochen ſpäter folgte der Schantung=Vertrag mit China, eine der bedeutſamſten Aktionen der neueren deutſchen Geſchichte, die uns unſeren Platz an der Sonne in Oſtaſien gewann, an den Geſtaden des Stillen Ozeans, denen eine große Zukunft vorbehalten iſt. Bis zum Ausgang des 19. Jahrhunderts hatte ſich Europa nur an der Peripherie des chineſiſchen Reichs betätigen können. Inzwiſchen hat ſich auch deſſen Inneres mehr und mehr erſchloſſen. Die Anerkennung der Gleich=berechtigung aller Nationen in China war das Ziel unſerer oſt=aſiatiſchen Politik, ſeitdem wir in Tſingtau, einem der ausſichts=reichſten Häfen der chineſiſchen Küſte, eine feſte Baſis für unſere Intereſſen und Pläne und mit Schantung ein Eingangstor er=warben, wie wir uns beides nicht beſſer wünſchen konnten. Nach dem Fall von Tſingtau ſchrieb in der Wiener „Neuen Freien Preſſe“ ein deutſcher Weltreiſender, der kurz vorher Aſien beſucht hatte: „Für das um ſeine Weltſtellung ringende Deutſchland war unter allen öſtlichen Kolonien Tſingtau die bedeutungsvollſte: von hoher militäriſcher Wichtigkeit, ein Stützpunkt ſeines Handels und ſeines Anſehens in Aſien, ein moraliſcher und materieller Erfolg ſeiner großartigen Entwicklung. Aus Wüſtenei und Hoffnungs=loſigkeit ſtieg dort durch den Geiſt der Ordnung eine der ſchönſten

---

[1] Seit dem Jahre, wo Deutſchland Kiautſchou erwarb, begann das Wachstum der mächtigen deutſchen Flotte.

Fremdenansiedlungen empor, ein Hafen entstand, der sich an Zweck= mäßigkeit mit jedem anderen Ostasiens messen durfte. Eine Zu= kunft ist uns mit dem Verluste Tsingtaus zerstört." Die große Stellung, die wir durch unsere Chinaaktion von 1897/98 im fer= nen Osten gewannen, während des Boxeraufstandes wirksam ver= teidigten und seitdem in jahrelanger einsichtiger und fleißiger Ar= beit ausbauten, haben wir durch den gegenwärtigen Krieg hoffent= lich nicht für immer verloren. „Kiautschou", meinte nach der Er= oberung von Tsingtau durch die Japaner die ‚Times‘, „wurde um so bedrohlicher, je mehr es wuchs an Reichtum, Handel und Kraft. Die Umstände, unter denen sich Deutschland dort festgesetzt hatte, waren für England eine betrübende Erinnerung. Die Entente= Mächte und alle Neutralen, die Handel mit China treiben, mögen nunmehr mit Vergnügen ihren Anteil an dem aufblühenden Han= del nehmen, der sich in dem deutschen Hafen entwickelt hat, und der sehr viel bedeutsamer war, als der irgendeiner anderen deut= schen Besitzung. China wird sich freuen, seinen alten Hafen in a **greatly** improved condition[1] wieder zu erhalten." So höhnte die „Times". Wir aber haben die Pflicht, unsere ostasiatischen Interessen weiter großzügig und mit Entschlossenheit wahrzuneh= men. Bei der Industrialisierung eines Riesenreichs von 400 Mil= lionen Einwohnern — der fünfte Teil der Menschheit lebt in China — ist viel zu gewinnen. China ist durch seine Bodenschätze, Eisen und namentlich Kohle, wie durch seine Wasserstraßen eines der reichsten Länder der Welt; es bietet dem Einfuhrhandel unge= wöhnliche Aussichten, es ist das größte, noch nicht vergebene Ab= satzgebiet der Erde. Auf diesem unermeßlichen Feld, wo der deutsche Kaufmann mit unerschrockenem Sinn und unermüdlichem Fleiß vor dem Kriege so schöne Erfolge erzielt hatte, dürfen wir nicht

---

[1] Unter gewaltig verbesserten Verhältnissen.

in das Hintertreffen geraten. Der Ausgang des Spanisch=Ameri=
kanischen Krieges bot uns 1899 die Möglichkeit, durch den Er=
werb der Karolinen= und Marianen=Gruppe einen Stützpunkt in
Polynesien zu erwerben. Ein Jahr später gelang es, den lang=
jährigen Streit um Samoa durch ein Abkommen mit England
und Amerika in einer für uns vorteilhaften Weise zu beendigen.
Beide Erwerbungen, die von Samoa wie die der Karolinen= und
Marianen=Gruppe, bildeten den Abschluß vieljähriger diplomatischer
Bemühungen, die bis in die Anfänge unserer Kolonialpolitik zurück=
reichen. Schon deshalb ist die Erwartung gestattet, daß wir diese
schönen Inseln, an die sich für uns viele Erinnerungen knüpfen,
nicht endgültig eingebüßt haben. In der Verständigung über die
Karolineninseln kam das freundschaftliche Verhältnis mit dem spa=
nischen Volke zum Ausdruck, zu dem wir die Beziehungen mit
Nutzen gepflegt haben, denn wir sind, als wir jetzt in Krieg ver=
wickelt wurden, in Spanien aufrichtigeren Sympathien begegnet
als in den meisten anderen nicht am Kriege beteiligten Ländern.
Im Jahre 1898 schlossen wir über die Ausbeutung der portu=
giesischen Kolonien in Afrika einen Vertrag mit England, der be=
deutsam war, nicht nur weil durch ihn unsere Beziehungen zu
England in einem schwierigen Stadium ohne Gefährdung unseres
Verhältnisses zu anderen Mächten erleichtert wurden, sondern auch
weil er uns für die Zukunft wertvolle Aussichten sicherte. Um das
Zustandekommen dieses Vertrages, der um so reichere Früchte ver=
sprach, je geduldiger wir warteten, bis für seine Realisierung der
Augenblick gekommen war, der früher oder später kommen mußte
und gerade am Vorabend des Weltkrieges gekommen schien, hatte
sich der damalige Botschafter in London, Graf Paul Hatzfeld, be=
sonders verdient gemacht, den Fürst Bismarck einst als das beste
Pferd in seinem diplomatischen Stall zu bezeichnen pflegte. Das

Bagdadbahnprojekt, das aus der im Herbst 1898, nur wenige Monate nach der Annahme der ersten Flottenvorlage unternommenen und in jeder Beziehung geglückten Kaiserreise nach Palästina hervorwuchs, eröffnete zwischen dem Mittelländischen Meer und dem Persischen Golf auf den alten Weltströmen Euphrat und Tigris und längs ihrer Ufer deutschem Einfluß und deutschem Unternehmungsgeist die ältesten und ergiebigsten Kulturgebiete der Erde, Gebiete, die an Fruchtbarkeit und großen Zukunftsmöglichkeiten kaum zu übertreffen sind. Als militärisch nützlich hat sich die Bagdadbahn schon jetzt erwiesen, indem sie es der Pforte ermöglichte, rechtzeitig Verstärkungen nach Mesopotamien zu werfen, dadurch die Engländer auf ihrem Marsch nach Bagdad aufzuhalten und ihnen empfindliche Niederlagen beizubringen. Nach anderthalbjährigen Bemühungen ist es den Engländern nicht gelungen, in Bagdad einzuziehen. „Ce ne sont seulement les forces turques opérant en Mésopotamie qui se ravitaillent par cette voie," klagte der „Temps" nach dem ersten englischen Mißerfolg bei Kut-el-Amara, „mais toute action turco-allemande en Perse repose sur cette communication, qui relie Constantinople à Ispahan[1])." Die Bagdadbahn stellt aber auch den Weg wieder her, auf welchem einst der Handel von Europa nach Indien und von Indien nach Europa ging. Eine rationelle Bewässerung der von ihr durchzogenen Landstriche kann aus diesen wieder das Paradies machen, das sie im Altertum waren. Wenn irgendwo kann in Mesopotamien von unbegrenzten Aussichten gesprochen werden, nicht nur hinsichtlich der mesopotamischen Erb-

---

[1]) Es sind nicht allein die türkischen Streitkräfte, die in Mesopotamien operieren, die sich durch diese Bahn verproviantieren; die ganze türkisch-deutsche Aktion in Persien beruht auf dieser Bahn, die Konstantinopel mit Ispahan verbindet.

öllager, meist in der Nähe der Bagdadbahn gelegen, sondern in jeder Beziehung. Die Hebung dieser Schätze bleibt eine der großen Aufgaben unserer Zukunft. Auch wer unsere wirtschaftlichen Zukunftsmöglichkeiten im Orient so hoch einschätzt wie ich, der ich lange an der Herstellung enger politischer und wirtschaftlicher Beziehungen zwischen uns und der Türkei gearbeitet und das Bagdadunternehmen im vollen Bewußtsein seiner weitreichenden Aussichten in die Wege geleitet habe, darf freilich nicht im Zweifel darüber sein, daß der nahe Südosten uns alle anderen Märkte nicht ersetzen kann. Die Türkei war vor dem Kriege nur mit 1%, Bulgarien mit 0,3%, Griechenland mit 0,2%, Österreich-Ungarn mit etwas über 10% an unserer Ausfuhr beteiligt, während 14,2% des deutschen Exports direkt nach England gingen, und von den 12,4%, die nach Belgien und Holland gingen, noch weitere 6% für England bestimmt gewesen sein dürften. In Rußland standen wir vor dem Kriege weitaus an der Spitze der dort einführenden Länder, unser Export dorthin war dreimal beträchtlicher als der englische und achtmal als der französische. Unsere Ausfuhr nach Italien übertraf vor dem Kriege die englische um etwa 50, die französische um mehr als 337 Millionen Lire. Unsere Einfuhr nach Frankreich wurde vor dem Kriege nur von der englischen übertroffen, und dies nur unbedeutend, war aber derjenigen aller anderen handeltreibenden Länder weit voraus. Es ist nötig, sich in dieser Beziehung nicht in Illusionen zu wiegen, sondern auf dem Boden der Wirklichkeit zu bleiben. Wie hinsichtlich der Ausbeutung der portugiesischen Kolonien in Afrika auf Grund des deutsch-englischen Abkommens von 1898, so unterhandelten wir vor dem Beginn des gegenwärtigen Krieges mit England auch über die Anerkennung unserer Interessen und Rechte an der Bagdadbahn, die in ihrer ganzen Ausdehnung von Meer zu Meer uns durch den Ausgang dieses Krieges gesichert werden möge. Das Deutsche Reich ist nicht nur seinen Interessen, sondern auch seinen Machtmitteln nach eine Weltmacht geworden, in dem Sinne, daß der Arm deutscher Macht in die entferntesten Gegenden der Welt zu langen vermag. Als ein Instrument nationalen Schutzes, als eine Verstärkung nationaler Sicherheit haben wir unsere Flotte geschaffen und sie anders nie verwandt.

Die Aufgabe, der neuen deutschen Weltpolitik das machtpolitische Fundament zu gewinnen, konnte hundert Jahre nach der Erhebung von 1813, ein Vierteljahrhundert nach dem Regierungsantritt Kaiser Wilhelms II., im großen und ganzen als gelöst angesehen werden. Das Deutsche Reich war nur ungern als Weltmacht von denjenigen Staaten begrüßt worden, die jahrhundertelang gewohnt gewesen waren, die Fragen der überseeischen Politik allein zu entscheiden; sein weltpolitisches Recht wurde aber in aller Herren Länder anerkannt, wo die deutsche Kriegsflagge sich zeigte. Dies Ziel mußten wir erreichen. Es war gleichbedeutend mit der Schaffung unserer Kriegsflotte und konnte nur erreicht werden unter gleichzeitiger Überwindung erheblicher Schwierigkeiten sowohl auf dem Gebiete der auswärtigen, der internationalen wie der inneren, der nationalen Politik.

Während des ersten Dezenniums nach Einbringung der Flottenvorlage von 1897 hatten wir eine Gefahrzone erster Ordnung in unserer auswärtigen Politik zu durchschreiten, denn wir sollten uns eine ausreichende Seemacht und eine wirksame Vertretung unserer Seeinteressen schaffen, ohne noch zur See genügende Verteidigungsstärke zu besitzen. Unbeschädigt und ohne Einbuße an Würde und Prestige ist Deutschland aus dieser kritischen Periode hervorgegangen. Im Herbst 1897, wenige Wochen nach meiner Übernahme der Geschäfte des Auswärtigen

Amts, brachte die „Saturday Review" jenen berühmten Artikel,
der in der Erklärung gipfelte, daß, wenn Deutschland morgen
aus der Welt vertilgt würde, es übermorgen keinen Engländer
gäbe, der nicht um so reicher sein würde, und der mit den
Worten schloß: „Germaniam esse delendam." Zwölf Jahre
später erklärten anläßlich meines Rücktritts zwei große und nicht
besonders deutschfreundliche englische Blätter, daß die Stellung
Deutschlands eine größere und stärkere sei, als sie seit dem Rück=
tritt des Fürsten Bismarck je gewesen wäre. Von 1897 bis 1909
hatte sich eine bedeutsame Entwicklung vollzogen, die den Mit=
lebenden nicht immer zum Bewußtsein gekommen ist, die aber
die Nachwelt erkennen und würdigen wird. Während dieser
Jahre haben wir durch den Bau unserer Flotte den vollen Über=
gang zur Weltpolitik vollzogen. Unser Aufstieg zur Weltpolitik
ist geglückt. Wir haben uns von keiner Macht gegen die andere
vorschieben lassen und für niemanden die Kastanien aus dem
Feuer geholt, eingedenk der alten Wahrheit, daß das Maß seiner
Unabhängigkeit einem Staat seine Stellung in der Welt gibt, und
daß ein großes Volk das Heil nicht bei anderen, sondern in sich
selbst sucht. Durch unsere ruhige Haltung während des Buren=
krieges nahmen wir der Erregung, die seit dem Krüger=Tele=
gramm in England herrschte, die erste Schärfe und gaben Eng=
land auch im weiteren Verlauf der Dinge keinen Anlaß, uns
während des Baues unserer Flotte in den Arm zu fallen. Auf
der anderen Seite kam es bei sorgsamer Pflege des Dreibundes
nicht zu Zusammenstößen mit dem Zweibund, die die Fort=
führung unseres Flottenbaues aufgehalten hätten. Zwischen fran=
zösisch=englischer Entente und Zweibund mußten wir einen schma=
len Weg gehen, der schmäler wurde, als die französisch=englische
Entente sich zur Triple=Entente weitete, und nur mit angestreng=

114

tefter Vorsicht gangbar blieb, als England uns durch ein Netz=
werk diplomatischer Kombinationen zu isolieren versuchte. Als
endlich während der bosnischen Krise der internationale Horizont
sich lichtete, als die deutsche Kontinentalmacht das Einkreisungs=
netz zerriß, da waren wir mit unserem Flottenbau über das Sta=
dium der Vorbereitung hinaus.

Neben den Schwierigkeiten der auswärtigen Politik gingen,
wenn auch leichter überwindlich, Schwierigkeiten der inneren
Politik. Es ist uns Deutschen nicht oft gegeben, spontan und
freudig den Forderungen einer neuen Zeit entgegenzukommen.
Goethe traf den Kern unserer Stärke, aber auch unserer Fehler,
wenn er sagte, es sei der Charakter der Deutschen, daß sie über
allem schwer würden. Der sprichwörtliche Kampf zwischen der
alten und der neuen Zeit ist in unserer Geschichte weniger als
bei anderen Völkern unterbrochen worden, und jede irgend be=
deutsame Phase unserer nationalen Entwicklung zeigte ihn immer
wieder in ungebrochener Stärke. Wenn sich aber bei uns Neue=
rungen an stärkeren Widerständen zu reiben haben als anders=
wo, so ist unsere Entwicklung doch letzten Endes nie zu dauerndem
Schaden aufgehalten worden. Wir können sogar sagen, daß die
ständige Begleitung einer widerstrebenden Kritik uns Deutsche
besser als manches andere Volk vor gefährlichen Neuerungen
geschützt und uns den ruhigen Aufstieg, den sicheren Fortschritt
gebracht hat, dessen wir heute froh sein dürfen. Das meinte Bis=
marck, wenn er einmal äußerte, die Regierenden in Deutschland
bedürften des Stacheldrahtes der Kritik, der sie dadurch auf
dem rechten Wege erhielte, daß sie Gefahr liefen, sich die Hände
blutig zu reißen, wenn sie zu exzentrische Bewegungen unter=
nähmen. Damit hat Bismarck natürlich nicht sagen wollen, daß
die Kritik immer oder auch nur überwiegend im Rechte sei. Aber

die Stärke der verneinenden Kräfte zwingt, Ernst, Macht der Überzeugung und Kraft der Überredung einzusetzen und sich wirklich klar zu werden über die Notwendigkeit, neue Wege zu beschreiten. Wo es immer in Deutschland gelungen ist, die Volksmehrheit mit Einschluß anfänglich widerstrebender Kreise von der Notwendigkeit einer Sache zu überzeugen, da konnten wir erfahren, daß die neue, langsam gewonnene Überzeugung auch unlösbare Wurzel schlug. Ängstliche Scheu vor der Kritik und längeres Ausschalten der Kritik haben dagegen noch immer und überall Schaden angerichtet.

Der Flottengedanke ist heute deutsches Allgemeingut geworden. Von den ausgesprochensten Agrariern unter den Konservativen bis zum äußersten Flügel der bürgerlichen Demokratie gibt es in bezug auf unsere deutsche Flottenpolitik prinzipielle Gegensätze nicht mehr. Den grundlegenden großen Flottenvorlagen hatte sich der Freisinn bekanntlich versagt, er repräsentierte damals recht eigentlich den Widerstand der alten gegen die neue Zeit. Es war im Jahre 1900, als nach einer langen und bewegten Sitzung der Budgetkommission der Führer der Volkspartei, Eugen Richter, an mich herantrat und mir unter vier Augen sagte: „Sie werden es durchsetzen, Sie werden die Mehrheit für Ihre Flottennovelle bekommen. Ich hätte es nicht gedacht." In der Unterredung, die folgte, bemühte ich mich, dem in mancher Hinsicht hervorragenden Manne darzulegen, warum mir seine ablehnende Haltung gerade gegenüber der Flottenvorlage nicht verständlich wäre, denn deutsche Seegeltung sei während Jahrzehnten von der deutschen Demokratie gefordert worden, Herwegh habe der deutschen Flotte das Wiegenlied gesungen, und die ersten deutschen Kriegsschiffe seien im Jahre 1848 erbaut worden. Ich wies auch auf alle die Gründe hin, aus denen wir unsere Industrie und unseren Handel auf dem Weltmeere schützen müßten. Richter hörte aufmerksam zu und meinte schließlich: „Sie mögen recht haben. Ich bin aber zu alt, ich kann die Wendung nicht mehr mitmachen." Die von Eugen Richter prophezeite Wendung sollte bald eintreten. Die ablehnende Haltung der Volkspartei war weniger in Prinzipien, als in der allgemeinen parteipolitischen Lage begründet. Im Zuge der Parteipolitik war sie zu überwinden und ist in der Blockzeit überwunden worden.

Ein ergreifendes und unmittelbares Zeugnis für die Erkenntnis der aufdämmernden neuen Zeit hat der große siegreiche Antipode des Fortschrittführers, Fürst Bismarck, abgelegt. Wenige Jahre nach des Fürsten Rücktritt schlug ihm der ausgezeichnete Generaldirektor Ballin vor, sich einmal den Hamburger Hafen anzusehen, den Bismarck trotz der Nähe von Friedrichsruh seit langer Zeit nicht mehr besucht hatte. Herr Ballin führte den achtzigjährigen Fürsten nach einer Rundfahrt im Hafen auf einen der neuen transatlantischen Dampfer der Hamburg-Amerika-Linie. Fürst Bismarck hatte noch nie ein Schiff von solchen Dimensionen gesehen. Er blieb beim Betreten des Riesendampfers stehen, sah lange auf das Schiff, die vielen umherliegenden Dampfer, die Docks und Riesenkräne, das mächtige Hafenbild und sagte endlich: „Sie sehen mich ergriffen und bewegt. Ja, das ist eine neue Zeit, — eine ganz neue Welt." Der gewaltige Reichsgründer, der unsere nationale Sehnsucht, der Deutschlands kontinentalpolitische Aufgabe erfüllt hat, erkannte an seinem Lebensabend mit dem nie befangenen Blick des Genius die Zukunft, die neuen weltpolitischen Aufgaben des Deutschen Reichs.

Der Weltkrieg hat den Hamburger Hafen stillgelegt und die

deutsche Handelsflagge vom Weltmeer verschwinden lassen. Der Sieg der deutschen Heere, der die kontinentalpolitische Vormachtstellung Deutschlands bestätigt und im Erfolge sicherstellen muß, wird auch den deutschen Häfen neues Leben geben, den Weg auf das Weltmeer wieder öffnen und für alle Zukunft frei machen für den stolzen Zug deutscher Weltpolitik.

Wehrkraft und Militarismus

Das neue Deutsche Reich, das im Zuge eines beispiellosen Aufschwungs den Weg zum Welthandel und zur Weltwirtschaft gefunden hat, schuf sich mit seiner Flotte die weltpolitische Wehr. Zu der steilen Höhe, von der aus das deutsche Volk seine Blicke in die weitere Welt richten konnte, ist Deutschland getragen worden auf den Schultern seiner Armee. Im Weltkrieg dieser Tage erfahren wir, daß die Schwere des Kampfes um Deutschlands weltpolitische Zukunft entscheidend und in erster Linie ausgefochten wird von dem Volk in Waffen, das an den Fronten in West, Ost und Süd in den Bataillonen, Batterien und Schwadronen des Heeres kämpft. Es ist die Wehr, die das alte Preußen geschaffen und dem neuen Deutschen Reich als sein starkes Erbe hinterlassen hat, die Deutschlands Volk und Land gegen eine Welt von Feinden sieghaft schirmt. Die alte Wahrheit, daß Staaten sich erhalten durch die Kräfte, die sie groß gemacht haben, erweist sich aufs neue.

Die Geschichte Brandenburg-Preußens, die mit der Reichsgründung unter preußischer Führung zu ihrer ersten, nicht ihrer letzten deutschen Erfüllung kam, ist die Geschichte der preußischen Armee, ist in ihrem Auf und Nieder die Geschichte des wechselnden preußischen Waffenglücks. Es ist nicht lehrhafte Willkür, sondern es entspringt der Logik der geschichtlichen Tatsachen, wenn der deutsche Knabe die vaterländische Geschichte in ihren

großen Zügen zuerst als eine Kriegsgeschichte, als die Geschichte
der Erfolge siegreicher Feldzüge und der unerbittlich harten Folgen verlorener Schlachten kennen lernt. Darin unterscheidet
die preußische Geschichte sich von der aller anderen modernen
Staaten und hat nur an der der alten römischen Republik
ein Gleichnis. Frankreich konnte im 17. Jahrhundert zur führenden europäischen Großmacht emporsteigen unter der genialen
staatsmännischen Leitung eines Richelieu, der Führung durch die
feine, undurchsichtige diplomatische Kunst des an seinem großen
Landsmann Machiavelli geschulten Mazarin, es konnte nach den
glänzenden Feldzügen der Turenne und Condé trotz der empfindlichen militärischen Rückschläge des Spanischen Erbfolgekriegs
eine großartige politische und kulturelle Entwicklung im 18.
Jahrhundert vollenden, ohne von der ruhmlosen Niederlage von
Roßbach ernstlich berührt zu werden. Erst mit der großen Revolution wurde Frankreichs Geschichte in die harte militärische Schule
gezwungen, in die der Preußische Staat schon seit vier Menschenaltern gewöhnt war. England konnte sich fern von den europäischen Händeln im Verfolg der beiden Revolutionen des 17.
Jahrhunderts die Kräfte freimachen und bereitstellen, die es auf
den Weg zur Weltmacht führten, und konnte im 18. Jahrhundert
mit geringem eigenem militärischem Kraftaufwand triumphieren
über den französischen Rivalen, den die Feldzüge Friedrichs des
Großen auf den kontinentalen Kriegsschauplatz banden. Die
von Peter dem Großen begonnene, von seinen Nachfolgerinnen
und ihren deutschen Beratern fortgeführte Organisierung der
Kraftfülle der Völkerschaften des Russischen Reichs wurde nach
dem Siege über Schweden durch Erfolg und Mißerfolg kriegerischer Unternehmungen nicht entscheidend beeinflußt. Der Tag
von Zorndorf hinterließ kaum Spuren in der russischen Geschichte,

und erst als die Wirbel der Revolutionskriege Rußland in den Daseinskampf der europäischen Mächte gerissen hatten, erhielt die russische Geschichte den bestimmenden militärischen Einschlag, den sie bis auf diesen Tag behielt. Die habsburgische Monarchie trat in das 17. Jahrhundert ein im Vollbesitz ererbter, alter deutscher Reichsmacht, die in der habsburgischen Hausmacht ihr sicheres Fundament gefunden hatte. Österreichs geschichtliches Geschick war unter das Schwert gestellt, über den Fortbestand der habsburgischen Monarchie ward in den Türkenkriegen entschieden, auf den schlesischen und böhmischen Schlachtfeldern wurde das Schicksal des alten, an die habsburgische Krone gebundenen deutschen Reichsgedankens besiegelt. Da die Wiener Staatskunst es aber meisterlich verstand, die letzten Entscheidungen in den diplomatischen Handel zu legen und der Konsequenz der Schlachtentscheidungen auszuweichen, wurden die Kriege des 18. Jahrhunderts für Österreich nicht Epoche innerer Entwicklung. Die Verschmelzung staatlichen und militärischen Denkens blieb der Donaumonarchie für eine spätere Zukunft vorbehalten. Anders in Brandenburg-Preußen.

Der ebenso besonnenen wie entschlußkräftigen, umsichtigen und zugreifenden Politik des in seltener Fülle mit Herrschertalenten, in seltener Bewußtheit mit dem Willen zur Macht bedachten hohenzollerischen Herrscherhauses war es bis zum Beginn des für die europäische Staatenbildung entscheidenden 17. Jahrhunderts gelungen, während des durch zwei Jahrhunderte dauernden Zersetzungsprozesses des mittelalterlichen Deutschen Reiches eine Summe zerstreuter Territorien zu erwerben und festzuhalten. Diese durchaus künstliche, durch keine natürliche Grenze geschützte, durch keine Stammeseigenart oder lange Überlieferung zusammengehaltene Staatsbildung war ohne bedeutsamen militärischen

Kraftaufwand geschaffen worden in einer Zeit, die Deutschland von großen kriegerischen Ereignissen nahezu unberührt gelassen hatte. Sie war in bewegter Zeit und in unruhiger Umgebung nur durch militärische Machtmittel zu behaupten. Das erkannte mit früh geschärftem staatsmännischem Blick der jugendliche Große Kurfürst, als er inmitten der chaotischen Verwirrung des Dreißigjährigen Krieges das Steuer des Staatsschiffs ergriff, das unter seinem schwachen Vater vor dem Winde getrieben hatte. Er rettete seinen Staat, den er in seiner Existenz schwer bedroht vorgefunden hatte, dadurch, daß er ihn auf die Wehrkraft stellte. Gestützt auf sein in Kürze zusammengebrachtes stehendes Heer setzte er gegenüber den von dreißig Kriegsjahren ermatteten Staaten Europas die Forderungen Brandenburgs durch. Im Westfälischen Frieden trat die Hohenzollernmonarchie zuerst wollend und bewußt als Militärmacht auf. Von nun an vollzieht sich der Eintritt Brandenburgs in die kontinentalpolitische Entwicklung Europas, innerhalb deren das emporstrebende Kernland Norddeutschlands jedes Recht mit Waffengewalt zu erhärten und zu behaupten hatte und auch bescheidene Ansprüche nur dann durchzusetzen vermochte, wenn es bereit war, seine Bataillone marschieren zu lassen.

Brandenburg-Preußen stand nicht gleich den geographisch so unendlich viel günstiger gelegenen süddeutschen Staaten vor der Wahl, entweder zu größerer Geltung gelangen zu wollen unter unablässigen kriegerischen Gefahren, oder sich fernab von den großen Händeln Europas unter Vermeidung militärischen Krafteinsatzes in seinem überkommenen Bestande und Ansehen zu erhalten. Brandenburg-Preußen war darauf angewiesen, größer und mächtiger zu werden, oder gar nicht zu sein. Die drei Länderkomplexe von verschiedener Größe im Westen, in der Mitte und im Often Deutschlands waren von Natur ungeschützt. Der rheinische wie der oftpreußische Besitz lagen in Brennpunkten europäischer Händel. Schon der Große Kurfürst war im pflicht= gemäßen Bestreben, sie dem Staat in Unabhängigkeit zu erhal= ten, mit Polen, Frankreich und Schweden in kriegerische Ver= wicklung geraten. Er hatte erfahren, wie offen jedem feindlichen Einfall die Mark Brandenburg stand, als er·in der Fehrbelliner Schlacht sein Land von den schwedischen Eindringlingen befreien mußte. Die Schlacht von Fehrbellin, auf heimischem Boden um die Freiheit der Heimat geschlagen, wurde recht eigentlich die Geburtsstunde brandenburg=preußischen Waffenruhms, der Beginn der militärischen Tradition der preußischen Geschichte, während sich in den Begegnungen der brandenburgischen Truppen mit den Heeresteilen Ludwigs XIV. am Rhein der Eintritt der Hohenzollernmonarchie in die europäische Kontinentalpolitik an= kündigte. Die brandenburgisch=preußische Wehrkraft ward von Anfang an gegründet auf die beiden tragenden Kräfte national= staatlichen Lebens: auf die Vaterlands= und Heimatsliebe und auf den staatlichen Machtgedanken, entsprechend ihrer doppelten Aufgabe, die ständig bedrohte Heimat zu schützen und die Macht des Staates nach außen zu erweisen und zu erweitern. Die Tatsache, daß der Wehrmacht Preußens von vornherein die Auf= gabe zufiel, die Scholle, die Heimat zu verteidigen, bei Fehr= bellin sowohl wie später im Siebenjährigen Kriege, hat Leben und Schicksal der Armee so innig mit dem Leben und Geschick des preußischen Volkes verbunden, hat die militärischen Tradi= tionen zu einem integrierenden Bestandteil der Überlieferungen und Erinnerungen des Volkes ohne Unterschied von Rang und Stand gemacht. Die Verschmelzung von Volk und Heer konnte sich in Preußen, unbeschadet des aristokratischen Charakters des

Offizierkorps und der Durchsetzung der Bataillone mit geworbenen Soldaten, um ein volles Jahrhundert früher vollziehen als im übrigen Europa. In Frankreich war die Armee bis zum Jahre 1793 überwiegend Instrument der Diplomatie gewesen. Die Niederlage von Roßbach vernahm nicht nur Voltaire, sondern ganz Paris mit heiterem Wohlgefallen, weil der von Friedrich dem Großen und seinem kühnen Seydlitz geschlagene Soubise als Günstling der Pompadour unbeliebt war. Die russischen Streitkräfte schlugen sich seit Narwa und Pultawa im Dienste auswärtiger Dispositionen, um deren Zusammenhang man nur am Zarenhofe wußte, und es konnte geschehen, daß sie nach dem Tode der Zarin Elisabeth einer zarischen Marotte zuliebe auf die Seite des durch sechs Jahren bekämpften Friedrichs des Großen übertreten mußten. Erst durch die Ereignisse von 1812 wurde das russische Volk zur Anteilnahme am Schicksal der russischen Wehrmacht geleitet. In England geht die Umwandlung eines von adligen Offizieren geführten Söldnerheeres, das bisher im wesentlichen nur die Aufgabe einer Kolonialtruppe zu erfüllen hatte, in ein Volksheer erst im Verlauf dieses Weltkrieges vor sich.

In den großen Kriegen, die Preußen während eines Vierteljahrtausends hat bestehen müssen, ist nur 1866 und 1870/71 der Boden der Heimat von feindlichen Heeren und Schlachtverwüstungen verschont geblieben. Fehrbellin und Zorndorf, Eylau und Friedland, die Katzbach, Großbeeren und Wartenburg erzählen in der Vergangenheit davon, daß Freiheit und Leben von Vaterland und Volk abhingen von Sieg und Niederlage der Armee. In diesem Weltkriege reihen sich die Namen Tannenberg, Angerburg und Mülhausen den alten Namen an. Die Geschichte hat uns früh erkennen gelehrt und nicht vergessen lassen, daß die

Wehrkraft ihre erste und vornehmste Bestimmung im Schutz und in der Verteidigung der Heimat hat.

Indem sich Preußen wehrhaft machen mußte zur Sicherung seiner durch keine Gunst der Natur geschützten Grenzen, gewann es aus staatlicher Lebensnot heraus die Kampfkraft nach außen, die in kriegerischer Begegnung mit den Nachbarmächten ihm meist Überlegenheit und Sieg und im Ergebnis erweiterte Macht schuf. Von dem Augenblick an, in dem die Hohenzollernmonarchie sich zu selbständigem europäischem Leben zu regen begann, hatte das übrige Europa keinen Zweifel darüber gelassen, daß dem jungen Staat nichts gewährt werden würde, was er sich nicht mit dem Schwert in der Faust ertrotzte. Der Große Kurfürst erfuhr in der schlesischen und pommerschen, Friedrich Wilhelm I. in der jülich=clevischen Frage, daß die großen Mächte nicht willens waren, für Preußen ein Recht gelten zu lassen. Preußen wurde mit dem Betreten des kontinentalpolitischen Weges durch die im voraus zu erwartende Aussichtslosigkeit diplomatischer Aktionen gezwungen, sein Heil von der Beweisführung seiner Waffen zu erwarten. Friedrich der Große zog die Konsequenz dieser Er=kenntnis, als er die schlesische Frage erst nach geschlagenen Schlachten aufwarf. Es bedurfte des Siebenjährigen Krieges, um für Preußen im Konsilium Europas Rat und Stimme zu er=werben. Den ersten nicht mit Blut besiegelten Machtzuwachs er=fuhr Preußen in den polnischen Teilungen, und gerade von die=sem Gewinn konnte es nur behaupten, was Friedrich der Große als späten Preis des Siebenjährigen Krieges gewonnen hatte. Die napoleonische Zeit stellte Preußens auswärtige Politik wieder allein auf das Schwert. Schlachtengewinn waren die Grenzen von 1815. Nach langem fruchtlosem Bemühen, die deutsche Eini=gung im preußischen Sinne unter Vermeidung bewaffneter Kon=

flikte zu erreichen, gelang die Lösung der deutschen Frage erst, als die staatsmännische Meisterschaft Bismarcks im Geiste preußischer Traditionen die Entscheidung des Schlachtfeldes zu finden wußte. Blut und Eisen bezeichnen den steinigen kontinentalpolitischen Weg Preußens, und über jedem entscheidenden Erfolge flattern die Fahnen der preußischen Armee.

In jedem Augenblick seiner großen und schweren Geschichte hat die Zukunft des preußischen Staates auf der Schlagfertigkeit und Tüchtigkeit seiner bewaffneten Macht, in jedem Augenblick auch hat die Sicherheit von Erwerb und Leben der Bevölkerung im Staate auf der preußischen Wehrhaftigkeit geruht, und mit gerechtem Stolz durfte Friedrich der Große sagen: „Die Welt ruht nicht sicherer auf den Schultern des Atlas, als Preußen auf den Schultern seiner Armee."

Die Armee eines jeden Staates ist in ihren Stärken und Schwächen, in ihrer traditionellen Eigenart Ausdruck der Staatsform. Wird ein Staat in seinem verfassungsgemäßen Charakter verändert, so muß sich diese Veränderung auf seine Armee übertragen. Frankreich hat es erfahren, als aus der Armee des bourbonischen Königtums im Verfolg der großen Revolution das Revolutionsheer wurde, aus diesem mit der Errichtung des napoleonischen Kaisertums die grande armée mit ihrer jugendlichen ehrgeizigen Generalität, und als nach dem Ende des zweiten Kaiserreichs das Volksheer der bürgerlichen Republik geschaffen wurde. Die englische Armee mit ihrem vornehmen Offizierkorps und den geworbenen Truppen war der rechte Ausdruck des britischen Adelsregimentes, und zweifellos sind durch den Bruch der Macht des Oberhauses und die Anpassung des englischen Staatswesens an die Staatsformen der romanischen Demokratie dem Volksheer, das der Weltkrieg auch in England entstehen sieht, die Wege geebnet worden. Ein monarchisches Heer in unserm Sinne wird das englische kaum werden, sondern bei der in der Verfassung begründeten Machtfülle des Parlamentes ein Parlament-Heer bleiben, wie es als solches entstanden ist. Die preußische Armee war eine Schöpfung der Monarchie und ist monarchisch geblieben. Das deutsche Heer der Gegenwart ist ein monarchisches Heer, weil das Deutsche Reich im vollen Sinne des Wortes ein monarchisches Staatswesen ist.

Die Heeresschöpfung der preußischen Könige vollzog sich in der Zeit, die in allen kontinentalen europäischen Staaten die absolute Fürstenmacht zur Erhaltung ihrer Herrschaft und zur Erweiterung ihrer Macht ins Leben rief. Es waren Söldnerheere, geworben in aller Herren Länder, doch geführt von einem einheimischen aristokratischen Offizierkorps. Während aber die Armeen der meisten Staaten Europas für die Dauer der absoluten Fürstenmacht ihren ersten Charakter bewahrten, wurde die Entwicklung der preußischen Armee von den Hohenzollern sehr bald auf einen eigenen anderen Weg geleitet. König Friedrich Wilhelm I. war nicht nur der rauhe Drillmeister der später unbesieglichen Potsdamer Wachtparade, er war auch der Schöpfer des Geistes der preußischen Armee, der die preußischen und deutschen Fahnen geleitet hat von Mollwitz und Hohenfriedberg bis Tannenberg und Verdun. Aus der Schar der rauhen tapferen Landjunker schuf er das preußische Offizierkorps mit seinen peinlichen Pflicht- und Ehrbegriffen, dem engen innerlichen und äußeren Zusammenhalt mit der ihm anvertrauten Mannschaft, der Kameradschaftlichkeit, dem militärischen Stolz und der monarchischen Treue. Der König, der den Soldatenrock trug, war der erste Offizier der Armee, die Offiziere, die des Königs Rock trugen, bildeten den ersten Stand im Staat, dem der König selbst an-

gehörte. Derselbe Monarch, der die Armee fest an das Königs-
tum band, erkannte als der erste und der klarste der großen
Heeresorganisatoren, daß die Armee eng mit dem Volke selbst verbunden werden müsse, so daß im Heere Königtum, Volk und
Staat zur Einheit wurden. Die Möglichkeiten, die organisatori-
schen Bedingtheiten seiner Zeit weit überschauend, schrieb er in
den ersten Paragraphen des Kantonreglements: „Jeder preußische
Untertan ist für die Waffen geboren." Das war die Grundidee
der allgemeinen Wehrpflicht, die nicht der französischen Revolution, sondern dem preußischen Königtum entsprungen ist. Lange
vor Lafayette und Carnot schwebte dem preußischen Soldatenkönig
der Gedanke vor, die Armee entstehen zu lassen aus dem pflicht-
gemäßen Heeresdienst aller waffenfähigen Männer des Staates:
eine völlige gegenseitige Durchdringung von Heer und Volk.

Der Gedanke eilte der Zeit voraus. Erst die kommende schick-
salsschwere preußische Geschichte schuf die Voraussetzungen für
seine Verwirklichung. Es bedurfte des Existenzkampfes der sieben Jahre, um Monarchie, Staat und Volk in Preußen zur
Einheit zu gestalten. Während der letzten Kriegsjahre hatte Friedrich der Große seine Armee fast ausschließlich aus Landeskindern
ergänzt, und das preußische Volk hatte erkannt, daß der alte
Schrecken der Werbetrommel leichter wog, als der Schrecken feindlicher Einfälle und Verwüstungen. Die ersten leuchtenden Siege
König Friedrichs hatten dem Volke etwas wie einen preußischen
Nationalstolz eingepflanzt und eine ideelle Anteilnahme an den
Staatsgeschicken erweckt. Die Jahre der bitteren Not und drohenden Erliegens brachten ein festeres Staatsbewußtsein und eine
fühlbare äußere Einwirkung des Staatsgeschickes auf das gesamte
Volksleben. Heer, Staat und Volk wuchsen in einander. In
zwei Jahrzehnten schwungloser Kabinettspolitik und gelegentlicher

128

kraftloser militärischer Expeditionen schwand das Bewußtsein dieser Einheit. Es erwachte mit jäher Gewalt, als die Katastrophe der preußischen Armee bei Jena die Verkrüppelung des Staates, die französische Zwingherrschaft zur Folge hatte. Dem preußischen Volke war es nicht einen Augenblick unklar, daß sein Schicksal anders als durch die Waffen, anders als durch die Stärke und durch Siege der preußischen Armee nicht zu wandeln war. Es hätte des vor Augen stehenden französischen Musters nicht bedurft, um in Preußen den Boden für die allgemeine Wehrpflicht zu bereiten. Ihre Einführung war dem ganzen Volke Herzenssache, das seine mit preußischer Wehrhaftigkeit geschaffene nationalstaatliche Freiheit und Größe vor überlegener feindlicher Waffenkraft hatte versinken sehen.

Es war das gute Geschick Preußens, daß es für jedes Erlahmen und Erschlaffen völkischer und staatlicher Kraft die härtesten Folgen hat tragen müssen; es war auch sein gutes Geschick, daß ihm noch stets in schwerster Not die rechten rettenden Männer erstanden sind. Als die Neuordnung der preußischen Wehrkraft die große Notwendigkeit der Stunde war, erschien in Scharnhorst der Meister. Seine Heeresgesetze sind im einzelnen und nicht einmal ganz kongenial und lückenlos erst nach 1815 durchgeführt worden. Aber er, und allein er schuf die Formen, in die sich die bewaffnete Erhebung des ganzen Volkes 1813 und 1814 fügen konnte. In den Freiheitskriegen wurde die preußische Armee zum Volk in Waffen, aber Scharnhorst hatte Vorsorge getroffen, daß das Volk in Waffen in den überlieferten Ordnungen und Regeln die preußische Armee wurde. Der Geist von 1813 trat nicht an die Stelle des Geistes der Armee Friedrichs des Großen und Friedrich Wilhelms I., sondern verband sich mit ihm. Das Offizierkorps, auf die breitere Basis des gebil-

deten Bürgertums gestellt, trat ein in die Traditionen des alt-
preußischen Offizierkorps und die Truppe in seine Schule unter
Führung des Königs.

Weil die preußische Armee, ganz in das Volksleben ein-
gefügt, doch in den Überlieferungen von anderthalb Jahrhunderten verwurzelt geblieben war, konnten die Stürme der März-
revolution sie nicht berühren. Sie war so sehr Trägerin und
treibende Kraft der großen europäischen Aufgaben des Staates
geworden, daß sie erhoben war über die Auseinandersetzungen, die
sich innerhalb des Staates um seine zeitgemäße Umgestaltung
entspannen. Während des Waffendienstes wurde jeder Preuße,
ungeachtet seiner politischen Anschauung, gleichsam unmittelbar
Diener des Staates und Königs. Das Volk in des Königs
Rock trug den Staatsgedanken, das Nationalbewußtsein in seiner
reinsten, durch keine politische Überlegung modifizierten Form.
Daran haben die Menschenalter nichts zu ändern vermocht. Der
Weltkrieg sieht das ganze waffenfähige Volk aufgehen in nationalem Idealismus, der der Geist der Armee ist.

Es war eine eigene Fügung, daß der Staatsmann, der das
Deutsche Reich durch siegreiche Kriege schuf, seine Politik zum
Siege geführt hat im Kampfe um den Ausbau der Armee
nach den schöpferischen Ideen Wilhelms I. Die Geschichte der
Armee und die europäische Politik Preußens bedingten einander
auch in dem Augenblick, als der Preußische Staat der Erfüllung
seiner höchsten Aufgabe entgegenging. Die Gründung des Deutschen Reiches vollzog sich unter dem Donner der Kanonen, und
auf den Schlachtfeldern wehten neben den Fahnen Preußens die
des anderen Deutschland.

Unter dem Großen, was Preußen Deutschland gegeben hat,
wird das Größte immer die preußische Armee bleiben, dies Werk

der Jahrhunderte, das die Stürme und Wirren der Zeit nur zu festigen und zu bessern vermocht haben. Wie selbstverständlich nahmen die deutschen Staaten die Organisationen und Überlieferungen der preußischen Armee in ihr eigenes Leben auf. Welche Summe von Tapferkeit und Schlachtgeschick auch im nichtpreußischen Deutschland bei allen Stämmen und in allen Einzelstaaten, in Bayern und Sachsen, Baden und Württemberg, bei Friesen und Rheinfranken, Hannoveranern und Hessen, Holsteinern und Hanseaten, Mecklenburgern und Thüringern seit Urzeiten heimisch war, das hatte die Geschichte verzeichnet. Zur vollen Größe stiegen die kriegerischen Taten Alldeutschlands auf den Schlachtfeldern Frankreichs, als das gesamte deutsche Volk so in Waffen stand und stritt, wie es Preußen gelehrt hatte. In den anderthalb Menschenaltern, die zwischen dem Einheitskriege und dem Weltkrieg liegen, wuchs die bewaffnete Macht des Reiches zur Einheit zusammen. Die Militärgeschichte des Preußischen Staates rückte in die großen historischen Erinnerungen. Der Erbe Friedrich Wilhelms I. ward Kriegsherr der deutschen Armee, des deutschen Volkes in Waffen. Während von der Düna bis zur Maas die deutschen Heere unvergleichliche Heldentaten vollbringen, während das deutsche Volk in harter Gegenwart von den Siegen aller deutschen Volksgenossen ohne Unterschied von Staat und Stamm die größere Zukunft des deutschen Vaterlandes vertrauend erhofft, gedenkt das geschlagene Ausland ingrimmig des militärischen Zuchtmeisters der deutschen Vergangenheit, Preußens, und schilt eifernd den Geist der preußischen Armee, den preußischen Militarismus, der heute der Geist des deutschen Volkes in Waffen ist.

Es hat eine Zeit gegeben, und sie liegt nicht weit zurück, in der doktrinäre, durch die Geschichte weder belehrte noch belehrbare Deutsche verdrossen eine Zukunft herbeiwünschten, die das deutſche Leben vom preußiſchen Militarismus befreit ſehen ſollte. Die Lehre, die die Vergangenheit nicht geben konnte, hat die Gegenwart erteilt, in der der Militarismus dem deutſchen Leben mit der Freiheit die Zukunft rettet.

Es gibt kein Staatsweſen, in dem nicht eine ſtarke Gegnerſchaft lebte gegen das, was ſein Beſtes und Stärkſtes iſt. Nicht ſelten entſteht und bildet ſich dieſe Gegnerſchaft im Vergleich der eigenen Staatseinrichtungen mit denen des Auslandes. Regierungen, die Strömungen nachgeben, denen fremde Einrichtungen Vorbilder für Reformen und innerſtaatliche Umgeſtaltungen ſind, verkennen ihre vornehmſte Aufgabe, den ihrer Fürſorge anvertrauten Staat in ſeiner Kraft und Eigenart zu erhalten. Im deutſchen Volke, zu deſſen Vorzügen es gehört, klaren Auges über die Grenzen des Vaterlandes zu ſehen und im Leben anderer Völker berechtigte geiſtige und kulturelle Eigenart zu erkennen, war ſtets die Gefahr beſonders groß, daß politiſche Einrichtungen des Auslandes für die Richtung politiſcher Wünſche im Inlande als maßgebend angeſehen wurden. Wir haben das erlebt in den unklaren Jahrzehnten des neunzehnten Jahrhunderts, während derer gelehrte und ungelehrte Deutſche in dem berechtigten Streben, Deutſchland in die Formen konſtitutionellen Staatslebens überzuleiten, ernſtlich darüber grübelten, ob die franzöſiſchen oder die engliſchen Verfaſſungseinrichtungen für die deutſche Neuordnung maßgebend ſein müßten. Es war für die an ſich eher ſchwachen als ſtarken Regierungen in jenen kritiſchen Jahren nicht leicht, mit dem monarchiſchen Fundament die tragende Eigenart deutſchen Staatslebens zu erhalten. Vornehmlich hatte die Regierung Preußens ſich mit allem Nachdruck der Beſtrebungen zu erwehren, die an den überlieferten Organiſationen der preußiſchen Armee rühren wollten, der Beſtrebungen, die dahin gingen, die Armee und besonders das Offizierkorps von der engen Bindung an die Person des Monarchen zu lösen, das Leben der Armee in den Kreis parlamentarischer und damit politischer Einflüsse zu ziehen. In erster Linie der Energie und der Tapferkeit des Prinzen von Preußen, das späteren Kaiser Wilhelms I., ist es zu danken gewesen, wenn die preußische Armee im traditionellen Geist und in den überkommenen Organisationen festgehalten und vor einer Entwicklung bewahrt wurde, in deren Verlauf sie nach französischem Vorbild Objekt und Subjekt innerpolitischer Machtkämpfe geworden wäre. Eine solche Entwicklung wäre für Deutschland viel gefährlicher gewesen als für Frankreich, dessen modernes Volksheer nicht wie das preußische eine Schöpfung der Monarchie, sondern der Republik und der Revolutionspartei war. Die Zusammensetzung des französischen Offizierkorps erfolgte nach dem Sturze des Königtums nach den politischen Grundsätzen der herrschenden Parteien. Die großen Generale der Revolutionskriege wurden von Parteien ein- und abgesetzt. Am späteren Wechsel der Staatsformen hat die Armee oft tätigen Anteil genommen. Das Parteigängertum im Offizierkorps, das im Dreyfußskandal in häßlichen Formen hervortrat, hat die Stellenbesetzung auch im Verlauf des Weltkrieges nicht unberührt gelassen. Wenn auch die Leistungen des französischen Heeres aller ehrlichen Achtung wert sind und wir dem Franzosen ruhig das gute Recht zugestehen dürfen, auf seine Armee mit ihrer Eigenart und Leistungsfähigkeit stolz zu sein, so haben wir doch noch mehr Grund, dankbar zu sein, daß die deutsche Armee in Organisation und Geist mit ihren in Jahrhunderten gewordenen Traditionen den Weltkrieg besteht als die über alle Politik und jeden inneren Gegensatz erhobene, zu Kraft, Willen und Tat gewordene Vaterlandsliebe des deutschen Mannes.

133

Unter allen Wundern, die Deutschland seit Beginn des Krieges der Welt vor Augen geführt hat, kam dem feindlichen Auslande vielleicht keines überraschender als die bewußte, willensstarke Einmütigkeit, mit der die Deutschen aller Staaten und Parteien das schwere Schicksal auf sich nahmen, um es zu besiegen. Diejenigen Deutschen, die sich vom Scheine innerpolitischer Kämpfe nicht hatten täuschen lassen über den wahren Gehalt nationalen Lebens, hatten es nicht anders erwartet. Im Auslande aber wußte man wenig oder gar nichts von den Kräften der Einheit, die neben den Mächten der Trennung im deutschen Volke lebten. Man wußte dort nicht und konnte vielleicht auch nicht wissen, daß gerade die Armee, die das deutsche Volk zur letzten großen Probe deutscher Lebensfähigkeit aufrief, darum am unmittelbarsten geeignet war, das deutsche Volk zusammenzuführen und zusammenzuhalten, weil sie sich bereits in langen Friedenszeiten als eine Kraft deutscher Einheit bewährt und behauptet hatte.

Stimmen aus Feindesland und aus neutralem Auslande, das uns in diesem Kriege innerlich ganz überwiegend feind war und ist, haben uns gezeigt, welche Vorstellung von Art und Wesen des preußisch-deutschen Militarismus in der Welt verbreitet ist, die das deutsche Volk haßt, weil sie es entweder nicht kennt, oder weil sie es fürchtet. Die Stimme unseres nationalen Gewissens sagt uns, was in Wahrheit der deutsche Militarismus ist: das beste Stück unserer staatlichen, unserer nationalen, unserer Volksentwicklung.

Das Zerrbild, das Deutschlands Feinde vor sich sehen, und an dessen Naturtreue sie leider deshalb so fest glauben gelernt haben, weil deutsche Hände an diesem Bilde mitgezeichnet haben, zeigt den deutschen Militarismus als die despotisch über das Volksleben gesetzte Gewalt, die, im Auftrage der Monarchie von

134

einer Soldatenkaste geleitet, die Freiheit der deutschen Menschen und die Wirksamkeit auch berechtigter demokratischer Strömungen des Jahrhunderts brutal unterdrückt. Dies Zerrbild zeigt den deutschen Militarismus als die besondere Kraft des Preußischen Staates, die mit rauher Gewalttätigkeit die deutschen Staaten am Reiche festhält. Der kleine deutsche Einzelstaat, meint das Ausland, müsse nichts heißer wünschen, als, losgelöst von der Organisation deutscher Wehrkraft, fortzubestehen als eine, um mit Treitschke zu sprechen, „Akademie der Künste oder Börse". Der deutsche Bürger müsse es als Erlösung begrüßen, wenn die Armee mit ihrer straffen Ordnung von Befehl und Gehorsam aus dem deutschen Leben herausgebrochen würde.

Wir können vom Franzosen nicht erwarten, daß er erkennt, wie es letzten Endes der ständig drohende unruhevolle Ehrgeiz der französischen Nation gewesen ist, der Preußen und Deutschland zur Bereitstellung aller seiner militärischen Kräfte gezwungen hat. Von der traditionellen Unkenntnis des Engländers in bezug auf Lebensverhältnisse und Existenzbedingungen der Kontinentalvölker erwarten wir nicht, daß er begreift, wie in der Jahrhunderte währenden Reibung der europäischen Staaten die Waffen stärker und stärker geworden sind und Preußen=Deutschland zur festesten Rüstung und zum schärfsten Schwert kommen mußte, weil die staatliche Gestaltung der Mitte Europas nur in ununterbrochenen Kriegen möglich war, und weil keine Natur die deutschen Grenzen geschützt hätte, die die deutschen Waffen nicht schützen konnten. Wir Deutsche wollen auch nicht, daß der uns feindliche oder der uns abgeneigte Ausländer verstehen lernt, daß es dem Volke, das wie kein anderes zu nachdenklichem, in sich ruhendem, unverdrossenem Wirken an der Kultur der Menschheit neigt, seelisch und geistig nicht leicht geworden ist, den Glau=

ben an seine Kraft dem Glauben an seine Ideale voranzustellen. Die Zeiten sind hoffentlich für immer vorüber, in denen das deutsche Volk mit frommem Glauben auf Erfolg um das Verständnis seiner Eigenart und seines inneren Wertes beim Auslande warb. Aber die Zeit ist mehr als je gekommen, in der das deutsche Volk seine Eigenart für sich selbst vorbehaltlos erkennen muß. Dann wird es finden, wo seine Schwächen sind und wo seine Stärken. Dann darf es vor der Welt feststellen, daß seine beste, in Geschichte und Gegenwart erprobte Kraft die ist, die in schwerster Not und Bedrohung Deutschlands Leben bewahrt: der deutsche Militarismus.

Das wahre Bild des Militarismus, das wir Deutschen zu sehen vermögen, ist freilich von Grund aus ein anderes als das, was in den Vorurteilen und in den Phantasien des Auslandes lebt. Ein anderes gewiß auch als das, was sich vor dem Kriege in Deutschland selbst einzelne Parteien, Politiker und Zeitungen, vielleicht nicht voll im Einklang mit ihrem inneren Gefühl zu politischem, taktischem Zweck gebildet hatten.

Die Armee ist heute das, was sie geworden ist in der Geschichte: der starke Ausdruck der Einheit von Reich, Staat und Volk. Das ist sie auch in Frankreich. Der republikanische Staat und die französische Nation sind verwachsen in der Armee. Das wird kein Deutscher leugnen und hat kein Deutscher bezweifelt, als die Katastrophe des Weltkrieges über Europa hereinbrach. In Deutschland drückt sich, der anderen Wesensart von Staats- und Volksleben entsprechend, die nationale Einheit in der Armee in anderen Formen aus. Das hat man jenseits der deutschen Grenzen nicht erkennen wollen und hat sich sehr zum eigenen Nachteil einen nicht vorhandenen Antagonismus zwischen dem deutschen Heere und dem deutschen Volke vorgestellt.

Als Fürst Bismarck bald nach seinem Amtsantritt seiner klaren Erkenntnis der geschichtlichen Notwendigkeiten mit dem bekannten Worten Ausdruck gab, daß die deutsche Frage durch Blut und Eisen gelöst werden müsse, da wußte dieser seit König Friedrich dem Großen soldatischste der großen deutschen Staats= männer sehr wohl, daß dieselben Waffen, denen er die Kraft zum Vollzug einer unvermeidlichen Trennung zutraute, auch die Kraft zur notwendigen Einigung haben würden. Noch ehe auf den fran= zösischen Schlachtfeldern das Blut aller deutschen Stämme der einen gemeinsamen deutschen Sache floß, hatten die deutschen Staaten durch die Übernahme der großen Formen der preußischen Heeresorganisation den entscheidendsten Schritt zum Anschluß an Preußen getan. Die militärische Einigung ging der politischen voran. Nach vollzogener Reichsgründung hat sich der Gedanke der deutschen Volkseinheit, der Zusammengehörigkeit aller Staaten nirgends schleuniger und zwangloser durchgesetzt als in der Armee. Die partikularistischen Schwingungen, die hier und da das Jahr 1871 überdauerten, haben die Armee gar nicht mehr berührt. Bei aller Anhänglichkeit an den engeren Staatsverband, vor allem an den Landesherrn, fühlten sich Offiziere und Mann= schaften in Nord und Süd doch in erster Linie als Angehörige der deutschen Armee, als Glieder des deutschen Volkes in Waffen. Der Preußische Staat hat keine seiner Staatseinrichtungen so restlos im Reich aufgehen lassen wie die Armee. So ging auch der innere Anschluß der Bundesstaaten an die preußische Vormacht nirgends ursprünglicher vor sich als in der Übernahme preußischer Heereseinrichtungen. Unter voller Anerkennung der berechtigten Eigentümlichkeiten der verschiedenen bundesstaatlichen Kontingente und insbesondere der Bayern eingeräumten Sonderstellung existiert für das Volksbewußtsein nur noch ein einiges deutsches Heer.

Die divinatorische Gabe Bismarcks, bei seinen folgenreichsten
Entschließungen zugleich und in gleichem Maße weit hinauszu=
schauen in die Welt und in die Weltgeschichte und tief hineinzu=
blicken in die Seele des deutschen Volkes und die Voraussetzun=
gen deutschen Werdens, liegt vielleicht nirgends klarer vor Augen
als in der von ihm durch diplomatisch meisterhaft vorbereitete
Kriege erreichten Entscheidung über die staatliche Einigung
Deutschlands. Diese Kriege gewährten der auswärtigen Politik
Preußens und später der Politik des Norddeutschen Bundes die
Möglichkeit, zum Ziele der Reichsgründung zu gelangen. Gleich=
zeitig wurde im Augenblick der Verwicklung der deutsche Einheits=
gedanke aus der Stickluft innerpolitischer und fraktioneller Strei=
tereien befreit. Unabhängig von den vielgestaltigen Vorurteilen
und den parteipolitischen Bindungen, in die der deutsche Reichs=
gedanke seit mehr als einem Menschenalter verstrickt worden
war, wurde er vom deutschen Volk in Waffen, das auf fran=
zösischem Boden stand, aufgenommen und auf die großen deut=
schen militärischen Traditionen gegründet. Damit wurde die
Armee auch innerlich, mit Geist und Überlieferung, zur Trägerin
des Deutschen Reiches — jenseits aller inneren Politik, des Parti=
kularismus und der Parteien. Wenn eine Hoffnung des feind=
lichen Auslandes im Weltkrieg trügerisch sein mußte, war es die,
daß der Ruf zu den Waffen und gemeinsamer Heeresdienst in
Deutschland den partikularistischen Überlieferungen neues Leben
geben und an der Reichseinheit rühren könnten. Der militärische
Einschlag, den Bismarck seinem Werke der Reichsgründung zu
geben gewußt hatte, machte die reichsdeutsche Armee ebenso un=
mittelbar zur Repräsentantin des Reichsgedankens, wie die preu=
ßische Armee Repräsentantin des preußischen Staatsgedankens
gewesen war. Auch hier trat die Armee Gesamtdeutschlands in

die Traditionen des preußischen Heeres ein und gab ihnen neues zukunftsicheres Leben.

Der staatliche Partikularismus, der durch die Jahrhunderte der Vergangenheit Deutschlands böses Schicksal gewesen war, wurde zuerst vom waffentragenden Volk überwunden und am gründlichsten vom Geiste der Armee aufgelöst. So wurde für die Jahrzehnte deutschen Reichslebens bis zum Weltkriege die Armee recht eigentlich die Kraft, die die politischen, sozialen und konfessionellen Spaltungen im Volke schloß, und die im neuen Reiche die Deutschen zur Volkseinheit bildete. Nicht daß es sich hier um eine gewollte, bewußte Bestimmung der Armee gehandelt hätte. Nein, die spezifisch deutsche Form, die Scharnhorsts genialer Schöpfergeist dem Gedanken der allgemeinen Wehrpflicht gegeben, die Boyen, König Wilhelm und Roon fortentwickelt hatten, vermochte die Eigenart des deutschen Volkslebens in sich aufzunehmen, ohne ihr irgendwie Gewalt anzutun. Ganz im Gegensatz zu Frankreich ist das preußische und später das deutsche Heer niemals in Geist und Organisation einer herrschenden politischen Strömung anheimgefallen. Es blieb von der Revolution so unberührt wie von der Reaktion, während die französische Armee sich nach ihrer napoleonischen Glanzzeit die Rückbildung in ein royalistisches Heer und später die Umbildung zum republikanischen, dann wieder zum napoleonischen und abermals zum republikanischen gefallen lassen mußte. Während der Kulturkampf am deutschen Heere spurlos vorüberging, hat der unter Combes und Briand ausgefochtene Kampf gegen die Kirche in Frankreich auf die Armee übergegriffen. In Frankreich, wo die politischen Gegensätze bei aller Leidenschaftlichkeit ihres Austrags doch nicht allzu tief in das nationale Leben eindringen, konnte die Armee ihre Politisierung ohne empfindlichen Schaden für

ihre Einheitlichkeit ertragen. In Deutschland wären die Folgen unübersehbar gewesen, wenn politischer und konfessioneller Streit auf die Armee übergegriffen hätte. Das unmittelbare Treuverhältnis, in das die deutsche Armee zum Monarchen gesetzt ist, bedeutet de facto ebensosehr ein Recht der Monarchie als die Trennung des Volkes in Waffen von den politischen, konfessionellen und sozialen Kämpfen der Nation, denen auch der Monarch entrückt ist. Das öffentliche Recht entspricht dem besten nationalen Bedürfnis und sichert dem Bürger, der des Königs Rock trägt, für die Dauer des Waffendienstes das stolze Vorrecht, sich, frei von Beruf und
fühlen.

Es bedurfte des Weltkrieges nicht, um uns Deutschen zum Bewußtsein zu bringen, daß in Waffen und unter der Fahne das deutsche Volk einig ist und emporgehoben über die mancherlei Trennungen und Spaltungen, die von je das deutsche Volksleben durchziehen. Wir haben gewußt, daß im blutigen Ernst in vervielfachter Kraft der Geist sich erweisen mußte, der in der Kaserne und auf dem Exerzierplatz gelebt hatte, der Geist des durch Kameradschaft geadelten Gehorsams, disziplinierter Einheit und geordneter Gleichheit.

Die deutsche Armee, die durch unmittelbares Treu- und Gehorsamsverhältnis zum Monarchen mit dem Reichsgedanken, mit der Idee der Reichseinheit auf das innigste verknüpft ist, ist durch die Eigenart unserer Wehrordnung und Heeresorganisation nichts weniger als ein reiner Bestandteil der Regierungsgewalt über dem Volke, sondern ein Teil des Volkslebens selbst. Sie repräsentiert ebenso wie die Volksvertretung in den Parlamenten, wenn auch in anderer Weise, die deutsche Volkseinheit. Im Heere und im Heeresdienst finden die politischen und konfessionellen Gegensätze keinen Raum; in der Armee sind die geschichtlichen Unterschiede harmonisch zusammengeschlossen, die im deutschen Volke darum kräftiger hervortreten, weil unsere geschichtliche Entwicklung uns davor bewahrt hat, gewaltsam von oben her durch Druck von unten die natürliche Vielgestaltigkeit geistigen, sozialen und öffentlichen Lebens zu zerstören. Die allgemeine Wehrpflicht, restlos wie sie in Deutschland zur Durchführung gelangt ist, erkennt unterschiedlos die Pflicht jedes deutschen Mannes zur Vaterlandsverteidigung an. Die Schöpfung Scharnhorsts hat aber auch Sorge getragen, daß die Kräfte, die gerade durch die Abstufung der geistigen und sozialen Volksentwicklung gewonnen werden, auch der Armee durch die Erfüllung der Wehrpflicht zugeführt werden. Der berechtigte und notwendige Bruch mit der friderizianischen Überlieferung eines rein aus der Geburtsaristokratie gebildeten Offizierkorps führte die Schöpfer des preußisch-deutschen Volksheeres zu der echt deutschen Idee, das Offizierkorps auf die höhere geistige Bildung zu gründen, und das Recht, Offiziersrang zu bekleiden, an den Nachweis einer gewissen geistigen Vorbildung zu knüpfen. So fand der am meisten berechtigte Unterschied im Volksleben Aufnahme in die Struktur der Armee, ohne daß am Grundsatz gleicher Verpflichtung gerührt wurde. Die in Art und Wesen demokratische Einrichtung des Volksheeres erhielt den modernen aristokratischen Einschlag. Der glückliche Gedanke, die Aufnahme in das Offizierkorps an die Bedingung der Wahl durch das Offizierkorps zu knüpfen, gab die Möglichkeit, der sozialen Gliederung des Volkes auch in der Gliederung des Volksheeres Rechnung zu tragen. Nichts vielleicht hat unserer Armee in der Vergangenheit wie in der Gegenwart so sehr die Überlegenheit gesichert wie die Tatsache, daß die natürliche Führerstellung, die dem in Geist und Erziehung höher Gebildeten zukommt, in die Armee übernommen worden ist. So sind Gehorsam und Disziplin unabhängig von allen äußeren Vorschriften gegründet worden auf das natürliche Vertrauen, das der einfache Mann gerade im deutschen Volke stets gern zum Gebildeten gehabt hat. Der Weltkrieg hat gezeigt, wie Hingebung und Todesmut allgemeines Eigentum jedes deutschen Wehrmannes sind. Er war aber auch ein hohes Lied des Ruhmes von einem Vertrauensverhältnisse zwischen Offizier und Mannschaft, wie es die Welt noch nicht gesehen hat.

Wie die katholische Kirche deshalb eine so vollkommene Organisation ist, weil ihre Einrichtungen nur die äußeren Formen für die inneren Kräfte darstellen, die im katholischen Glauben und im gläubigen Katholiken lebendig sind, so ist die deutsche Armee eine Organisation von einzigartiger Vollendung, weil sie in ihren Ordnungen und Vorschriften, in ihrer Stellung zum Staats- und Volksleben den Kräften Rechnung trägt, die Staat und Volk tragen und bilden. Mehr als durch die Verfassung, mehr als durch bürgerliches und öffentliches Recht sind in Deutschland Staat und Volk durch die Armee eine Einheit. Wenn das ganze Volk unter die Waffen tritt zur Verteidigung des Reiches, fallen die Schranken, die politischer Streit zwischen dem einzelnen und dem Staat aufgerichtet hatte, ebenso wie sich die Trennungen schließen, die das Volk in sich empfunden hatte. Die großen politischen Ideen, in deren verschiedenartiger Auslegung sich letzten Endes alle politischen Kämpfe erschöpfen, die Ideen der Monarchie, der Aristokratie und Demokratie verschmelzen in einander, wenn das deutsche Volk zum Heere wird unter dem Befehl des kaiserlichen Kriegsherrn, unter Führung eines Offizierkorps, das auf modernem aristokratischen Rechte des Geistes, der Bildung, der Erziehung steht, geeint in einem Sinne kameradschaftlicher Demokratie, der alle Deutschen ohne Unterschied des Standes und Berufes einer ein-

142

zigen grandiosen Pflicht fügt und durch Not und Gefahr alle deut=
schen Männer zu Brüdern macht. Der Geist des deutschen Mili=
tarismus, wie ihn Preußen vorgebildet und Deutschland übernom=
men hat, ist ebenso monarchisch, wie aristokratisch, wie demokra=
tisch, und er würde aufhören deutsch zu sein und der gewaltige
Ausdruck reichsdeutscher Wehrkraft und Wehrhaftigkeit, wenn er
sich ändern wollte. Wenn ihn die Feinde, denen er mit Gottes
Hilfe die Niederlage bedeuten wird, schmähen, so wissen wir, daß
wir ihn bewahren müssen, weil er uns Sieg ist und deutsche Zu=
kunft.

Die Wahrheit, daß dieser beispiellose Existenzkampf Deutsch=
lands die große weltgeschichtliche Probe auf die Kraft und Wider=
standsfähigkeit dessen ist, was in Deutschland Volk und Regierung
in naher und ferner Vergangenheit geschaffen haben, gilt in erster
Linie von der deutschen Armee. Sie besteht als ein Werk der Jahr=
hunderte heute die gewaltigste Probe. Vielleicht hat Preußen, hat
Deutschland bisweilen versäumt, überkommene Einrichtungen mit
den Wandlungen der Zeit fortzubilden, in der Sorge, beim Schritt
in die neue Zeit die sichere Verankerung in der Vergangenheit, in
der Geschichte zu verlieren. Von der Armee gilt das nicht. Von
den Jahren an, in denen der Große Kurfürst die erste branden=
burgische Wehrmacht schuf, bis zur neuesten Zeit, in der Kaiser
Wilhelm II. neben dem Aufbau der Flotte den Ausbau und die
qualitative wie quantitative Stärkung der Armee als seine vor=
nehmste Herrscheraufgabe ansah, ist unablässig mit zäher Energie
und einzigartigem Fleiß am Werke der deutschen Armee geschaffen
worden, mochte der Staat reich oder arm sein, bedroht oder ge=
sichert, siegreich oder erfolglos, mochten die Widerstände vom be=
sorgten Auslande oder von unverständigen Kammermajoritäten
kommen. Stets haben die Heeresorganisationen Sorge getragen,

daß der Geift der Zeit, in den Geift der Armee eindringend, den Geift der Vergangenheit verjüngte. So ift aus der von rauhen Krautjunkern geführten Söldnerfchar des Siegers von Fehrbellin im Kurhut das große deutfche Volksheer geworden, das im Krieg von 1914 der Welt fiegreich widerfteht, unter Führung eines Hohen= zollern, der die Kaiferkrone trägt. Der Geift des zwanzigften Jahr= hunderts ift mit der Erinnerung des preußifch=deutfchen Waffen= ruhms verfchmolzen, und heute wie einft klingt den alten Fahnen das Wort des Sängers deutfchen Freiheitskampfes und preußifcher Waffenehre, Heinrich von Kleifts: „In Staub mit allen Feinden Brandenburgs.“

144

Innere Politik

Die Geschichte unserer inneren Politik war, von wenigen lichten Epochen abgesehen, vor dem Weltkrieg eine Geschichte politischer Irrtümer. Neben der reichen Fülle seltener Vorzüge und großer Eigenschaften, die dem deutschen Volke gegeben sind, war ihm bisher das politische Talent versagt geblieben. Keiner Nation der Erde ist es so schwer geworden, sich feste und dauerhafte politische Lebensformen zu gewinnen wie der deutschen, obwohl wir nach dem Untergange der antiken Welt, nach den Stürmen der Völkerwanderung am frühesten die auf Macht gegründete Ruhe nationaler Existenz gewannen, die die Voraussetzung zur Formung eigenen politischen Lebens ist. So leicht es unserer Kriegstüchtigkeit gefallen ist, der äußeren Hemmungen und Störungen unseres nationalen Lebens Herr zu werden, so schwer ward es uns, kleine, geringfügige Hemmungen unserer eigenen politischen Entwicklung zu überwinden. Andere Völker haben es oft erlebt, daß kriegerisches Mißgeschick, Mißgeschick in ihrer auswärtigen Politik schwer schädigend, ja umstürzend auf ihr innerpolitisches Leben wirkten. Wir Deutschen haben uns durch unser politisches Ungeschick, durch die Formlosigkeit und Verworrenheit unseres inneren nationalen Lebens nur zu oft um die Erfolge unserer Waffen betrogen, haben uns eine erfolgreiche nationale auswärtige Politik durch engherzige und kurzsichtige innere Politik jahrhundertelang unmöglich gemacht. Wir waren kein politisches Volk. Nicht, daß es uns an eindringen=

dem Verständnis fehlte oder je gefehlt hätte für den Zusammen=
hang der politischen Dinge, für die Wesensart und Verbindung der
religiösen, sittlichen, der sozialen, rechtlichen und wirtschaftlichen
Kräfte, die die Politik bedingen. Dieses politische Wissen haben
wir stets, je nach dem Stande der Zeiterkenntnis und darüber
hinaus besessen. Nicht einmal an Erkenntnis unserer eigenen na=
tional eigentümlichen politischen Gebrechen hat es uns gefehlt. Aber
die große Kunst, von der Einsicht unmittelbar zur Nutzanwendung
fortzuschreiten, oder gar die größere Kunst, mit sicherem schöpfe=
rischen Instinkt politisch das Rechte auch ohne Nachdenken und
Grübeln zu tun, die hat uns oft gefehlt. Wie wäre es sonst zu er=
klären, daß im Nationalitätenkampf der Deutsche leider nur zu oft
dem Tschechen und Slowenen, Magyaren und Polen, Franzosen
und Italiener erlegen ist? Daß er auf diesem Felde gegenüber fast
allen seinen Nachbarn den kürzeren zu ziehen pflegte? Politisch
wie auf keinem anderen Lebensgebiet lebten wir in einem offen=
baren Mißverhältnis zwischen Wissen und Können. Wir dürfen
uns einer besonderen Blüte der Staatswissenschaften, insbesondere
der Nationalökonomie rühmen. Die Wirkungen der entwickelten
Gelehrsamkeit auf die politische Praxis waren selten zu verspüren.
Das lag nicht daran, daß am Wissen etwa einer kleinen Schicht
Gebildeter die breite Masse keinen Anteil suchte und kein Interesse
hätte. Das deutsche Volk ist im Gegenteil mehr als jedes andere
und auch in den unteren Volksschichten lernbegierig und lernfähig.
Das war seit jeher unter vielen schönen Zügen einer der schönsten
Charakterzüge unseres Volkes. Aber dem Deutschen war das Wis=
sen von politischen Dingen meist eine rein geistige Angelegenheit,
die er mit den tatsächlichen Vorgängen des politischen Lebens gar
nicht verknüpfen mochte. Er konnte es auch nur in seltenen Fällen.
Denn führt auch ein entwickeltes logisches Vermögen zum richtigen

Urteil, so fehlt es doch zu oft am spezifisch politischen Verstande, der die Tragweite einer gewonnenen Erkenntnis für das Leben der Allgemeinheit erfassen kann. Der Mangel an politischem Sinn setzt den Wirkungsmöglichkeiten auch eines hochentwickelten politischen Wissens enge Grenzen. Ich habe mich während meiner Amtszeit lebhaft für die Förderung des staatsbürgerlichen Unterrichts interessiert, ich erwarte auch heute von ihm um so bessere Früchte, je mehr den Deutschen aller Stände und jedes Bildungsgrades die Möglichkeit geboten wird, an solchen Unterrichtskursen teilzunehmen. Aber bis angeborne und anerzogene Schwächen und Mängel unseres politischen Charakters auf diesem Wege behoben werden, wird viel Wasser unsere Ströme hinabfließen. Inzwischen hat das Schicksal, das bekanntlich ein vornehmer aber teurer Hofmeister ist, es übernommen, uns politisch zu erziehen durch einen ungeheuren Krieg, der alle herrlichen und unvergleichlichen Eigenschaften unseres Volkes zur schönsten Entfaltung brachte, und der nicht nur unsere Schäden und Schwächen heilen, sondern darüber hinaus uns das politische Talent bescheren möge. Trotz einer an politischem Mißgeschick reichen Vergangenheit besaßen wir dieses Talent noch nicht. Ich unterhielt mich einmal mit dem verstorbenen Ministerialdirektor Althoff über dieses Thema. „Ja, was verlangen Sie denn eigentlich?" entgegnete mir der bedeutende Mann mit dem ihm eigenen Humor. „Wir Deutsche sind das gelehrteste und dabei das kriegstüchtigste Volk der Welt. Wir haben in allen Wissenschaften und Künsten Hervorragendes geleistet, die größten Philosophen, die größten Dichter und Musiker sind Deutsche. Neuerdings stehen wir in den Naturwissenschaften und auf fast allen Gebieten der Technik an erster Stelle und haben es noch dazu zu einem ungeheuren wirtschaftlichen Aufschwung gebracht. Wie können Sie sich da wundern, daß wir politische Esel sind. Irgendwo muß es hapern."

„Das Gemeinsame stützt den Staat, das Selbstsüchtige löst ihn auf. Deshalb ist es nützlich, wenn das Gemeinsame dem Einzelnen vorgestellt wird." So Plato vor mehr als 2000 Jahren. Politischer Sinn ist Sinn für das Allgemeine. Eben daran gebricht es den Deutschen. Politisch begabte Völker setzen, bald bewußt, bald mehr instinktiv, im rechten Augenblick auch ohne den Druck einer besonderen Notlage, die allgemeinen nationalen Interessen den besonderen Bestrebungen und Wünschen voran. Im deutschen Charakter liegt es, die Tatkraft vorwiegend im Besonderen zu üben, das allgemeine Interesse dem einzelnen, dem engeren, unmittelbarer fühlbaren nachzustellen, ja unterzuordnen. Das hat Goethe im Auge mit seinem oft zitierten grausamen Ausspruch, daß der Deutsche im Einzelnen tüchtig, im Ganzen miserabel sei.

Der der Menschheit eigene Trieb, sich zu besonderen Zwecken zu vereinen, Verbänden und Gemeinschaften zusammenzuschließen, dieser natürliche politische Trieb gewinnt seine höchste Entwicklungsform im staatlichen Zusammenschluß der Nation. Wo diese höchste Form mit Bewußtsein erreicht ist, verlieren die niederen im allgemeinen mehr und mehr an Geltung. Der nationale Zweckverband ordnet sich die kleineren, besonderen, ideellen und materiellen Zwecken dienenden Verbände unter. Nicht gewaltsam und plötzlich, sondern im Zuge der allmählichen Ausbreitung des Nationalbewußtseins. Der Fortschritt dieser Entwicklung ist maßgebend für den Fortschritt der nationalen Einigkeit und Geschlossenheit. Völker mit starkem politischen Sinn kommen dieser Entwicklung entgegen, der Deutsche hat sich oft gegen sie zur Wehr gesetzt. Nicht im bösen Willen, nicht aus Mangel an vaterländischem Gefühl, sondern seiner Natur folgend, die sich, gebunden an die kleinen Vereine, wohler fühlt, als eingeordnet in den weiten nationalen Verband. „Deutsche Parlamente", sagte mir einmal in seiner kau-

stischen Art und als Ergebnis seiner 40jährigen parlamentarischen
Erfahrung Herr von Miquel, „sinken meist nach verhältnismäßig
kurzer Zeit auf das Niveau eines Bezirksvereins, den außer per=
sönlichen Zänkereien nur Lokalfragen interessieren. In unseren Par=
lamenten hält sich eine Debatte selten länger als einen Tag auf
der Höhe, am zweiten Tag tritt schon die Ebbe ein und dann wird
über Miserabilitäten möglichst breit und wirkungslos geredet.“ Auf
diesen Zug ins Einzelne und zum Besonderen ist auch die deutsche
Vereinsmeierei zurückzuführen. Der oft gehörte Scherz, daß zwei
Deutsche nicht zusammentreffen könnten, ohne einen Verein zu
gründen, hat seinen ernsten Sinn. In seinem Verein fühlt sich der
Deutsche wohl. Und wenn ein Verein größere Zwecke wirtschaft=
licher oder politischer Natur verfolgt, so sehen seine Mitglieder und
namentlich seine Führer in ihm bald den Punkt des Archimedes,
von dem aus sie die ganze politische Welt aus den Angeln heben
möchten. Sie vergessen dann leicht das kluge Wort des Schwei=
zers Gottfried Keller, daß alle Agitation nur dem Zwecke eines
tüchtigen und gedeihlichen Lebens dienen, niemals selbst ein Zweck
werden dürfe. Der verewigte Abgeordnete von Kardorff sagte mir
nicht lange vor seinem Tode: „Sehen Sie, welche Vereinsmeier
wir sind. Der Verein wird uns Selbstzweck. Die ‚Alliance fran=
çaise‘ hat Millionen zusammengebracht, um französische Schu=
len im Ausland zu gründen, aber nie daran gedacht, der Regierung
die Richtlinien ihrer Politik vorzuschreiben. Unser Alldeutscher Ver=
band hat viel zur Belebung des Nationalgefühls getan, aber dafür
betrachtet er sich auch als die höchste Instanz in Fragen der aus=
wärtigen Politik. Der Flottenverein hat für die Popularisierung
des Flottengedankens Großes geleistet, aber nicht immer der Ver=
suchung widerstanden, Regierung und Reichstag die Wege der Flot=
tenpolitik vorzuzeichnen. Der Bund der Landwirte, in einem Mo=

149

ment schwerer Bedrängnis der Landwirtschaft gegründet, hat dem
Zusammenschluß der Landwirte eminente Dienste geleistet, ist jetzt
aber so weit, daß er alles über seinen Leisten schlagen will und Gefahr läuft, den Bogen zu überspannen. Wir spinnen uns so sehr
in die Idee unseres Vereins ein, daß wir außerhalb dieses Vereins
nichts mehr sehen." Den Gesinnungsgenossen, den Interessenge-
fährten im Kleineren findet der Deutsche leicht, den im Großen
nur schwer. Je spezieller ein Zweck ist, desto schneller ist für
ihn ein deutscher Verein gegründet, und zwar nicht für den
Moment, sondern für die Dauer. Auf diesen Zug zum Besonderen sind die Stärke unserer großen Verbände und ihre Bedeutung für unser politisches Leben zurückzuführen. Der Bund der
Landwirte zählt über 300 000, der katholische Volksverein 700 000
Mitglieder, die sozialdemokratischen Gewerkschaften zählten 1895
260 000, 1900 680 000, 1906 1¹/₂ Millionen, 1912 2¹/₂ Millionen Mitglieder. Das Vereinswesen keines anderen Landes weist
solche Zahlen auf, in dem politischen Leben keines anderen Volks
spielen Vereine und Verbände eine solche Rolle. Aber auch die
Kehrseite dieses Assoziationstriebs für das Besondere fehlt nicht.
Je allgemeiner ein Ziel, desto langsamer vereinigen sich die Deutschen zu seiner Erreichung, desto geneigter sind sie, von der mühsam
gewonnenen Gemeinschaft schnell und kleiner Anlässe wegen wieder
zu lassen.

Gewiß ist auch unser Volk starker und bewußter gemeinsamer
nationaler Bewegungen in hohem Grade fähig. Wir erlebten es im
August 1914, und die Geschichte kennt Beispiele die Fülle. Die
Fremden ahnen nicht, hat Treitschke einmal gesagt, wie tief die
Quellen des deutschen Lebens rauschen. Wir selbst haben nicht gewußt, welche Schätze der Hingebung und Entsagung, der Un-
erschrockenheit und Selbstzügelung dieses große Volk in sich barg.

Welche Fülle auch der Gaben, auf den Schlachtfeldern und in den Laboratorien, in den Schützengräben und in den Kontoren. Unsere Techniker und Chemiker standen auf der Höhe unserer Generalstäbler. Der Erfindungsgeist der Industriellen wetteiferte mit der Kühnheit unserer U-Bootleute und Luftschiffer. Materiell und geistig blickt das deutsche Volk auf die ungeheuerste Kraftentfaltung, die die Welt je gesehen hat. Die Leistung, die unser Volk seit Beginn des Weltkriegs vollbracht hat, ist nie erreicht, geschweige denn übertroffen worden. Nationales Bewußtsein, nationale Leidenschaft und nationaler Opfermut haben uns, Gott sei Lob und Dank, niemals ganz gefehlt, und in den Zeiten größter nationaler Zerrissenheit ist das Gefühl nationaler Zusammengehörigkeit nicht nur nicht abgestorben, sondern zu leidenschaftlicher Sehnsucht angewachsen. Unsere schwächsten politischen Zeiten, die Zeiten offenbarsten staatlichen Verfalls haben uns gerade die Blütezeiten unseres nationalen Geisteslebens gebracht. Die Klassiker des Mittelalters wie die der neuen Zeit haben die deutsche nationale Literatur inmitten eines zerfallenden und zerfallenen nationalen staatlichen Lebens geschaffen. Wenn uns Bismarcks Hammer zum Volke schmiedete, so war dies doch nur möglich, weil unsere Denker und Dichter, die geistigen Führer der Nation, vorher das Nationalbewußtsein geweckt hatten. Andererseits hat unser Volk auch niemals das Bewußtsein für seine politische Zusammengehörigkeit und Selbständigkeit so weit verloren, daß es für längere Zeit fremde Herrschaft hätte tragen können. Gerade in der Not fanden die Deutschen in den Tiefen der deutschen Volksseele den Willen und die Kraft zur Überwindung der nationalen Spaltungen. Der Befreiungskampf vor hundert Jahren, der seine kleineren Vorbilder in vergangenen Jahrhunderten hat, wird ein ewiges Wahrzeichen deutschen nationalen Willens und nationalen Freiheitsdranges blei-

ben, und vor der schlichten Größe, dem Gottvertrauen, der Ent=
schlossenheit und dem Pflichtgefühl, die unser Volk im gegenwär=
tigen Kriege ohne jede Ausnahme zeigt, muß jeder in Ehrfurcht
das Haupt neigen. Wer früher im Hinblick auf manche Erschei=
nungen der Neuzeit sich bisweilen patriotischer Sorgen nicht er=
wehren konnte, wird heute Gott danken, der uns das höchste Glück
gewährte: zu erleben, wie unser Volk in Sturm und Not über sich
selbst hinauswuchs.

Aber im Gegensatz zu politisch glücklicher veranlagten Völkern
waren die deutschen Äußerungen nationaler Einigkeit bisher mehr
gelegentlich als dauernd. Mangel an Kontinuität war von Karl
dem Großen bis Bismarck recht eigentlich Kennzeichen und Ver=
hängnis der deutschen Geschichte. Die Anläufe der Karolinger
und Ottonen, der Salier und Hohenstaufen wurden nicht bis
zum endgültigen Gelingen fortgesetzt, die Kaiser aus dem habs=
burgischen Hause, die den gleichen Versuch unternahmen, blieben
auf halbem Wege stehen. Die fünfzig Jahre, die den Wiener
Kongreß von der endlichen Entscheidung auf den böhmischen
Schlachtfeldern trennen, die Zeit von 1814 bis 1866, sah nur
verfehlte Experimente. Es war dieser Mangel an Stetigkeit,
der die Hauptschuld daran trug, daß es erst so spät zur staat=
lichen Einigung Deutschlands kam, während der gleiche Prozeß
in Frankreich und England, Rußland und Spanien weit früher
zum Abschluß gelangte.

„Ich habe der Deutschen Juni gesungen,
    Das hält nicht bis in Oktober,"

klagte Goethe nicht lange nach den Freiheitskriegen. Nur zu
oft folgte bei uns auf die von der Not erzwungene Einigung
wieder ein Auseinanderfallen in kleinere politische Verbände,
Staaten, Stämme, Stände oder in neuerer Zeit Parteien, die ihre

152

besonderen Aufgaben und Ziele den allgemeinen nationalen voranstellten und die vergangenen Großtaten nationaler Einigkeit zu einem Objekt häßlicher Fraktionskämpfe erniedrigten. In der deutschen Geschichte war während Jahrhunderten nationale Einigkeit die Ausnahme, der Partikularismus in seinen verschiedenen, den Zeitverhältnissen angepaßten Formen die Regel.

Die Geschichte kaum eines Volkes ist so reich an großen Erfolgen und Leistungen auf allen Gebieten, die menschlicher Betätigung offenstehen. Deutsche Waffen- und Geistestaten haben nicht ihresgleichen. In der Geschichte keines Volkes aber steht jahrhundertelang der macht- und weltpolitische Fortschritt in so schreiendem Verhältnis zu Tüchtigkeit und Leistungen. Die Jahrhunderte unserer nationalen politischen Ohnmacht, der Verdrängung Deutschlands aus der Reihe der großen Mächte wissen vom Unterliegen deutscher Waffen unter fremde wenig zu melden, die Epoche Napoleons I. ausgenommen. Unser langes nationales Mißgeschick war nicht fremdes Verdienst, es war unsere eigene Schuld.

Als ein in hadernde Stämme zerspaltenes Volk sind wir in die Geschichte eingetreten. Das deutsche Kaiserreich des Mittelalters ward nicht gegründet durch die freie Einigung der Stämme, sondern durch den Sieg eines einzelnen Stammes über die anderen, die lange Zeit widerwillig die Herrschaft des Stärkeren anerkannten. Die Glanzzeit unseres nationalen Kaisertums, die Zeit, da das Deutsche Reich unbestritten die Vormacht in Europa übte, war eine Zeit nationaler Einigkeit, in der die Stämme und Herzöge am Willen und an der Macht des Kaisers die Grenze ihrer Eigenwilligkeit fanden. Das Kaiserreich des Mittelalters konnte im Kampf mit dem Papsttum nur deshalb erliegen, weil die römische Politik dem deutschen Kaiser in Deutschland Wider-

stand zu erwecken verstand. Die Schwächung der kaiserlichen
Macht war den Fürsten willkommene Gelegenheit, die eigene zu
stärken. Während das politische Leben Deutschlands sich in eine
Unzahl selbständiger städtischer und territorialer Gemeinwesen
auflöste, bildete sich in Frankreich unter einem starken König=
tum der geschlossene Nationalstaat, der Deutschland in seiner
europäischen Vormachtstellung ablöste. Es kam die religiöse Spal=
tung. Die längst nur noch äußerlich im Reiche verbundenen deut=
schen Territorialstaaten wurden offene Feinde durch den Be=
kenntnisstreit und, für deutsche Art ewig bezeichnend, deutsche
Staaten scheuten den Bund mit dem andersgläubigen Auslande
nicht, um die andersgläubigen Deutschen zu bekämpfen. Die
Religionskriege haben das deutsche Volk um Jahrhunderte in
seiner Entwicklung zurückgeworfen, das alte Reich fast bis auf
den Namen vernichtet und die selbständigen Einzelstaaten ge=
schaffen, deren Rivalitätskämpfe die nächsten zweieinhalb Jahr=
hunderte bis zur Gründung des neuen Deutschen Reichs erfüllten.
Die deutsche West= und Nordmark gingen uns verloren und muß=
ten in unserer Zeit mit dem Schwert wiedergewonnen werden.
Die neuentdeckte Welt jenseits der Ozeane ward unter die anderen
Mächte aufgeteilt, die deutsche Flagge verschwand vom Meere, um
erst in diesen letzten Jahrzehnten ihr Recht wiederzugewinnen.
Die endliche nationale Einigung wurde nicht in stillem Ausgleich,
sondern im Kampf Deutscher gegen Deutsche gewonnen. Und
wie das alte deutsche Kaiserreich gegründet wurde durch einen
überlegenen Stamm, so wurde das neue gegründet durch den
stärksten der einzelnen Staaten. Das Ringen um die staatliche
Einheit, das nach dem Zerfall des karolingischen Reichs begann,
wurde auf dem Schlachtfelde von Königgrätz zugunsten des tüch=
tigsten und erfolgreichsten der landesherrlichen Häuser entschie=

154

ben. Die deutſche Geſchichte hatte gleichſam ihren Kreislauf
vollendet. In moderner Form, aber in alter Weiſe hat das deutſche
Volk ſein früh vollbrachtes, durch eigene Schuld wieder zer=
ſtörtes Werk nach einem Jahrtauſend noch einmal und beſſer
vollendet. Nur einem Volk von kernigſter Geſundheit, von un=
verwüſtlicher Lebensfähigkeit konnte das gelingen. Freilich haben
wir Deutſchen ein Jahrtauſend gebraucht, zu ſchaffen, zu zer=
ſtören und neu zu ſchaffen, was anderen Völkern ſchon ſeit Jahr=
hunderten feſtes Fundament ihrer Entwicklung iſt: ein nationales
Staatsleben. Wollen wir weiter kommen auf den Wegen, die uns
die Reichsgründung neu erſchloſſen hat, ſo müſſen wir auf die
Niederhaltung ſolcher Kräfte dringen, die aufs neue eine Gefahr
für die Einheit unſeres nationalen Lebens werden können. Es
darf ſich nicht wieder wie vor alters die beſte deutſche Kraft
verbrauchen im Kampfe der Reichsleitung gegen partikulare Mächte
und im Kampf der partikularen Mächte untereinander ohne Rück=
ſicht auf die Intereſſen des Reichs. Der engliſche Staatsmann,
der jenſeits des Kanals die imperialiſtiſche Politik eingeleitet
hat, Disraeli, ſetzte an die Spitze ſeines Programms den Satz,
daß die Wohlfahrt eines Landes von ſeiner Stellung in der
Welt abhänge, daß aber gerade deshalb ein großes Land im
Innern möglichſt einig ſein müſſe, um nach außen mächtig ſein
zu können.

Die Reichsgründung hat die ſtaatliche Zerriſſenheit Deutſch=
lands überwunden, unſer nationales ſtaatliches Leben grund=
ſtürzend verwandelt, ſie hat aber nicht zugleich den Charakter
des deutſchen Volkes ändern, unſere angeerbten politiſchen Schwä=
chen in politiſche Tugenden umwandeln können. Der Deutſche
blieb Partikulariſt auch nach 1871. Er iſt es wohl anders,
moderner, aber er iſt es noch.

Im Partikularismus der Einzelstaaten fand der deutsche Son=
dergeist seinen stärksten Ausdruck, nicht den einzig möglichen.
Der staatliche Partikularismus ist uns am unmittelbarsten be=
wußt geworden, weil er in erster Linie das nationale Mißgeschick
der letzten Jahrhunderte deutscher Entwicklung verschuldet hat.
Darum war seine Überwindung der allgemeine patriotische Wunsch,
der durch Bismarck erfüllt wurde. Nach menschlichem Ermessen
haben wir von Sonderbestrebungen der Einzelstaaten Ernstes
nicht mehr für die Einheit unseres nationalen Lebens zu fürchten.
Aber vor den Äußerungen partikularistischen Geistes sind wir
deshalb keineswegs geschützt. Dieser Geist hat sich nach und
schon während der staatlichen Einigung Deutschlands ein an=
deres Feld politischer Betätigung gesucht und es gefunden im
Kampf der politischen Parteien.

Wenn dem deutschen Parteileben im Gegensatz zu dem viel=
fach älteren und fester eingewurzelten anderer Nationen ein
spezifisch partikularistischer Charakter eigen ist, so zeigt sich das
gerade in denjenigen Momenten, die unser Parteileben von dem
anderer Völker unterscheiden. Wir haben kleine Parteibildungen,
die bisweilen gegründet sind, um engste Interessen und Zwecke
zu verfolgen, einen Sonderkampf zu führen, für den innerhalb
der Aufgaben eines großen Reiches kaum oder gar nicht Raum
ist. Wir haben den religiösen Gegensatz in seiner ganzen Stärke
in unser Parteileben hinübergenommen. Der Kampf der Stände
und Klassen, deren Gegensatz die wirtschaftliche und soziale Ent=
wicklung der modernen Zeit in anderen alten Kulturstaaten mehr
und mehr ausgeglichen hat, kam im deutschen Parteileben noch
wenig vermindert zum Ausdruck. Die Rechthaberei und Klein=
lichkeit, die Verbissenheit und Gehässigkeit, die früher im Hader
der deutschen Stämme und Staaten lebten, hatten sich auf unser

Parteileben fortgeerbt. In anderen Staaten ist das Parteileben eine interne nationale Angelegenheit, die parteipolitische Gesinnungsgemeinschaft mit dem Ausländer verschwindet völlig neben dem Bewußtsein nationaler Zusammengehörigkeit auch mit der inländischen Gegenpartei. Im Auslande wird die parteipolitische Ideengemeinschaft mit Fremden wohl gelegentlich in Festreden bei internationalen Kongressen akademisch zur Schau getragen, in der praktischen Politik spricht sie nicht mit. Wir Deutsche hatten starke Strömungen, die auf eine Internationalisierung der Parteimeinung hindrängten und von der nationalen Bedingtheit des Parteilebens nicht völlig überzeugt waren. Auch hier in moderner Form eine Wiederkehr alter deutscher Unsitte. Vor allen Dingen fehlte unseren Parteien nur zu oft die Selbstverständlichkeit, mit der die Parteien anderer Nationen die parteipolitischen Sonderinteressen hinter die allgemeinen und keineswegs nur hinter die ganz großen nationalen Interessen zurückstellen. Mit der Erfüllung der oft betonten Forderung: „Das Vaterland über die Partei" war es vielfach schwach bestellt im Deutschen Reich. Nicht eigentlich, weil des Deutschen Liebe zum Vaterlande geringer war als die irgendeines Ausländers, sondern weil des Deutschen Liebe zu seiner Partei viel größer ist als anderswo. Dementsprechend erschien nur zu oft dem Deutschen der momentane Erfolg, wohl auch nur die momentane Machtäußerung der eigenen Partei so überaus wichtig, wichtiger als der allgemeine nationale Fortschritt.

Man kann nicht sagen, daß unsere deutschen Parteikämpfe mit größerer Leidenschaft geführt werden als in anderen Staaten. Die politische Passion des Deutschen erwärmt sich auch in erregten Zeiten selten höher als bis zu einer mittleren Temperatur. Das ist noch ein Glück. Bei anderen, namentlich bei romanischen

Völkern pflegen die Parteien in Konfliktsmomenten mit elemen=
tarer Hitzigkeit gegeneinander zu rennen und sich nicht selten zu
Exzessen hinreißen zu lassen, die wir Deutschen nicht kennen.
Aber der leidenschaftlichen Entladung, die über Sieg und Niederlage
einer Partei oder Parteigruppierung entscheidet, pflegt dort bald
eine Annäherung und Aussöhnung zu folgen. Anders bei uns.
Die wilde, fanatische Leidenschaft erregter Kämpfe, die sich wie
ein Gewitter entlädt, aber auch gleich einem Gewitter die partei=
politische Luft reinigt, fehlt unserem deutschen Parteileben. Aber
es fehlt ihm auch die leichte Versöhnlichkeit. Wenn deutsche Par=
teien einmal in Opposition gegeneinander gestanden haben, und
es braucht dabei gar nicht um die letzten Dinge politischen Lebens
gegangen zu sein, so vergessen sie das einander nur schwer und
langsam. Die einmalige Gegnerschaft wird gern zur dauernden
Feindschaft vertieft, es wird womöglich nachträglich ein prinzi=
pieller Gegensatz der politischen Grundanschauungen konstruiert,
der ursprünglich den verfeindeten Parteien gar nicht bewußt
gewesen ist. Oft, wenn besonnenen und wohlgemeinten Aus=
gleichs= und Verständigungsversuchen der unüberwindliche Gegen=
satz der Überzeugungen entgegengehalten wird, ist dieser Über=
zeugungsgegensatz erst entdeckt worden nach sehr nahe zurück=
liegenden Parteikonflikten, bei denen es entweder um nebengeord=
nete Fragen der nationalen Politik oder gar um parteipolitische
Machtfragen ging. Wer ein wenig jenseits des Parteigetriebes
und Parteizauns steht, begreift oft nicht, warum unsere Parteien
für die Erledigung von an sich unbedeutenden Fragen der Gesetz=
gebung nicht zusammenkommen können, warum sie geringfügige
Meinungsverschiedenheiten über Details der Finanz=, Sozial= oder
Wirtschaftspolitik mit einer Feindseligkeit ausfechten, als gälte
es Bestehen und Vergehen des Reichs. Gewiß spielt da die

löbliche deutsche Gewissenhaftigkeit im kleinen mit, aber sie ent=
scheidet nicht. Entscheidend ist die Tatsache, daß den einzelnen
Parteien die Abneigung gegen die Nachbarpartei wesentlicher
ist als die in Frage stehende gesetzgeberische Aufgabe, die oft
nur als willkommene Gelegenheit ergriffen wird, den vorhan=
denen parteipolitischen Gegensatz recht nachdrücklich zu unter=
streichen. Wenn bei Uhland der grimme Wolf von Wunnen=
stein den Dank des alten Rauschebart mit den Worten ablehnt:
„Ich stritt aus Haß der Städte, und nicht um euren Dank“,
so ist das eine ganz deutsche Empfindungs= und Denkweise.

Im ursächlichen Zusammenhange mit der Unverträglichkeit
der Parteien untereinander steht die unerschütterliche Treue inner=
halb der Parteien. Eben, weil der deutsche Parteimann so
fest, ja liebevoll der eigenen Partei anhängt, ist er so intensiver
Abneigung gegen die anderen Parteien fähig und vergißt so schwer
die einmal von ihnen erlittenen Kränkungen und Niederlagen.
Auch hier im modernen Gewande eine Wiederkehr der alten
deutschen Art. Wie die Stämme, die Staaten ineinander zu=
sammenhielten und sich untereinander nicht vertragen konnten, so
heute die Parteien. Die sprichwörtliche deutsche Treue kommt
meist in erster Linie dem kleinen politischen Verbande, erst in
zweiter Linie der großen nationalen Gemeinschaft zugute. Um
die reiche Anhänglichkeit, die der Parteisache von selbst zuströmt,
warb die deutsche Regierung meist vergeblich. Das hat selbst
Bismarck erfahren müssen. Der Bezwinger des staatlichen Par=
tikularismus hat des Partikularismus der Parteien nicht Herr
werden können. Trotzdem er Vertrauen und Liebe des deutschen
Volkes in einem Maße gewonnen hatte wie kein anderer, ist
Fürst Bismarck im Wettbewerb mit der Anhänglichkeit, die dem
Parteiführer entgegengetragen wurde, selten oder nie erfolgreich

gewesen. Treitschke meint irgendwo, daß die Herzen der Deutschen stets den Dichtern und Feldherren gehört hätten, nicht den Politikern. Das ist richtig, bis auf die Ausnahme der führenden Parteipolitiker. Zwar vergißt sie der Deutsche nach ihrem Tode oder Rücktritt ziemlich bald, aber solange sie wirken, besitzen sie die ganze Treue und Zuneigung aller derer, die sich zur Partei zählen. Seitdem wir politische Parteien haben, sind die Volksmänner Parteimänner und Parteiführer, ihnen sind die Parteien auch gegen Bismarck gefolgt. Recht und Unrecht, Erfolg und Mißerfolg spielen hierbei eine merkwürdig geringe Rolle. Die deutsche Treue zum Parteiführer ist selbstlos, vorurteilslos und kritiklos, wie es ja wohl die rechte Treue, die aus der Liebe stammt, sein soll. Dabei macht es eigentlich keinen Unterschied, ob der Parteiführer Erfolge hat oder nicht, ob er auf Siege oder Niederlagen zurückblickt. Es ist in Deutschland selten vorgekommen, daß eine Partei ihrem Führer die Heeresfolge verweigert hätte, auch wenn mit Händen zu greifen war, daß er sie in den Sumpf führte, geschweige denn, wenn sich zeigte, daß die Taktik der Parteileitung sich mit den staatlichen Zwecken und Zielen nicht deckte. Es ist in Deutschland nie besonders schwierig gewesen, eine Opposition gegen die Regierung zu organisieren, aber immer schwer, oppositionelle Bewegungen innerhalb einer Partei zum Erfolge zu führen. Die Hoffnung, daß eine oppositionelle Partei im Kampfe mit der Regierung im entscheidenden Augenblick auseinanderfallen werde, hat bei uns fast immer betrogen. Nachdem unser Parteileben den ersten, keinem jungen Parteileben ersparten Gärungsprozeß durchgemacht hat, nach den frühen Wandlungen und Abwandlungen zur Klärung gekommen ist, haben die Parteien eine bemerkenswerte innere Festigkeit erhalten. Wie oft ist in einzelnen Parteien eine Spaltung in eine sogenannte modernere und eine alte Richtung vorhergesagt worden. Solche Prophezeiungen haben sich bisher selten erfüllt. Nirgends in unserem politischen Leben finden wir einen so unerschütterlichen Konservativismus wie in unseren Parteien. Auch die radikalsten Parteien waren wenigstens bisher in ihren radikalen Programmsätzen und Allüren erzkonservativ. Dieses parteipolitische Beharrungsvermögen geht so weit, daß die Parteien häufig auch dann noch an alten Forderungen festhalten, wenn die allgemeine Entwicklung der öffentlichen Zustände gar keine Möglichkeit mehr bietet, sie jemals erfüllen zu können.

Die durch nichts zu schreckende deutsche Treue gegen die Sache und den Führer der Partei ist ja an sich schön und rührend, moralisch achtenswert wie jede Treue. Die Politik weist in diesem Punkt bei uns sogar ein moralisches Moment auf, während ein oft gebrauchter Satz der Politik die Moral in Bausch und Bogen abzusprechen liebt. Aber wenn man einmal von Moral in der Politik reden will, so darf die Frage aufgeworfen werden, ob es nicht am Ende eine höhere Form der politischen Moral gibt. Alle Treue im Parteidienst, Prinzipien- und Mannentreue in Ehren, aber über dem Parteidienst steht der Dienst für das Vaterland. Die Parteien sind nicht ihrer selbst wegen da, sondern für das allgemeine nationale Wohl. Die höchste politische Moral ist der Patriotismus. Ein Opfer an parteipolitischer Überzeugung, eine Untreue auch gegen das Parteiprogramm im Interesse des Staates, des Reiches verdient den Vorrang vor einer Parteitreue, die sich über die Rücksichten auf das allgemeine Wohl hinwegsetzt. Weniger Parteisinn und Parteitreue, mehr Nationalgefühl und staatliche Gesinnung sind uns Deutschen zu wünschen. Mögen die Parteien, die in diesem Kriege alle erhebende Beweise der Liebe und Treue für das gemeinsame Vaterland gegeben haben, auch nach dem Kriege Nationalgefühl über Parteisinn, staatliche Gesinnung über Parteitreue stellen.

Glücklicherweise beweist die Geschichte, daß eine Partei sich nicht auf die Dauer ungestraft dem nationalen Interesse entgegensetzen kann. Auch die kurze deutsche Parteigeschichte kennt solche Beispiele. Von der katastrophalen Niederlage, die Fürst Bismarck der an den Ideen und Grundsätzen von 1848 klebenden Fortschrittspartei vor einem halben Jahrhundert beibrachte, hat sich der Freisinn trotz seines inzwischen vorgenommenen Stellungswechsels in nationalen Fragen niemals ganz erholen können. Aber Epochen, die wie die von 1866 bis 1871 die Seele des Volkes bis in ihre Tiefen erschüttern, die so unerbittlich und allgemein vernehmlich das Urteil über den politischen Irrtum sprechen, sind so selten, wie sie groß sind. Der gewöhnliche Gang der politischen Entwicklung pflegt bei uns die Folgen verfehlter Parteipolitik nur langsam zutage zu fördern. Selbstkritik und Selbstbesinnung müssen an die Stelle der Erfahrung treten. Die Parteien anderer Staaten haben es in dieser Hinsicht leichter. Die schwere, wenngleich edle Aufgabe der Selbsterziehung, die unseren Parteien gestellt ist, wird in Staaten, in denen das parlamentarische System herrscht, den Parteien abgenommen. In solchen Ländern folgt dem parteipolitischen Fehler der Mißerfolg und damit die empfindliche Belehrung Zug um Zug. Damit will ich nicht dem Parlamentarismus im westeuropäischen Sinn das Wort reden. Die Güte einer Verfassung hängt nicht lediglich davon ab, wie sie auf das Parteileben wirkt. Verfassungen sind nicht für die Parteien da, sondern für den Staat. Für die Eigenart gerade unseres deutschen Staatslebens wäre das parlamentarische System keine geeignete Verfassungsform. Wo sich der Parlamentarismus bewährt, und das ist auch nicht überall

162

der Fall, ruht die Kraft des staatlichen Lebens in der Kraft und
Geltung, in der politischen Weitherzigkeit und staatsmännischen
Fertigkeit der Parteien. Da haben die Parteien mit ihrer eigenen
Entwicklung und Gründung den Staat gebildet, wie in England,
in gewissem Sinne auch im republikanischen Frankreich. In
Deutschland sind die monarchischen Regierungen Träger und
Schöpfer des Staatslebens. Die Parteien sind sekundäre Bil-
dungen, die erst auf dem Boden des fertigen Staates wachsen
konnten. Es fehlen uns für ein parlamentarisches System die
natürlichen, die geschichtlichen Voraussetzungen.

Diese Erkenntnis braucht uns aber nicht zu verhindern, die
Vorteile zu sehen, die dies System anderen Staaten bringt. Wie
keine ganz vollkommene Staatsverfassung, gibt es eben auch keine
ganz unvollkommene. Das namentlich in Frankreich oft versuchte
Experiment, alle Vorzüge aller möglichen Verfassungen in einer
einzigen zu vereinigen, ist noch immer mißlungen. Indem wir
uns dessen bewußt bleiben, brauchen wir darum doch nicht die
Augen vor manchen Vorzügen fremden Verfassungslebens zu
verschließen. In parlamentarisch regierten Ländern werden die
großen Parteien und Parteigruppen dadurch politisch erzogen, daß
sie regieren müssen. Wenn eine Partei die Mehrheit erlangt hat,
die leitenden Staatsmänner aus ihren Reihen stellt, erhält sie
auch die Gelegenheit, ihre politischen Meinungen in die Praxis des
staatlichen Lebens umzusetzen. So findet sie die Möglichkeit, sich
von der Relativität aller Parteiprogramme, Parteibestrebungen
und Parteimeinungen zu überzeugen. Denn geht sie doktrinär
oder extrem vor, setzt sie das allgemeine nationale Wohl hinter
das Parteiinteresse und das Parteiprinzip zurück, begeht sie die
Torheit, ihr Parteiprogramm unverkürzt und unverwässert durchführen zu wollen, so wird sie bei Neuwahlen bald von der Gegen-

partei aus der Mehrheit und damit aus der Regierung verdrängt werden. Die Partei, die regieren muß, ist nicht nur verantwortlich für ihr eigenes Wohlergehen, sondern in höherem Maße für Wohl und Wehe der Nation und des Staates. Partei= und Staats= interesse fallen zusammen. Da es aber auf die Dauer nicht möglich ist, einen Staat einseitig nach irgendeinem Parteipro= gramm zu regieren, wird die Partei, die an der Regierung ist, ihre Parteiforderungen mäßigen, um den maßgebenden Einfluß im   Staat nicht zu verlieren. In der Aussicht, selbst regieren zu können und zu müssen, liegt für die Parteien in parlamentarisch regierten Ländern ein heilsames Korrektiv, das uns fehlt. In nicht parlamentarisch regierten Staaten fühlen sich die Parteien in erster Linie zur Kritik berufen. Sie fühlen keine nennens= werte Verpflichtung, sich in ihren Forderungen zu mäßigen, noch eine bedeutende Mitverantwortung für die Leitung der öffentlichen Angelegenheiten. Da sie die praktische Brauchbarkeit ihrer Mei= nungen niemals urbi et orbi zu erweisen haben, genügt es ihnen meistens, die Unerschütterlichkeit ihrer Überzeugungen zu mani= festieren. „Viel Überzeugung und wenig Verantwortlichkeits= gefühl", so charakterisierte mir einmal ein geistreicher Journalist unser deutsches Parteileben und fügte hinzu: „Unsere Parteien fühlen sich ja gar nicht als die Schauspieler, die das Stück auf= führen, sondern mehr als zuschauende Rezensenten. Sie teilen Lob, sie teilen Tadel aus, fühlen sich aber selbst an den Vor= gängen eigentlich nicht unmittelbar beteiligt. Die Hauptsache ist, für die Wähler daheim ein kräftiges und möglichst willkommenes Urteil zu liefern."

Als ich einmal während des Burenkrieges im Couloir des Reichs= tages einem Abgeordneten Vorstellungen wegen seiner Ausfälle gegen England machte, die nicht eben geeignet waren, unsere damals an sich schwierige Stellung zu erleichtern, erwiderte mir der treffliche Mann mit dem Brustton wahrer Überzeugung: „Als Abgeordneter habe ich das Recht und die Pflicht, den Gefühlen des deutschen Volkes Ausdruck zu geben. Sie als Minister werden hoffentlich dafür sorgen, daß meine Gefühle im Auslande keinen Schaden anrichten." Ich glaube nicht, daß eine solche Äußerung, deren Naivität mich entwaffnete, anderswo als bei uns möglich gewesen wäre.

Wenn vor den Staatsinteressen rechtzeitig haltgemacht wird, ist an sich gegen Gefühlsäußerungen in der Politik gar nichts zu sagen. Sie gehören zu den Imponderabilien im politischen Leben, die ein Bismarck hoch bewertete. Das Volksempfinden hat gerade in Deutschland die vorgefaßten politischen Meinungen oft recht heilsam korrigiert. In der auswärtigen Politik sind Gefühle, Sympathien und Antipathien unzulängliche Wegweiser, und wir wären nicht weit gekommen, wenn unsere leitenden Staatsmänner bei Gestaltung der auswärtigen Beziehungen das Herz anstatt des Verstandes um Rat gefragt hätten. Auf dem Gebiet der inneren Politik liegt es anders. Gerade für uns Deutsche. Da könnte man versucht sein, dem Gefühl, dem gesunden politischen Empfinden größeren als den vorhandenen Einfluß zu wünschen, dem politischen Verstande geringeren. Denn hier ist die Wirkung unseres deutschen politischen Verstandes nicht Maßhalten in den parteipolitischen Wünschen, nicht Anpassung der politischen Forderungen an die gegebenen Tatsachen. Hier drängt unser politischer Verstand auf Systematisierung, Schematisierung der Wirklichkeiten des politischen Lebens, nicht auf nüchterne Anpassung an die gegebenen politischen Tatsachen und Zustände, sondern auf deren Einordnung in logisch korrekt konstruierte Gedankenreihen.

Wir Deutsche sind auf der einen Seite ein gefühlvolles, ge-

mütstiefes Volk und immer gern, vielleicht zu gern bereit, aus
gutem Herzen gegen die beffere Einsicht zu handeln. Aber auf
der anderen Seite sind wir von ganz außerordentlichem logischen
Fanatismus und, wo für eine Sache eine gedankliche Formel, ein
System gefunden ist, da dringen wir mit unbeirrbarer Zähigkeit
darauf, die Wirklichkeit dem System anzupaffen. Diese beiden
Seiten zeigt der einzelne Deutsche in seinem privaten Leben, zeigt
das Volk im öffentlichen Leben, und manche seltsame Erscheinung
in Gegenwart und Vergangenheit erklärt sich aus dieser Zwie-
spältigkeit unseres Charakters. Die auswärtige Politik, die an-
schließt an eine lange Reihe schmerzlicher und freudvoller nationaler Ereigniffe, erleben wir gern mit dem Gefühl. Die innerpolitischen Vorgänge, über die sich die Nation in verhältnismäßig
sehr kurzer Zeit verstandesmäßig klar geworden ist, sind uns ein
klassisches Gebiet für gedankliche Konstruktionen, für systematische
Sichtung und Schichtung geworden. Der Deutsche wendet auf
die Politik selten die Methode des modernen Naturforschers an,
meist die des alten spekulativen Philosophen. Es gilt ihm nicht,
mit offenen Augen vor die Natur hinzutreten, zuzusehen, was
geschehen ist, was geschieht und deshalb notwendig weiterhin
geschehen kann und wird. Es wird vielmehr bedacht, wie die
Dinge sich hätten anders entwickeln müssen, und wie sie hätten
werden müssen, damit alles fein logisch zusammenstimmt, und
damit das System zu seinem Recht kommt. Die Programme
paffen sich nicht der Wirklichkeit an, sondern die Wirklichkeit soll
sich nach den Programmen richten, und zwar nicht in Einzelheiten, sondern im Ganzen. Auf ihre innere Folgerichtigkeit, ihre
systematische Vollendung angesehen, sind die meisten deutschen
Parteiprogramme höchsten Lobes wert und machen der deutschen Gründlichkeit und logischen Gewissenhaftigkeit alle Ehre.

Am Maßstabe der praktischen Durchführbarkeit gemessen, kann keines bestehen.

Die Politik ist Leben und spottet im Grunde wie alles Leben jeder Regel. Die Bedingungen der modernen Politik liegen vielfach weit zurück in unserer Geschichte, wo sich die allerletzten Ursachen, die heut noch fortwirken, nicht selten im Unsichtbaren, Unerforschlichen verlieren. Aber mit der Erkenntnis aller Ursachen und Bedingtheiten wäre für die politische Praxis noch nichts gewonnen. Wir erführen doch nur, wie vieles geworden ist, nicht aber, was nun heute oder morgen geschehen soll. Fast jeder Tag schafft neue Tatsachen, stellt neue Aufgaben, die neue Entschlüsse fordern. Ganz wie im Leben der einzelnen Menschen. Und nicht einmal mit der Anpassung an den Tag, an die Stunde ist alles geschehen. Es muß auch nach dem Maß unserer Einsicht und Fähigkeiten für die Zukunft gesorgt werden. Was können da die Regeln eines zu irgendeinem Zeitpunkt festgelegten Programms helfen, mag es noch so einheitlich in sich geschlossen und logisch begründet sein. Das reiche, sich immer wandelnde, komplizierte und täglich komplizierter werdende Leben eines Volkes läßt sich nicht auf das Prokrustesbett eines Programms, eines politischen Prinzips spannen. Natürlich brauchen die Parteien eine gewisse programmatische Festlegung der von ihnen vertretenen Forderungen und Meinungen, um im Lande, vor allem für den Wahlkampf, Klarheit über ihre Ziele und ihre Eigenart zu schaffen. Ohne jedes Programm bliebe eine Partei eine unbekannte Größe. Nur die Versteinerung des Programms für die nahen und ferneren Ziele der Parteipolitik zu einem System für die gesamte Politik überhaupt ist vom Übel. Es gibt verschiedene, vielfach einander entgegengesetzte Interessen im Volke, und die Vertreter des gleichen Interesses werden sich mit Recht zusammenschließen und ihre Forderungen formulieren. Die Formel ist Programm. Es gibt verschiedene Ansichten über Staat, Recht und Gesellschaft, über die Ordnung des Staatslebens, vor allem in bezug auf die Verteilung politischer Rechte zwischen Volk und Regierung. Auch die, die gleiche oder ähnliche Anschauungen vertreten, werden sich zusammentun und zu Propagandazwecken ihren Ansichten in wenigen bezeichnenden Sätzen Ausdruck geben. Die Sätze sind Programm. Die Verknüpfung von staatlichem und wirtschaftlichem Leben bringt es auch mit sich, daß die Vertreter gleicher Interessen vielfach gleiche oder ähnliche Staatsanschauungen vertreten. Ihr Programm wird also entsprechend umfassender sein können. Man wird auch zugestehen dürfen, daß sowohl die beiden konkret historischen Anschauungen von Staat und Gesellschaft, die konservative und liberale, wie die beiden abstrakt dogmatischen, die ultramontane und sozialdemokratische, eine große Zahl von Tatsachen des politischen Lebens umfassen. Die betreffenden Parteiprogramme werden also dementsprechend ins einzelne gehen können. Aber eine Grenze gibt es auch hier. Eine Unzahl von Vorgängen im Staatsleben entzieht sich auch solcher verhältnismäßig weit gespannten programmatischen Erfassung, kann mit konservativen Augen schlechterdings nicht anders angesehen werden als mit liberalen. Im allgemeinen überwiegt sogar die Zahl derjenigen gesetzgeberischen Aufgaben, bei denen es sich um glatte Nützlichkeitsfragen handelt, die von der praktischen politischen Vernunft zu beantworten, nicht von der allgemeinen Staatsanschauung der Parteien zu wägen sind. Aber eine solche Unabhängigkeit von Parteiprogrammen wird auch für das Detail der Gesetzgebung selten zugestanden. Es genügt uns Deutschen nicht, die Parteipolitik auf eine gewisse Anzahl praktischer Forderungen und politischer Ansichten festzulegen. Jede Partei möchte mit ihren besonderen Ansichten die gesamte Politik umfassen und bis in alle Einzelheiten durchdringen. Und nicht nur die Politik. Auch in der Erfassung des geistigen, in der Wertung des praktischen Lebens möchten sich die Parteien voneinander unterscheiden. Die Parteianschauung soll „Weltanschauung" werden. Darin liegt eine Überschätzung des politischen, eine Unterschätzung des geistigen Lebens. Gerade das deutsche Volk hat die großen Probleme der Weltanschauung tief und ernst ergriffen wie kein anderes Volk. Es hat oft, vielleicht für seine praktischen Interessen zu oft, die nüchternen Fragen der Politik dem Weltanschauungskampf untergeordnet. Es ist andererseits das erste Volk der Welt gewesen, das das geistige Leben von politischer Bevormundung freigemacht hat. Wenn es nun die Weltanschauung der Parteipolitik unterordnet, wenn es sich dahin bringen will, alles Geschehen in Welt und Leben durch die trübe Brille politischer Parteiprinzipien anzusehen, so wird es sich selbst untreu. Der Versuch, die Politik, vornehmlich die Parteipolitik, in dieser Weise zu vertiefen, muß zu einer geistigen Verflachung führen, und hat vielleicht schon dahin geführt. Eine politische Weltanschauung ist ein Nonsens, denn die Welt ist glücklicherweise nicht überall politisch. Und eine parteipolitische Weltanschauung kann vollends nicht einmal die politische Welt umspannen, weil es viel zu viel Dinge und Fragen des politischen Lebens gibt, die jenseits aller Parteiprogramme und Parteiprinzipien liegen. Ein englischer Freund sagte mir einmal, es fiele ihm auf, daß in den Reden in deutschen Parlamenten das Wort „Weltanschauung" so oft wiederkehre. Es hieße immerfort: „Vom Standpunkt meiner Weltanschauung kann ich dies nicht billigen und muß ich jenes verlangen." Er ließ sich von mir erklären, was deutsche Parteipolitiker unter Weltanschauung verstünden und meinte dann kopfschüttelnd: Davon wüßten englische Politiker und Parlamentarier nicht viel. Sie hätten verschiedene Ansichten, verträten verschiedene Interessen, verfolgten verschiedene Zwecke, aber sie führten doch nur praktische Erwägungen, sehr selten so hohe Dinge wie Weltanschauung ins Treffen. Indem wir Deutsche die Grundsätze der Parteipolitik zum System für die Anschauung alles politischen und nichtpolitischen Lebens erweitern, schaden wir uns in der Tat politisch wie geistig. Politisch vertiefen wir die Gegensätze, die wir ohnehin in besonderer Stärke empfinden, dadurch, daß wir ihnen einen besonderen geistigen Wert beilegen, und wir verringern uns mehr und mehr die Zahl derjenigen Aufgaben im Staatsleben, die sich im Grunde ohne alle parteipolitische Voreingenommenheit besser und heilsamer lösen lassen. Wenn wir aber auch die Fragen des geistigen Lebens in die Parteipolitik zerren, so bedeutet das den Verlust jener geistigen Vielseitigkeit und Großherzigkeit, die dem deutschen Bildungsleben den ersten Platz in der Kulturwelt errungen haben.

Man ist in Deutschland rasch mit dem Vorwurf der Prinzipienlosigkeit bei der Hand, wenn ein Politiker oder Staatsmann unter dem Druck veränderter Verhältnisse eine früher ausgesprochene Ansicht ändert oder die Berechtigung von mehr als einer einzigen Parteianschauung gelten läßt. Die Entwicklung vollzieht sich aber nun einmal unbekümmert um Programme und Prinzipien. Vor die Wahl gestellt, eine Ansicht zu opfern oder eine Torheit zu begehen, wählt ein praktischer Mann besser die erste Alternative. Jedenfalls wird sich ein Minister, der für seine Entschlüsse der Nation verantwortlich ist, den Luxus einer vorgefaßten Meinung nicht leisten dürfen, wenn es sich darum handelt, einer berechtigten Zeitforderung nachzukommen. Und sollte ihm dann ein Widerspruch zwischen seiner jetzigen Ansicht und früheren Meinungsäußerungen vorgehalten werden, so kann ihm gegenüber Vorwürfen wegen Inkonsequenz, Zickzackkurs, Umfallen und wie die Schlagworte der Vulgärpolemik lauten, nur die Rhinozeroshaut anempfohlen werden, die im modernen öffentlichen Leben ohnedies nützlich zu sein pflegt. Es ist eine durch alle Erfahrungen erhärtete Tatsache, daß das wahre nationale Interesse noch niemals auf dem Wege einer Partei allein hat gefunden werden können. Es lag immer zwischen den Wegen mehrerer Parteien. Es gilt, die Diagonale der Kräfte zu ziehen. Sie wird bald mehr nach der Seite dieser, bald nach der Seite jener Partei führen. Ein Minister, welcher Partei er auch persönlich zuneigen möge, muß den rechten Ausgleich zwischen allen berechtigten Parteiforderungen suchen. Im Laufe längerer Amtsführung und im Verlauf wechselnder Aufgaben wird er dann natürlich nach und nach von allen Parteien befehdet werden. Das schadet aber nichts, wenn nur der Staat prosperiert. Den Vorwurf politischer Prinzipienlosigkeit habe ich niemals tragisch genommen, ich habe ihn gelegentlich sogar als Lob empfunden, denn ich erblickte darin die Anerkennung, daß die Staatsraison mein Kompaß war. Die politischen Prinzipien, denen ein Minister nachzuleben hat, sind eben ihrem Wesen nach ganz andere als die Grundsätze, die für einen Parteimann gelten, sie sind staatspolitisch, nicht parteipolitisch. Der Minister hat dem allgemeinen Interesse des Staates, des Volkes, die seiner Leitung anvertraut sind, Treue zu halten, ohne Rücksicht auf die Programme der Parteien, und wenn nötig im Kampf mit allen Parteien, auch mit derjenigen, der er selbst vielleicht mit der größeren Summe seiner politischen Anschauungen nahesteht. Prinzipienfestigkeit und Parteilosigkeit vertragen sich für einen Minister nicht nur, sie bedingen sich. Bismarck hatte eiserne

Grundsätze und in ihrer Befolgung hat er unser Vaterland zur Einheit, zu Ruhm und Größe geführt. Er ist als Abgeordneter Parteimann gewesen, und hat dann als Minister von seiner alten Partei den Vorwurf des politischen Frontwechsels hören müssen. Er wurde ein Jahrzehnt später erneuter Meinungsänderung bezichtigt. Tatsächlich ist er niemals vom Wege zu seinem Ziel gewichen, denn sein Ziel war kein anderes, als dem Deutschen Reich und Volk jeden möglichen Vorteil zu sichern und Segen zu gewinnen. Dies Ziel war auf dem Wege einer Partei nicht zu erreichen, denn das Interesse der Allgemeinheit deckt sich selten oder nie mit dem Interesse einer einzelnen Partei.

Allgemeingültige Maximen für eine bestmögliche Politik lassen sich nicht wohl aufstellen. Die politischen Ziele und die politischen Mittel wechseln mit den Verhältnissen, und man darf sich sklavisch an kein Vorbild, auch nicht an das größte, hängen. Soweit sich das mannigfache und bunte Leben auf eine kurze Formel bringen läßt, wäre sie für die Politik dahin zu fassen: Fanatisch, wo es um das Wohl und Interesse des Landes, um die Staatsraison geht, idealistisch in den Zielen, realistisch in der politischen Praxis, skeptisch, soweit die Menschen, ihre Zuverlässigkeit und Dankbarkeit in Betracht kommen.

Parteipolitik

Niemals habe ich ein Hehl daraus gemacht, auch nicht Liberalen gegenüber, daß ich in vielen großen Fragen des politischen Lebens konservative Anschauungen teile. Ich habe ebensowenig die Tatsache verleugnet, daß ich kein konservativer Parteimann bin. Daß ich es als verantwortlicher Minister nicht sein konnte, lag in der Natur meines Amts und unserer deutschen Verhältnisse. Weshalb ich es persönlich nicht bin und mich trotzdem in wesentlichen Dingen für konservativ halte, erörtere ich nur deshalb, weil diese Betrachtung in konkrete Fragen unserer inneren Politik hineinführt.

Es ist wohl zu unterscheiden zwischen einem Staatskonservativismus, dem die Regierung folgen kann, und einem Parteikonservativismus, dem keine Regierung in Deutschland folgen darf, ohne in verhängnisvolle Parteilichkeit zu geraten. Mit anderen Worten: Die Regierungspolitik kann so lange mit der Politik der Konservativen Schritt halten, wie diese dem wohlverstandenen Staatsinteresse entspricht. Das war oft der Fall und das wird auch in Zukunft sehr häufig der Fall sein. Die Wege der Regierung müssen sich von denen der konservativen Partei trennen, wenn die Politik der Partei dem Interesse der Allgemeinheit, das die Regierung zu wahren hat, nicht entspricht. Dabei kann die Regierung gegen die Partei doch konservativer sein als die Partei gegen die Regierung. Konservativer in dem Sinne, daß

sie die eigentlichen Aufgaben wahrer Staatserhaltung beffer er=
füllt. In folchen Lagen ift auch Fürft Bismarck, der aus Über=
zeugung und mit Bewußtfein ein konfervativer Staatsmann war,
in den fchärfften Widerfpruch zu feinen alten Parteifreunden
getreten. Er hat fich bekanntlich gerade über diefe Momente
feiner Politik, die ihm ganz befonders perfönliches Erlebnis
waren, ausführlich ausgefprochen, fowohl in feinen „Gedanken
und Erinnerungen", wie in den Gefprächen, die uns Pofchinger
überliefert hat.

Die Aufgabe konfervativer Politik ift von Graf Pofadowsky
gelegentlich treffend dahin charakterifiert worden, eine konfervative
Politik müffe den Staat fo erhalten, daß die Bürger fich in ihm
wohl fühlen. Solche Staatserhaltung ift ohne Veränderung
beftehender Einrichtungen oft nicht denkbar. Der Staat muß
fich modernen Lebensverhältniffen anpaffen, um wohnlich und
damit lebenskräftig zu bleiben. Es wäre ein fchweres Unrecht,
in Abrede ftellen zu wollen, daß die konfervative Partei oft und
bisweilen williger als Parteien, die den Fortfchritt auf ihr Panier
gefchrieben haben, die Hand zu Neuerungen gereicht hat. So im
Jahre 1878, als die wirtfchaftlichen Verhältniffe den großen Um=
fchwung in der Zoll= und Wirtfchaftspolitik notwendig machten.
So bei Inaugurierung der Sozialpolitik, die der veränderten
Lage der lohnarbeitenden Klaffen Rechnung trug. Der konfervative
Führer, Herr v. Heydebrand, war es auch, der in diefem Kriege
als der erfte der Parteiführer die verföhnlichen und klugen Worte
fand: „Es wäre ein außerordentlich großer Gewinn, wenn aus
diefem Ringen fo manches von dem nicht wiederkehren würde,
was wir vorher gegeneinander gehabt haben. Gewiß, die wirt=
fchaftlichen, fozialen und beruflichen Gegenfätze werden bleiben,
aber ändern kann und muß fich die Art, in der man einander

gegenübertritt. Manches, was man nicht für möglich gehalten hätte, ist nun als innere Wahrheit erkannt, und bei Kritik oder Tadel werden wir uns nach dieser Feuer= und Bluttaufe sagen müssen, daß wir jetzt anders zueinander stehen. Man wird niemals vergessen, daß der Gegner einst das deutsche Vaterland mit verteidigt hat. Schon das allein wird ein Segen sein für unser deutsches Volk."

Durch die Verschärfung der wirtschaftlichen Gegensätze ist wie andere Parteien auch die konservative in gewissem Sinne eine Interessenvertretung geworden. Ich will nicht untersuchen, ob sie es mehr geworden war, als ihr selbst zuträglich war. Aber daß sie es hier und da mehr war als für den Gang der Regierungsgeschäfte gut gewesen ist, wird wohl niemand bestreiten, der während der letzten Jahrzehnte auf der Ministerbank gesessen hat. Ich mußte, wie zuvor andern Parteien, auch der konservativen Partei entgegentreten, als sich nach meiner Überzeugung der von ihr verfochtene Standpunkt mit den Interessen der Allgemeinheit nicht mehr deckte. Bei den Kämpfen um den Zolltarif deckte sich das allgemeine Interesse mit dem von der konservativen Partei vertretenen, bei der Reichsfinanzreform schließlich nicht. Die spätere Entwicklung hat es in beiden Fällen bewiesen. Von den grundsätzlichen Anschauungen des Konservativismus über die gesellschaftliche, wirtschaftliche und vor allem die staatliche Ordnung hat mich nie etwas getrennt und trennt mich auch heute nichts.

Was das konservative Element für unser preußisch=deutsches Staatsleben ist und gewesen ist, darf niemals verkannt werden. Es wäre ein schwerer nationaler Verlust, wenn die konservativen Gedanken aufhörten im deutschen Volke lebendig und wirksam zu sein, wenn die konservative Partei aufhörte, im parlamentari=

schen und politischen Leben die ihrer Vergangenheit würdige
Stellung einzunehmen. Die Kräfte, die in der konservativen
Partei leben, sind die Kräfte, die Preußen und Deutschland groß
gemacht haben, die sich unser Vaterland erhalten muß, um groß
zu bleiben und größer zu werden und die niemals unmodern
werden können. Die Ideale des besten Konservativismus, die
von Unterwürfigkeit freie Mannestreue gegen König und Herrscher=
haus und das zähe bodenständige Heimatgefühl müssen uns Deut=
schen unverloren bleiben. Wenn die Gegner der konservativen
Partei es nicht bewenden lassen bei dem im Parteigegensatz be=
gründeten Kampf gegen die konservative Politik, sondern einen
im politischen Leben immer unerfreulichen Klassenhaß gegen die=
jenigen Volksklassen hervorkehren, die vornehmlich in der konser=
vativen Partei vertreten sind, so sollte doch nicht vergessen werden,
was gerade diese Volksschichten für Preußen und Deutschland
geleistet haben. Die Junker und Bauern Ostelbiens sind es in
erster Linie gewesen, die unter den Hohenzollernfürsten die Größe
Brandenburg=Preußens erfochten haben. Der preußische Königs=
thron ist geleimt mit dem Blute des preußischen Adels. Was
dem großen König seine Junker gewesen sind, das hat er mehr
als einmal betont. Das Lob, auf das der preußische Adel
begründeten und vollberechtigten Anspruch hat, soll keine Schmä=
lerung der Leistungen und Verdienste anderer Stände bedeuten.
Ohne die aufopfernde Treue des Bürgertums, der Bauern und
des einfachen Mannes hätte der Adel wenig vermocht. Es ist auch
richtig, daß der Adel sich in früheren Zeiten besonders hat aus=
zeichnen können, weil ihm die Zeitverhältnisse besondere Gelegenheit
dazu boten. Aber an die verantwortungsvollen und die gefähr=
lichen Posten im Dienste des Preußischen Staates gestellt, hat er
Allergrößtes geleistet, mehr als die Aristokratie irgendeines an=

deren der modernen Staaten. Das kann nur Ungerechtigkeit ver=
kennen. Und die Lebenden wissen, ein wie voll gerüttelt Maß
der preußische Adel auch am militärischen Verdienst und den
ungeheuren Blutopern des Weltkrieges trägt.

Es ist überhaupt abgeschmackt, in unserer Zeit noch Junker
und Bürger gegeneinanderzustellen. Das Berufsleben und das
gesellschaftliche Leben haben die alten Stände so verschmolzen,
daß sie sich gar nicht mehr voneinander scheiden lassen. Wenn
man aber die Wirksamkeit der alten Stände in der Vergangen=
heit würdigt, soll man gerecht sein und jedem das Verdienst ein=
räumen, das ihm gebührt. Der preußische Adel hat ein Recht,
auf seine Vergangenheit stolz zu sein. Wenn er die Gesinnung
der Vorfahren, die Preußen groß gemacht haben, heute in den
konservativen Idealen lebendig erhält, so verdient er dafür Dank.
Und man soll nicht vergessen, daß es solche altpreußische Gesin=
nung gewesen ist, die die Politik der konservativen Partei in
den schwersten Jahren unseres alten Kaisers und seines großen
Ministers, in den Konfliktsjahren, geleitet hat. Soweit von
einem Recht auf Dankbarkeit in der inneren Politik überhaupt
gesprochen werden kann — und man sollte es eigentlich können, —
muß es den Konservativen für die Unterstützung zugesprochen wer=
den, die Bismarck im Jahre 1862 bei ihnen fand. Das betone
ich ausdrücklich, gerade weil ich am Schluß meiner amtlichen
Laufbahn in Gegensatz zu den Konservativen treten mußte. Ich
möchte unterscheiden und unterschieden wissen zwischen meiner
allgemeinen Stellung zu den konservativen Anschauungen, meiner
Gesinnung gegenüber der konservativen Partei und meinem Urteil
über einzelne Phasen der konservativen Fraktionspolitik. Auch
wer die konservativen Grundanschauungen so hoch stellt wie ich
und wie ich gesunden konservativen Gedanken einen weitreichenden

Einfluß auf die Gesetzgebung wünscht und einen solchen oft ge=
fördert hat, wird doch die Tatsache, daß 1909 die Brücken zwischen
rechts und links schroff abgebrochen wurden, für ein in seinen
Folgen verhängnisvolles Ereignis halten. Die ersprießlichsten
Zeiten unserer inneren Politik waren die, in denen Konservative
und Liberale sich nicht grundsätzlich feind, sondern bemüht waren,
ihre beiderseitigen politischen Forderungen herabzustimmen, um
nicht völlig von einander getrennt zu werden. Ich denke hierbei
nicht nur an die Zeit der sogenannten Blockpolitik, sondern weiter
zurück an bekannte Phasen der Bismarckischen Zeit.

Konservatismus und Liberalismus sind nicht nur beide berech=
tigt, sondern beide für unser politisches Leben notwendig. Wie
schwierig es ist, bei uns zu regieren, geht ja schon daraus hervor,
daß in Preußen auf die Dauer nicht ohne die Konservativen, im
Reich auf die Dauer nicht ohne die Liberalen regiert werden kann.
Auch die liberalen Gedanken dürfen in der Nation niemals ver=
schwinden. Auch starke liberale Parteibildungen sind uns unent=
behrlich. Wurzelt der Konservatismus vornehmlich im alten preu=
ßischen Staatssinn, so der Liberalismus in der geistigen Eigenart
des deutschen Volkes. Auch seine besten Ideale haben ihren un=
vergänglichen Wert. Wir Deutschen wollen nicht die starke Ver=
teidigung der Freiheit des Individuums gegenüber staatlicher Bin=
dung entbehren, wie sie der Liberalismus von jeher vertreten hat.
Auch der Liberalismus hat sich ein historisches Recht und sein Recht
auf Dankbarkeit erworben. Es waren die Liberalen, die den deut=
schen Einheitsgedanken zuerst ausgesprochen und in der Nation
verbreitet haben. Sie haben die unerläßliche Vorarbeit geleistet.
Das Ziel konnte auf ihren Wegen nicht erreicht werden. Da mußte
konservative Politik eingreifen, um, wie sich Bismarck ausgedrückt
hat, den liberalen Gedanken durch eine konservative Tat zu ver=

178

wirklichen. Mit gutem Recht kann das Deutsche Reich selbst als das erste, das größte und gelungenste Stück gemeinsamer konservativer und liberaler Arbeit angesehen werden.

Es war vor dem Kriege in beiden Lagern üblich, Konservatismus und Liberalismus als die beiden grundverschiedenen Staatsauffassungen anzusehen und zu behaupten, daß eine jede vom Gegensatz zur anderen lebt. Damit kommt man dem Verhältnis zwischen deutschen Konservativen und deutschen Liberalen nicht bei. Träfe das zu, so müßten die beiden Parteien und die ihnen zugesellten Gruppen um so stärker sein, je schroffer ihr Gegensatz ist, je feindseliger sie sich gegen einander stellen. Nun ist aber gerade das Gegenteil der Fall. Von wenigen außerordentlichen Situationen abgesehen, sind Konservative und Liberale immer dann als Parteien am stärksten, parlamentarisch am einflußreichsten gewesen, wenn sie zusammengingen. Dem Zusammenstehen von Konservativen und Liberalen in Haupt= und Stichwahl war der große Wahlsieg zu danken, der im Januar 1907 über die Sozialdemokratie erfochten wurde. Die Tatsache, daß die Sozialdemokratie damals von 81 Mandaten zurückgedrängt wurde, zurückgedrängt werden konnte auf 43 Mandate, hatte eine über den einzelnen Wahlkampf hinausreichende Bedeutung. Das zeigt der Vergleich zwischen dem Wahlergebnis von 1907 und den Wahlen von 1912. Vereint hatten Konservative und Liberale die Sozialdemokratie geschlagen, getrennt wurden sie von ihr besiegt. Von den 69 Wahlkreisen, die in den Januarwahlen von 1912 von der Sozialdemokratie erobert worden sind, waren durch die Wahlen von 1907 nicht weniger als 66 in konservativen oder liberalen Besitz gekommen, und zwar 29 in den Besitz der konservativen Parteien und ihrer Nachbarn, 37 in den der liberalen Parteien. Die Wahlen von 1907 hatten der Sozialdemokratie den stärksten Verlust seit dem Bestehen des Reichstags zugefügt, die Wahlen von 1912 haben ihr den größten Gewinn gebracht. Die Parteien der Rechten sanken von 113 Mandaten, die sie 1907 erobert hatten, in den Wahlen von 1912 auf 69 Mandate. Das ist der tiefste Bestand der Rechten seit dem Jahre 1874. Dem Liberalismus brachten die Wahlen von 1912 die bisher schwächste Vertretung im Reichstag überhaupt. Für die Wahlen von 1907 waren zum erstenmal die Konservativen und die Liberalen aller Schattierungen unter einen Hut gebracht worden. Die Wahlen von 1912 sahen zum erstenmal eine enge Koalition aller linksstehenden Elemente. 1907 ging die Rechte mit 113 Mandaten gegenüber 106 Liberalen, 105 Zentrumsvertretern und 43 Sozialisten als die stärkste Gruppe aus den Wahlen hervor. Im Jahre 1912 wurde die Sozialdemokratie mit 110 Mandaten die stärkste Partei im Reichstag, neben nur 90 Zentrumsvertretern, 85 Liberalen und 69 Konservativen aller Nuancierungen. Gewiß kann nicht alles politische Heil, nicht die Lösung jeder gesetzgeberischen Aufgabe von konservativ-liberaler Zusammenarbeit erwartet werden. Es wird immer wieder der Fall eintreten, daß sich in einzelnen, auch in wichtigen Fragen die konservativen und die liberalen Wege trennen. Denn die Gegensätze bestehen nun einmal und bestehen mit Recht. Es wäre auch grundfalsch, alle großen Leistungen auf dem Felde der inneren Politik auf das Konto konservativ-liberaler Zusammenarbeit schreiben zu wollen. An unserer sozialpolitischen Gesetzgebung, an vielen unserer Wehrvorlagen, vor allem an der Bewilligung der Flotte hat das Zentrum hervorragenden und nicht selten entscheidenden Anteil. Aber der Hader zwischen Konservativen und Liberalen ist noch immer verhängnisvoll gewesen: für die beiden Parteien selbst, für den Gang unserer inneren Politik und last not least für die Stimmung in der Nation.

180

Die liberal=konservativen Gegensätze werden nie verschwinden. Sie haben ihren historischen und ihren praktischen Sinn. Ihre Reibung ist ein Teil unseres politischen Lebens. Aber man soll diese Gegensätze nicht unnütz aufbauschen und nicht so große Dinge wie unversöhnliche Weltanschauungen aus ihnen machen. Damit entfernt man sich von der nüchternen politischen Wirklichkeit. Selbst der konfessionelle Gegensatz, der seit vierhundert Jahren durch die Nation geht, und den die Nation nach ihrer ganzen Veranlagung immer schwer genommen hat, tritt im praktischen politischen Leben hinter den Forderungen des Augenblicks zurück. Im Sozialismus haben wir tatsächlich einen von unserer bürgerlichen Auffassung von Recht, Religion, Gesellschaft und Staat unterschiedenen Ideenkreis, den man eine andere Weltanschauung nennen kann. Ich habe in dieser Verbindung selbst einmal von einem Weltanschauungsgegensatz gesprochen. Aber daß einen liberalen Bürgersmann von einem konservativen Bürgersmann eine Weltanschauung trennen soll, glaubt ja im Ernst kein Mensch. Dazu sind der gemeinsamen Gedanken und Ideale, besonders in nationaler Hinsicht, zu viele, und das weite Reich des deutschen Geisteslebens in Wissenschaften und Künsten gehört beiden gemeinsam. Wie viele liberale Männer gibt es, die einzelnen konservativen Anschauungen durchaus zuneigen! Wie viele konservative Männer, die keineswegs allen liberalen Gedanken und Forderungen ablehnend gegenüberstehen! Alle diese Männer halten sich trotzdem keineswegs für politisch farblos und sind es auch nicht. Und was nun die Minister angeht, so pflegen sich die Parteiblätter in regelmäßigen Zwischenräumen darüber zu streiten, ob dieser oder jener Minister mit dem konservativen oder dem liberalen Stempel zu versehen sei, wobei gewöhnlich jede Partei die Mehrheit der Minister der Gegenpartei anzuhängen sucht. Die Wahrheit ist, daß die meisten Minister in Verlegenheit sein würden, auf die Frage, zu welchem Parteiprogramm sie sich bekennen, eine präzise Antwort zu geben.

Die Parteigegensätze allzusehr auf die Spitze zu treiben, ist nicht nur unberechtigt, sondern auch unpraktisch. Es ist eine alte und üble deutsche Angewohnheit, im innerpolitischen Meinungsstreit maßlos zu übertreiben, die Regelung dieser oder jener politischen oder wirtschaftlichen Einzelfrage so zu behandeln, als ob davon Wohl und Wehe des Vaterlandes abhinge, während die fragliche Angelegenheit oft ohne allzu großen Schaden so oder so gelöst werden kann. Es wird schon viel gewonnen sein, wenn künftig in der inneren Politik das Wort des alten Thiers beherzigt wird: „Donner à chaque chose sa juste valeur[1].“ Die Parteien pflegen auch nicht allzulange Arm in Arm zu gehen, und der Bund, den sie miteinander flechten, ist kein ewiger Bund. Sie kommen also, wenn sie mit den Freunden von gestern brechen und sich mit den Feinden von gestern versöhnen, am Ende in die peinliche Lage, die sorgsame Konstruktion grundsätzlicher Parteigegensätze mit derselben Mühe wieder abtragen zu müssen, die sie an ihren Aufbau gewandt haben. Das ist ungefähr so oft geschehen, wie die Zusammensetzung der Mehrheiten sich verändert hat.

Wären die Parteigegensätze wirklich so tiefgehend, so alle Einzelheiten des politischen Lebens durchdringend, wie es in den Zeiten des Parteihaders dargestellt wird, so müßte es bei der Vielheit unserer Parteien, deren keine bisher die absolute Mehrheit hatte, unmöglich sein, gesetzgeberische Arbeit zustande zu bringen. Nun ist aber tatsächlich während der letzten Jahrzehnte auf fast allen Gebieten der inneren Politik vielseitige und wertvolle Arbeit

---

[1]) Jede Sache nach ihrem wahren Wert einschätzen.

geleiftet worden. Die Parteien haben sich der Reihe nach zur Verfügung gestellt und ihre früher scharf betonten Gegensätze oft mit erstaunlicher Plötzlichkeit überwinden können. Freilich werden dann andere Gegensätze um so schärfer betont. Das hält auch nur bis zur nächsten neuen Mehrheitsbildung vor, so daß in der Tat kein Grund vorliegt, die Gegensätze zwischen den Parteien gar so tragisch zu nehmen.

Als eine veränderliche Größe wird auch die Regierung die Parteigegensätze nehmen müssen. Freilich nicht nur als eine Größe, die in sich selbst veränderlich ist, sondern auch als eine Größe, auf deren Veränderung sich einwirken läßt. Auf die eingewirkt werden muß, wenn es das Interesse von Reich und Staat erfordert. Es ist nicht damit getan, die Mehrheiten zu nehmen, wo man sie findet und wie sie sich bieten. Die Regierung muß versuchen, sich für ihre Aufgaben Mehrheiten zu verschaffen.

Das Regieren mit wechselnden Mehrheiten, von Fall zu Fall, hat gewiß seine Vorteile und Annehmlichkeiten, aber es hat auch seine großen Gefahren. Ein Allheilmittel für alle politischen Lebenslagen ist es jedenfalls nicht. Man pflegt sich auf Bismarck zu berufen, der die Mehrheiten nahm, wo er sie fand. Wie den meisten Bezugnahmen auf Vorgänge der Ära Bismarck fehlt auch dieser die Hauptsache, nämlich Bismarck selbst an der Spitze der Regierung. Er hielt die Führung so eisern in seiner Hand, daß niemals die Gefahr bestand, sie könnte durch den Einfluß, den er einer jeweilig vorgefundenen Mehrheit einräumte, auch nur zu einem kleinen Teil auf das Parlament übergehen. Vor allen Dingen dachte er gar nicht daran, den Willen einer Mehrheit dann gelten zu lassen, wenn er ihn mit seinem Willen nicht vereinbar fand. Er machte sich vorhandene Mehrheiten zunutze, ließ sich aber nicht von ihnen benutzen. Gerade Bismarck verstand es meisterhaft, sich oppo-

sitioneller Mehrheitsbildungen zu entledigen und sich selbst Mehrheiten zu schaffen, die sich den Zielen seiner Politik fügten. Vor
die Wahl gestellt, sich ein wichtiges Gesetz von der gerade ausschlaggebenden Mehrheit verpfuschen zu lassen, oder den unbequemen Kampf um eine Veränderung der Mehrheitsverhältnisse aufzunehmen, hat er niemals gezögert, das zweite zu wählen. Er
zog Vorteil aus der Möglichkeit, sich von Fall zu Fall Mehrheiten
zu nehmen, aber er war der letzte, sich den von Fall zu Fall zu-
sammenkommenden Mehrheiten zu unterwerfen. Man soll auch
in dieser Beziehung den Namen Bismarcks nicht mißbrauchen. Bismarck kann nur für eine starke, entschlossene, ja rücksichtslose Führung der Regierungsgeschäfte Eideshelfer sein, nicht für eine gefügige, nachgiebige, die den Parteien größere Rechte einräumt, als
ihnen zukommen. „Keine Regierung ist für die Landesinteressen
so schädlich wie eine schwache", äußerte in den 90er Jahren gegenüber Hermann Hofmann, dem Chefredakteur der „Hamburger
Nachrichten", Fürst Bismarck, der als Reichskanzler mehr wie
einmal die Scheu vor Verantwortung als die Krankheit der Staatsmänner unserer Zeit bezeichnet hat.

Bequemer ist es ja zweifellos, zuzusehen, wie sich für ein Gesetz so oder so eine Mehrheit findet, anstatt zu sehen, wie man ein
Gesetz durchsetzt, so wie es die Regierung für richtig, für segens-
reich hält. Der Modus, ein Gesetz sozusagen auf den Markt zu
werfen und an den Meistbietenden loszuschlagen, ist nur angängig,
wenn eine Regierung so stark und zugleich so geschickt ist, wie es
die Bismarcks war. Vor allem darf es nur geschehen, wenn das
Gesetz selbst von der Mehrheit auch in der von der Regierung ge-
wünschten und vorgeschlagenen Form angenommen wird, wenn
die Regierung führt. Läßt sie sich führen, so wird sie nur zu
leicht erleben, daß ihr Gesetz im Hader der Parteien beim gegen-

seitigen Feilschen der Mehrheitsparteien bis zur Unkenntlichkeit entstellt, und ganz etwas anderes, wenn nicht gar das Gegenteil von dem erreicht wird, was die Regierung eigentlich erreichen wollte. Auf solche Weise stellten sich die Mehrheiten nicht von Fall zu Fall den Gesetzen, die die Regierung einbringt, zur Verfügung, sondern die Regierung überläßt ihre Gesetze von Fall zu Fall den Mehrheiten zur beliebigen Verwendung und Umformung. Indem die Regierung tut, als ob sie über den Parteien stünde, gleitet sie in Wahrheit unter die Füße der Parteien.

Gerade die Notwendigkeit, angesichts der deutschen Parteiverhältnisse ab und zu mit den Mehrheiten zu wechseln, verlangt eine starke Hand in der Führung der Regierungsgeschäfte. Für die Ewigkeit kann keine Regierung mit einer und derselben Mehrheit arbeiten. Das scheitert am Verhältnis der Parteien zu einander, scheitert am Doktrinarismus der meisten Parteien, an ihrer Neigung, von Zeit zu Zeit aus Gründen der Popularität in die Opposition zu treten, endlich an der Vielfältigkeit der Regierungsaufgaben, die nur zu einem Teil mit einer bestimmten Mehrheit zu erfüllen sind. Im Interesse einer möglichst allen Teilen der Nation gerecht werdenden Politik ist es auch nicht gut, wenn sich eine der Parteien, mit denen sich überhaupt positiv und im Staatsinteresse arbeiten läßt, der Mitarbeit fernhält. Den Parteien ist es heilsam, wenn sie an der gesetzgeberischen Arbeit teilnehmen. Parteien, die dauernd in der Opposition und Negation verharren und von der Regierung in dieser Stellung belassen werden, verknöchern schließlich in ihren Programmsätzen und entziehen, solange sie nicht ganz absterben, dem lebendigen Körper unseres politischen Lebens wertvolle Kräfte. In eine solche Stellung war im Lauf der Jahrzehnte gegenüber wichtigen Lebensfragen der linke Flügel unseres Liberalismus geraten. Die Aufgabe, den Freisinn

für positive Mitarbeit auch in Wehr= und Kolonialfragen zu ge=
winnen, mußte einmal in Angriff genommen werden. Sie wurde
durch die Blockpolitik gelöst, und zwar über die Dauer des Blocks
hinaus, wie sich das noch bei der sehr erheblichen Armeevermeh=
rung, nicht lange vor dem Ausbruch des Weltkrieges, zeigte.

Die Parteikonstellation, die mit einem dem Sprachschatz der
französischen Parlamentarier entlehnten Ausdruck vielleicht nicht
sehr glücklich als der „Block" bezeichnet worden ist, war ein Vor=
gang nicht nur von hervorstechend typischer Bedeutung, sondern
auch von aufklärendem Wert. Wenn ich hier auf diese Ereignisse
zurückkomme, so ist es nicht, um in einer Stunde, wo die Nation
ihren Feinden in einheitlicher Front die Stirn bietet, an frühere
Meinungsverschiedenheiten zu erinnern. Auch liegt es mir fern,
die Blockpolitik als eine innerpolitische Universalmedizin zu emp=
fehlen. Der begrenzten Dauer jener Kombination war ich mir
immer bewußt, schon weil ich eine dauernde Ausschaltung des
Zentrums nie in meine Rechnung gestellt hatte.

Das Zentrum ist die starke Bastion, die sich der katholische Teil
des deutschen Volkes geschaffen hat, um sich gegen Übergriffe von
seiten der protestantischen Mehrheit zu schützen. Die Vorgeschichte
des Zentrums ließe sich weit zurückverfolgen, bis in die Zeit, wo
im alten Reich dem Corpus evangelicorum das Corpus catho=
licorum gegenüberstand. Während aber im alten Reich Katholi=
zismus und Protestantismus sich annähernd die Wage hielten, ist
im neuen Reich der Katholizismus in die Minderheit geraten, dem
alten katholischen Kaisertum ist im neuen Reich ein protestantisches
gefolgt. Damit soll dem Kaisertum der Hohenzollern selbstver=
ständlich nicht ein konfessioneller Charakter vindiziert, sondern nur
darauf hingewiesen werden, daß im alten Reich alle aufeinander
folgenden Träger der Kaiserkrone, und insbesondere das Haus

Habsburg, das länger als ein halbes Jahrtausend die Krone des Heiligen Römischen Reichs trug, der katholischen Kirche angehörten, daß im neuen Reich das Haus der Hohenzollern evangelischer Konfession ist, und daß diese Tatsache nach der Schöpfung des neuen Reiches in dem katholischen Teil des deutschen Volkes Besorgnisse hervorrief. Je mehr das Hohenzollernhaus, das erste europäische Herrscherhaus, das mit dem Grundsatz der Parität ernst machte, gezeigt hat, daß konfessionelle Einseitigkeit ihm ganz fern liegt, und je länger es sein hohes Amt im Sinne wahrer Gerechtigkeit und Duldsamkeit ausübt, um so sicherer werden solche Befürchtungen der katholischen Minderheit verschwinden. Allerdings hat diese Minderheit gegenüber der protestantischen Mehrheit den großen Vorteil innerer Einheit und Geschlossenheit. Selbst guter Protestant, bestreite ich doch nicht, daß, wenn die Protestanten nicht selten mit Grund über mangelndes Verständnis von seiten der Katholiken klagen, andererseits auch in protestantischen Kreisen vielfach nicht die wünschenswerte Duldsamkeit gegenüber den Katholiken herrscht. Mein alter Regimentskommandeur, der spätere Generalfeldmarschall Freiherr von Loë, ein guter Preuße und guter Katholik, sagte mir einmal, in dieser Beziehung würde es nicht besser werden, bis der bekannte Grundsatz des französischen Rechts que la recherche de la paternité est interdite für uns dahin variiert würde, que la recherche de la confession est interdite[1]). In diesem Sinne antwortete er einer ausländischen Fürstin auf die Frage, wie hoch sich der Prozentsatz der protestantischen und der katholischen Offiziere in seinem Armeekorps belaufe: „Ich weiß, wie viele Bataillone, Schwadronen und Batterien ich befehle, aber ich kümmere mich

---

[1]) Die Nachforschung nach der Vaterschaft ist verboten ... nach der Konfession zu forschen ist verboten.

nicht darum, welcher Kirche meine Offiziere angehören." So wird in der Armee gedacht, so auch in der Diplomatie, und eine solche Denkweise muß auch an allen übrigen Stellen maßgebend sein. Beide Konfessionen haben allen Grund, das schöne Wort von Görres zu beherzigen: „Wir alle, Katholische und Protestantische, haben in unseren Vätern gesündigt und weben fort an der Webe menschlicher Irrsal, so oder anders. Keiner hat das Recht, sich in Hoffart über den anderen hinauszusetzen, und Gott duldet es von keinem, am wenigsten bei denen, die sich seine Freunde nennen." In diesem Kriege haben Katholiken und Protestanten gewetteifert an Heldenmut und Opfersinn; in völliger und gleicher Hingabe an das Vaterland. Wie die evangelische zeigte die katholische Charitas ihre ganze Größe. Wie die Diakonissinnen haben die grauen Schwestern in stillem Heldentum Unvergängliches geleistet. Eine große Anzahl Ordensgeistlicher, darunter mehrere Jesuiten, erhielten für ihre Haltung im Felde die höchste militärische Auszeichnung. Gegenüber ungerechten Angriffen aus katholischen Lagern des Auslands führen unsere katholischen Mitbürger in geradezu vorbildlicher Weise den Kampf für die deutsche Sache. Und die vom Geiste wahren Christentums, edler Menschlichkeit und hoher Weisheit getragenen Kundgebungen Benedikts XV. sind in Deutschland auf allen Seiten mit gleicher Dankbarkeit entgegengenommen worden. Jeder Patriot muß hoffen und wünschen, daß in der künftigen Friedenszeit die konfessionellen Gegensätze so wenig geltend gemacht werden wie heute in der Not des Krieges. Das wird um so leichter erreichbar sein, wenn volle Parität unser geistiges wie unser öffentliches Leben durchdringt. Das Gefühl der Zurücksetzung, das vielfach noch in katholischen Kreisen herrscht, kann nur überwunden werden durch eine wahrhaft paritätische Politik, durch eine Politik, für die es, wie ich es einmal im Abgeordnetenhause ausgesprochen

188

habe[1]), weder ein katholisches noch ein protestantisches Deutsch=
land gibt, sondern nur die eine und unteilbare Nation, unteilbar in
materieller, und unteilbar in ideeller Beziehung.

Auf der anderen Seite bestehen aber schwere Bedenken da=
gegen, daß eine konfessionelle Partei in der Politik einen so außer=
ordentlichen und ausschlaggebenden Einfluß ausübt, wie dies lange
Jahre hindurch bei uns der Fall war. Das Zentrum ist eine Partei,
die durch die Konfession zusammengehalten wird, es ist die Ver=
tretung der konfessionellen Minderheit. Es hat als solche seine
Berechtigung, darf aber keine politische Sonderstellung bean=
spruchen. Jede Partei, die sich durch die Mehrheitsverhältnisse wie
durch eigene Stärke in hervorragender parlamentarischer Macht=
stellung sieht, neigt dazu, ihre Macht zu mißbrauchen. So ging
es den Freisinnigen während der Konfliktsjahre, den National=
liberalen in der ersten Hälfte der siebziger Jahre, den Konservativen
im preußischen Abgeordnetenhause, als sie die wohlbegründeten und
weitausschauenden Kanalpläne durchkreuzten, so endlich auch dem
Zentrum. Alle meine Amtsvorgänger sind in die Lage versetzt wor=
den, sich gelegentlicher Machtansprüche des Zentrums erwehren zu
müssen. Nicht wenige der innerpolitischen Konflikte der letzten
Jahrzehnte sind aus solcher Notwehr der Regierung hervor=
gegangen, der Konflikt von 1887 wie der von 1893, und endlich
auch der Zusammenstoß von 1906.

Für eine Partei, die sich in kaum zu erschütternder Position be=
fand wie das Zentrum, war die Versuchung, Machtpolitik zu trei=
ben, natürlich sehr groß. Sie war doppelt verführerisch, wenn
das Zentrum in der Lage war, mit der Sozialdemokratie die Mehr=
heit zu bilden und mit ihrer Hilfe das Zustandekommen eines Ge=
setzes zu verhindern. Eine Mehrheit von Zentrum und Sozialdemo=

---

[1]) Reden II, Seite 99.

kratie, die berechtigten und notwendigen Forderungen Widerstand
leistete, war nicht nur ein Schaden, sondern eine Gefahr für unser
nationales Leben. Vor 1906 hat sich das Zentrum wiederholt verleiten lassen, sich die grundsätzlich ablehnende Haltung der Sozialdemokratie gegenüber solchen Forderungen zunutze zu machen, wenn
es mit der Sozialdemokratie die Mehrheit gewinnen konnte und
sich der Regierung unbequem machen wollte. Ebenso ist vor dem
reinigenden Gewitter von 1906 mehr als einmal der Fall eingetreten, daß das Zentrum für seine Zustimmung nur schwer oder
gar nicht erfüllbare Bedingungen stellte im Bewußtsein, daß ohne
seine Mithilfe die Bildung einer Mehrheit nicht möglich war. Seit
dem Unterliegen des Kartells bei den Februarwahlen von 1890
bis zu den Blockwahlen von 1907, nach denen sich das Zentrum
keiner Militär-, Marine- oder Kolonialforderung mehr widersetzte,
hat die Politik der Regierung ununterbrochen unter dem Schatten
des drohenden Zusammenschlusses des Zentrums und der Sozialdemokratie zu einer oppositionellen Mehrheit gestanden. Gewiß
hat das Zentrum während der zwischen Kartell und Block liegenden 17 Jahre dankenswert mitgearbeitet an nationalen Aufgaben,
so vor allem an den Flottengesetzen, so bei den Zolltarifgesetzen,
so in hervorragender Weise bei der Fortführung der Sozialpolitik.
Die Vorgänge auf dem Felde der Kolonialpolitik im Winter 1906
bewiesen aber doch, daß das Zentrum damals noch in Überspan-
nung fraktioneller Machtansprüche mit Hilfe der Sozialdemokratie
auf die Regierung einen unzulässigen Druck ausüben zu können
glaubte.

Der Konflikt, den das Zentrum heraufbeschwor, durfte nicht
lediglich für den Augenblick, er mußte im Hinblick auf die Vergangenheit und mit Rücksicht auf die Zukunft gelöst werden. Die
Notwendigkeit, eine Mehrheit ohne das Zentrum bilden zu kön-

nen, bestand im Grunde seit dem Bruch des Bismarckschen Kar=
tells und war geschaffen durch die Konsequenzen, die das Zentrum
aus seiner Unentbehrlichkeit gezogen hatte. Es war also ein altes
Problem, das 1907 zur Lösung stand, das durch die vorangegange=
nen Abstimmungen wieder aktuell geworden, nicht aber erst durch
sie gestellt worden war. Nicht eine Mehrheit wider das Zentrum,
nicht eine Mehrheit, von der das Zentrum ausgeschlossen bleiben
sollte, sondern eine Mehrheit, stark und in sich fest genug, natio=
nalen Forderungen auch ohne Zentrumshilfe gerecht zu werden.
Gelang das, so war für das Zentrum das verführerische Bewußt=
sein seiner Unentbehrlichkeit zerstört, war der Gefahr einer Mehr=
heitsbildung von Zentrum und Sozialdemokratie die Spitze ab=
gebrochen. Als die Volkspartei bei den Abstimmungen über die
Kolonialgesetze den Konservativen und Nationalliberalen zur Seite
trat, sah ich die Möglichkeit einer neuen Mehrheitsbildung vor
Augen. Es hätte meiner Überzeugung von der Ausgleichbarkeit der
konservativ=liberalen Gegensätze, von dem Segen und dem erziehe=
rischen Wert eines konservativ=liberalen Zusammengehens nicht be=
durft, um mich diese Möglichkeit ergreifen zu lassen. Ich erfüllte
meine Pflicht, als ich es tat. Nicht gegen das Zentrum als solches,
sondern gegen das im Bunde mit der Sozialdemokratie in Oppo=
sition befindliche Zentrum wurde die Blockmehrheit gebildet. Als
eine rein nationale Angelegenheit wurden die Blockwahlen von der
Nation aufgefaßt. Die Stimmung in der Nation, als der Wurf
gelungen war, war nicht parteipolitische Triumphstimmung, son=
dern patriotische Befriedigung. Aus den innerpolitischen Erfah=
rungen von fast zwei Jahrzehnten war der Block gereift. Eine
Verheißung für die kommenden Jahrzehnte lag in der Gewinnung
auch der letzten der bürgerlichen Parteien für große Aufgaben des
Reichs an der Seite der Regierung. Und so wurde die Blockpolitik

ein wichtiger, unentbehrlicher Abschnitt in dem langen und meist schweren Kampf, den die deutsche Regierung für den Sieg des nationalen Gedankens mit den deutschen Parteien zu bestehen hatte.

Der Gedanke, der dem sogenannten Block zugrunde lag, war ein ähnlicher wie der, der dem Kartell zugrunde gelegen hatte. Ich möchte sagen: der Block war die den veränderten Zeitverhältnissen angepaßte modernere Verwirklichung eines alten Gedankens. An eine Wiederholung des Kartells aus Konservativen und Nationalliberalen war schon seit langer Zeit nicht mehr zu denken. Die alten Kartellparteien waren zwischen den Mühlsteinen Zentrum und Sozialdemokratie zerrieben worden. Um im Notfalle zur Bildung einer Mehrheit die Hilfe des Zentrums entbehren zu können, mußte der Freisinn hinzugezogen werden. Als die Freisinnigen im Jahre 1906 die Hand zur Mitarbeit boten, mußte die Regierung diese Hand ergreifen — und sie festhalten. Es handelte sich nicht darum, eine Partei für die Regierung zu gewinnen, sondern um ein weiteres Stück Boden für den nationalen Gedanken im Volke. Seit der Gründung des Reichs stellte sich der alte Freisinn zum ersten Male rückhaltlos auf den Boden unsrer Kolonial=, Wehr= und Weltpolitik. Die Art, wie der Freisinn für die Regierungsvorlage eintrat, ließ kaum einen Zweifel, daß die Wendung nicht für den Moment, sondern für die Dauer gedacht war. Was mir Eugen Richter, nicht lange bevor er sich aus dem politischen Leben zurückzog, prophezeit hatte, war in Erfüllung gegangen. In den weitesten Kreisen des Volkes hat man die wahre Bedeutung der Wendung von 1906 mit sicherem Gefühl empfunden und verstanden, bis später wieder parteiprogrammatische Prinzipienreiterei wie so oft die klaren Tatsachen verdunkelte.

Die Freisinnigen sind seit 1907 für alle Wehrvorlagen einge=

treten. Die kleinen Armee= und Flottenvorlagen vom Frühjahr 1912 sind von ihnen ebenso angenommen worden wie die große Armeevermehrung des Sommers 1913 und die kolonialpolitischen Forderungen. Für die Wertung der freisinnigen Mithilfe darf nicht allein die Erwägung maßgebend sein, ob die Wehrgesetze auch ohne die freisinnige Mitarbeit eine Mehrheit im Reichstag gefunden hätten. Der Gewinn lag darin, daß früher wohl eine Mehrheit von bürgerlichen Parteien für die nationalen Erforder= nisse des Reiches einstand, eine Mehrheit, die meist mit großer Mühe zusammengebracht werden mußte, seit 1907 aber die sämtlichen bürgerlichen Parteien gegenüber der Sozialdemokratie und den nationalistischen Parteien und Parteisplittern zusammen= standen. Die nationalen Fragen des Reiches hatten aufgehört, ein Gegenstand innerpolitischer Besorgnis zu sein. Und die geschlossene Wucht, mit der in den Angelegenheiten der Reichsverteidigung der nationale Gedanke im gesamten deutschen Bürgertum zum Ausdruck kam, mußte auch für das deutsche Ansehen im Aus= lande als wertvolles Aktivum gebucht werden.

Man darf nur zurückblicken auf das Los der größeren Wehr= vorlagen während der letzten Jahrzehnte, um den Fortschritt zu ermessen, der errungen worden war. Das war um so bedeut= samer, als der nationale Gedanke jetzt nicht nur in der Richtung der alten ruhmreichen preußisch=deutschen Kontinentalpolitik wir= ken sollte, sondern auch in der Richtung der neuen Weltpolitik, die einstweilen mehr Zukunft als Vergangenheit bedeutete. Es galt nicht nur die Armee, sondern auch die Flotte. Die bürger= lichen Parteien im Reichstag hatten größere materielle Opfer für die nationalen Leistungen vor dem Lande zu vertreten und sie mußten deshalb dem nationalen Gedanken einen größeren Raum geben.

Es ist an sich eine gewiß seltsame Tatsache, daß gerade im waffentüchtigsten und waffenfrohesten der Völker Europas die Parteien sich so schwer mit neuen Forderungen für die Wehrkraft des Reiches abgefunden haben, daß erst nach mehr als dreieinhalb Jahrzehnten eine Einmütigkeit wenigstens der bürgerlichen Parteien erreicht werden konnte. Die Schuld an dieser Haltung der Parteien trug weniger mangelnder Patriotismus, als jene parteipolitische Machtpolitik und der parteiprogrammatische Starrsinn, von denen schon die Rede war. Der Regierung fiel die Aufgabe zu, die in allen Parteien ruhenden patriotischen Gefühle zu wecken, zu beleben und sie spontan und vorurteilslos festzuhalten, wenn sie stark genug schienen für die praktische Mitarbeit an den nationalen Aufgaben des Reiches. Eine deutsche Regierung, die aus eigener parteipolitischer Voreingenommenheit die nationale Bereitwilligkeit einer Partei zurückstieße, der die nationalen Opfer einer Partei deshalb weniger wertvoll erschienen, weil ihre allgemeine politische Richtung der Regierung nicht behagt, würde unnational handeln. Für die Regierung ist an jeder Partei die Intensität der nationalen Gesinnung das weitaus Bedeutsamste. Mit einer im Grunde national zuverlässigen Partei wird und muß zu arbeiten sein. Denn eine solche Partei wird bei der in Deutschland oft so schweren Wahl zwischen dem Interesse der Allgemeinheit und dem der Partei in großen Fragen sich doch zuletzt in nationalem Sinne beeinflussen lassen. Diesen gesunden Optimismus braucht kein deutscher Minister sich nehmen zu lassen, mag er für den gewöhnlichen Lauf der Politik den Parteien noch so skeptisch gegenüberstehen. Der feste Glaube an die endliche Sieghaftigkeit des nationalen Gedankens ist die erste Voraussetzung einer wahrhaft nationalen Politik. Das herrliche Wort, das Schleiermacher im dunklen Jahre 1807 sprach:

„Deutschland ist noch immer da, und seine unsichtbare Kraft ist ungeschwächt" hat mir während meiner Amtszeit immer vor Augen gestanden. Dieser Glaube darf gerade uns Deutschen nicht fehlen in den Irrungen und Wirrungen unseres Parteihaders, die den Durchbruch spontanen Nationalgefühls lange, sehr lange so flüchtig erscheinen ließen wie eine seltene Feiertagsstimmung.

Ein Rückblick auf das Schicksal der deutschen Wehrvorlagen während des verflossenen Vierteljahrhunderts ist gleichzeitig ein Blick auf die Wandlungen des nationalen Gedankens innerhalb der Parteien. Die Konservativen haben volles Recht auf den Ruhm, dem Vaterlande noch niemals einen Mann verweigert zu haben. Und auch die Nationalliberalen haben noch nie das Schicksal einer Wehrvorlage in Frage gestellt. In dieser Hinsicht stehen die alten Kartellparteien an erster Stelle. Fürst Bismarck hatte dem neuen Reichstag von 1890 eine Militärvorlage vererbt, die dann kleiner eingebracht wurde, als sie dem Altreichskanzler vor seinem Rücktritt vorgeschwebt hatte. Graf Caprivi forderte 18 000 Mann und 70 Batterien. Trotzdem der greise Moltke für die Vorlage sprach, war ihr Schicksal lange Zeit ungewiß. Eugen Richter lehnte für den gesamten Freisinn ab. Die Vorlage wurde von den Kartellparteien mit Hilfe des Zentrums bewilligt, das an seine Zustimmung für später die Forderung der zweijährigen Dienstzeit knüpfte.

Schon die große Militärvorlage des Jahres 1893, die durch die unter dem Bedarf gebliebenen Forderungen der vorangegangenen Vorlage so bald notwendig wurde, zeigte, auf wie unsicheren Füßen die Mehrheit von 1890 stand. Das Zentrum brachte seine Verstimmung über das Fehlschlagen seiner schulpolitischen Hoffnungen in Preußen der Militärvorlage gegenüber zum Ausdruck. Trotzdem seine Forderung der zweijährigen Dienstzeit durch die neue Vorlage erfüllt wurde, konnte es sich nicht entschließen, für die Vorlage zu stimmen. Im Freisinn rang der nationale Gedanke damals nach Luft. Aber nur 6 freisinnige Abgeordnete fanden sich schließlich zur Zustimmung bereit. Flüchtig regte sich 1893, sechzehn Jahre vor dem Zustandekommen, die Hoffnung auf ein Zusammengehen von Konservativen und Liberalen mit Einschluß des Freisinns. Die Zeit war noch nicht reif. Der Ablehnung der Vorlage durch Zentrum, Freisinnige und Sozialdemokraten folgte die Auflösung des Reichstags. Im Wahlkampf trennte sich von der Fortschrittspartei die militärfreundliche freisinnige Vereinigung ab, aber eine Mehrheit ohne Zentrum brachten die Wahlen nicht. Die Sozialdemokratie gewann an Mandaten. Die Mehrheit der Freisinnigen verharrte in Opposition. Die Mehrheit — 201 gegen 185 — kam nur mit Hilfe der von 16 auf 19 angewachsenen Polenpartei zustande. Sechs Jahre später mußte sich die Regierung recht erhebliche Abstriche an ihrer Vorlage gefallen lassen und brachte trotzdem die neue Militärvorlage erst nach heftigen Kämpfen gegen die Opposition der Freisinnigen und Sozialdemokraten mit dem Zentrum zur Verabschiedung. Von einer freudigen oder gar begeisterten Annahme war keine Rede, und ein innerpolitischer Konflikt stand eine Zeitlang in greifbarer Nähe. Für die Heeresverstärkung um 10 000 Mann im Frühjahr 1905 fand ich die Zolltarifmehrheit bereit, der Freisinn stand noch immer ablehnend zur Seite. Nicht viel anders bei den Flottenvorlagen. Hitzige Kämpfe waren auch hier die Regel, und es war die Zustimmung meist das Produkt langwieriger Verhandlungen und Auseinandersetzungen zwischen Regierung und Parteien. Nachdem im Jahre 1897 nicht einmal zwei Kreuzer bewilligt worden waren, gelang es im darauffolgenden Jahre, in demselben Reichstag eine Mehrheit für die erste große Flotten-

vorlage zu gewinnen. In der Zwischenzeit war freilich eine um=
fassende aufklärende Arbeit geleistet worden. Kaiser Wilhelm II.
hatte sich mit seiner ganzen Person für die große nationale Sache
eingesetzt. Hervorragende Gelehrte wie Adolph Wagner, Schmol=
ler, Sering, Lamprecht, Erich Marcks und viele andere leisteten
damals und in der Folgezeit wertvolle Werbearbeit für den Flot=
tengedanken, vor allem unter den Gebildeten der Nation. Die
Vorlage von 1898 wurde von einer Mehrheit von 212 gegen 139
Stimmen angenommen. 20 Mitglieder des Zentrums, der ge=
samte Freisinn und die Sozialdemokratie versagten sich. Die be=
deutungsvolle Flottenvorlage des Jahres 1900 fand den Frei=
sinn wiederum geschlossen auf der Seite der Gegner. Das Zen=
trum gab, dieses Mal geschlossen, seine Zustimmung nach Ver=
minderung der geforderten Kreuzerzahl von 64 auf 51. Im Jahre
1906 wurden von der Zolltarifmehrheit diese gestrichenen Neu=
bauten bewilligt. Ebenso wurde die durch das englische Vorbild
notwendig gewordene Vergrößerung der Schlachtschiffdimensionen
genehmigt.

Gewiß ist es gelungen, für alle diese Wehrvorlagen schließlich
Mehrheiten zu gewinnen. Aber die Bewilligung war fast immer
Erzeugnis schwieriger Verhandlungen und nicht selten unbequemer
Kompromisse gewesen. Wir waren weit davon entfernt, von vorn=
herein auf das Vorhandensein einer großen, sicheren Mehrheit
für berechtigte und wohlbegründete Wehrvorlagen rechnen zu
können. Mehr als einmal hatte die Entscheidung auf des Messers
Schneide gestanden. Und wenn nicht, wie bei der Militärvorlage
von 1893, unerwarteter Sukkurs von der Seite der Polen kam,
waren regelmäßig Erfolg und Mißerfolg abhängig gewesen von
der vorhandenen oder mangelnden Bereitwilligkeit des Zentrums.
Das mußte dieser Partei nicht nur ein sehr starkes Machtbewußt=

sein, sondern auch große tatsächliche Macht geben. Das vor 1907 oft gehörte Wort vom „allmächtigen Zentrum" entbehrte nicht der Berechtigung. Einer Partei, von deren gutem Willen das Reich in allen Existenzfragen abhing, fehlte in der Tat nicht viel zu politischer Hegemonie wenigstens auf denjenigen Gebieten, die verfassungsgemäß dem Einfluß der Parteien und der Volksvertretung offenstehen. Als nun vollends die Kolonialdebatten des Winters 1906 zeigten, daß nicht mit voller Sicherheit auf das Zentrum gerechnet werden konnte, wurde es klar, daß die Aufgabe, die Wehrfrage im Parteikampf sicherzustellen, noch erst zu lösen war. Das Einschwenken der Fortschrittspartei, der Wahlsieg der neuen Mehrheit, des Blocks, bedeutete einen Wendepunkt. Das Zentrum erfuhr, daß das Schicksal nationaler Fragen nicht mehr von ihm allein abhing, und es erfuhr weiter, daß die ablehnende Haltung in solchen Fragen seiner parlamentarischen Machtstellung verhängnisvoll werden konnte. Es wird nicht wieder aus einer Verstimmung über Personalfragen oder Vorgänge der inneren Politik Konsequenzen für seine Haltung gegenüber nationalen Forderungen ziehen. Daß die Freisinnigen den 1906 vollzogenen Frontwechsel als bleibend ansehen, haben sie im Frühjahr 1912 und im Sommer 1913 bewiesen.

Daß sich eine solche Entfaltung des nationalen Gedankens, eine derartige Wandlung in der Stellung der Parteien zu den Wehr- und Rüstungsfragen des Reiches vollzogen hat, muß den Patrioten mit Freude und Zuversicht erfüllen. Vor 50 Jahren sah sich König Wilhelm im Kampfe um die Reorganisation des preußischen Heeres mit seinem Ministerium und einer kleinen konservativen Minderheit allein. Um jede auch kleine Militärforderung hat nach der Reichsgründung ein Bismarck zäh mit den Parteien ringen müssen. Das Jahr 1893 sah um eine

Militärforderung aufs neue einen schweren innerpolitischen Kon=
flikt. Im Oktober 1899 mußte Kaiser Wilhelm II. klagen, daß
die Verstärkung der Flotte ihm während der ersten acht Jahre
seiner Regierung „troß inständigen Bittens und Warnens" be=
harrlich verweigert worden wäre. Als dem Flottengedanken end=
lich Boden im Volke gewonnen war, konnten doch die einzelnen
Flottengeseße nicht ohne schwere parlamentarische Kämpfe unter
Dach gebracht werden.

Die Wehrvorlagen des Jahres 1912 wurden von der Gesamt=
heit der deutschen bürgerlichen Parteien des Reichstages bewilligt.
Die Militärvorlage des Jahres 1913 fand eine Bereitwilligkeit
der Parteien vor, wie nie zuvor eine Forderung für die Rüstung
zu Lande und zu Wasser. Um die Wehrvorlage selbst war über=
haupt kaum eine ernsthafte Auseinanderseßung erforderlich. Wenn
um die Deckungsfragen von den Parteien gestritten wurde, so
waren hierfür Gründe der allgemeinen parteipolitischen Lage
maßgebend und Erwägungen ernstester finanzpolitischer Natur.
Keine der bürgerlichen Parteien von der äußersten Rechten bis
zum Freisinn hat daran gedacht, ihre Zustimmung zur Wehr=
vorlage selbst von den Schwierigkeiten und Meinungsverschieden=
heiten in der Deckungsfrage abhängig zu machen. Schon vor
dem Kriege konnte eine notwendige und begründete Militär= und
Flottenvorlage bei uns auf eine sichere parlamentarische Mehrheit
rechnen. An der Erreichung dieses Erfolges hat die Blockära einen
wesentlichen Anteil gehabt. Sie ist nicht fortzudenken aus der
Entwicklung des lange währenden Kampfes, den die Regierung
für den nationalen Gedanken mit den Parteien zu bestehen hatte.
Ein Kampf, der mehr als alles andere die innere Politik von der
Reichsgründung bis zum Weltkriege beeinflußt hat, jeßt aber hof=
fentlich als beendet gelten darf und der Geschichte angehört.

Im August 1914 haben wir erlebt, daß in dem schweren Augenblick, da die Nation aufgerufen wurde zur nationalen Tat, als unser Kaiser das schöne Wort gesprochen hatte, er kenne keine Parteien mehr, er kenne nur noch Deutsche, auch die Sozialdemokratie, die bislang bei den Entscheidungen über die eigentlichen nationalen Fragen zur Seite gestanden hatte, in die Front des gesamten deutschen Volkes einschwenkte. Sie willigte gleich allen Parteien in die Kriegskredite, bewilligte damit in der Stunde der Gefahr dem Vaterlande die Rüstung, die sie ihm im Frieden stets in der verlangten Form geweigert hatte. Sie bewies, daß das Wort ihres verstorbenen Führers Bebel, er werde, wenn Deutschland angegriffen würde, selbst das Gewehr auf die Schulter nehmen, ernst gemeint war.

Unter dem vielen Großen, Hohen und Frohen, das uns die so bald nicht erwartete ernste Stunde 1914 brachte, war ohne Frage die Haltung der Sozialdemokratie eines der frohesten Erlebnisse. Ich selbst, der ich während meiner Amtszeit in steter und manches Mal hitziger Fehde mit der Sozialdemokratie gestanden hatte, habe die allgemeine nationale Freude lebhaft und tief mitempfunden. Einer ernsthaften Sorge, daß die sozialdemokratische Bewegung im Augenblick der Not die Schlagkraft des Deutschen Reiches und Volkes lähmen könnte, hat sich wohl niemand hingegeben, der wußte, welch ein gesunder, tief gewurzelter Patriotismus in unserer deutschen Arbeiterschaft lebt. Ein Zweifel konnte nur bestehen, ob die parlamentarischen Führer der sozialdemokratischen Arbeiter den schnellen und festen Entschluß finden würden, dem Patriotismus der Arbeitermassen Rechnung zu tragen. Wo dieser Zweifel bestand, ist er nun durch die Ereignisse widerlegt worden. Indem die sozialdemokratischen Führer der ihnen wohlbekannten vaterlandsliebenden und nationalpflichtbewußten Gesinnung der parteipolitisch hinter ihnen stehenden Arbeitermassen gefolgt sind, haben sie nicht nur patriotisch gehandelt, sondern auch für ihre Partei weitsichtig und geschickt operiert. Es ist als ein in hohem Maße bemerkenswertes Zeichen politischer Urteilskraft gerade der sozialdemokratischen Partei zu buchen, daß sie nicht in den so oft erlebten parteipolitischen Fehler verfallen ist, die Zeit gegen sich wirken zu lassen, indem sie sich der Erkenntnis ihrer Zeichen aus parteipolitischem Doktrinarismus verschloß. Die sozialdemokratischen Führer selbst werden wissen, daß sie ihrer Partei durch ihre Stellungnahme bei Kriegsausbruch einen hervorragenden Dienst erwiesen haben unbeschadet des Dienstes, der dem nationalen, dem staatlichen Interesse damit in schwerer Stunde geleistet war. Im Grunde ist damit ein Beweis mehr gegeben, daß stets die klügste Parteipolitik diejenige ist, die den Staatsnotwendigkeiten folgt. Was von den harten Notwendigkeiten des Krieges gilt, gilt letzten Endes auch von den vielfach unbequemen und lästigen des Friedens.

War dem Deutschen niemals der Gedanke gekommen, es werde sich die sozialdemokratische Arbeiterschaft auch nur zum Teil der Pflicht und dem Willen zu nationaler Verteidigung im Kriege versagen, so war in weiten Kreisen des Auslandes der Glaube verbreitet, Deutschland werde bei Kriegsausbruch mit seiner sozialdemokratischen Frage ernstlich zu tun haben. Ein gewisses Erstaunen in der ausländischen Presse war unverkennbar, als die deutschen Kriegskredite einstimmig zur Verabschiedung gelangten und die Parteifrage bei dem Volk, das zu den Waffen strömte, gar keine Rolle spielte. Der Irrtum des Auslandes erklärt sich aus der Eigenart der deutschen Sozialdemokratie, die grundverschieden ist von der anderer Länder.

Als Karl Marx, dieser wirkungsvollste und dabei nachdenk-

lichste Demagog, den die neuere Geschichte gesehen, seinen feu=
rigen Aufruf ergehen ließ: „Arbeiter aller Länder vereinigt euch!
Ihr habt nichts zu verlieren als eure Ketten, aber eine Welt zu
gewinnen!" da bildeten sich in allen Kulturstaaten, teils aus
alten, teils aus neuen Anfängen, sozialistische Arbeiterparteien
und =organisationen, die alsbald Fühlung untereinander anstreb=
ten. Während sich aber die sozialistischen Parteien in den
anderen Ländern, vornehmlich in den romanischen, in ihr natio=
nales Gesamt=Parteileben einfügten und vor allem praktische
Ziele der Tagespolitik verfolgten, erhob die deutsche Sozialdemo=
kratie sogleich die fernen, vielfach utopischen Ziele marxischer
Ideenführung zu ihrem Programm, verkündete eine neue andere
Staats=, Gesellschafts= und Völkerordnung und nahm so eine
Stellung jenseits alles vorhandenen deutschnationalen Parteile=
bens ein. Die deutsche Sozialdemokratie war im Grunde die ein=
zige, der es bitterernst war mit dem sozialistischen Ideal, und
es wird auch nach dem Kriege sicherlich viel Zeit ins Land ge=
hen, ehe sie ganz das realisierbare Ideal von der nie zu verwirk=
lichenden Utopie unterscheiden lernt.

Längere Zeit war in der deutschen Sozialdemokratie eine starke
Strömung mächtig, die eine Teilnahme am parlamentarischen Le=
ben der bestehenden Staats= und Gesellschaftsordnung überhaupt
ablehnte, als unvereinbar mit dem sozialistischen Ideal. Erst
allmählich und sehr zögernd wuchs die Sozialdemokratie in das
parlamentarische Leben hinein, und es ist sehr kurze Zeit her,
daß sie sich überhaupt zu einer positiven Mitarbeit an einem Ge=
setzgebungswerk entschloß. Stets hat sie betont, daß ihre Ideen
nichts gemein hätten mit dem Rechtsbegriff, der Gesellschafts=
ordnung und den nationalen Idealen, auf die das bestehende
deutsche Staatsleben gegründet ist. Sie lebte mit der Summe

ihrer politischen Vorstellungen von Anbeginn in einer anderen
als der vorhandenen politischen Welt.

War sie doch auch unter allen sozialistischen Parteien der Kul=
turwelt die einzige, die die kosmopolitische Seite der marrischen
Ideen strenggläubig in ihr Programm aufnahm und mit allem
dem Nachdruck vertrat, der deutschen Parteiorganisationen in Pro=
grammfragen eigen ist. Die internationale Interessengemein=
schaft des Proletariats ward im Auslande in der Weise aner=
kannt, daß sozialistische Führer auf internationalen sozialistischen
Kongressen mehr oder weniger geistvolle Reden hielten, die die
„Internationale" priesen, ihrer Verwirklichung aber nicht eben
praktisch Bahn brachen. Der deutschen Sozialdemokratie ist
gerade die „Internationale" Überzeugungssache, und, was beim
Deutschen immer noch mehr sagen will, Gefühlssache gewesen.
Wie in den politischen, vor allem den verfassungsrechtlichen Zielen
der deutschen Sozialdemokratie mancherlei mögliche und unmög=
liche Tradition steckt, so ist auch ihr Kosmopolitismus urdeutsche
Überlieferung, die im sozialistischen Programm ihre parteipolitisch
einseitige Form angenommen hat. Ein Stück Weltbürger ist der
Deutsche zu allen Zeiten gern und mit Bewußtsein gewesen.
Das deutsche weltbürgerliche Ideal ist uns politisch, vor allem
in der auswärtigen Politik oft, sehr oft verhängnisvoll gewesen,
im geistigen Leben hat es die höchsten Schöpfungen unserer
Dichtung, die tiefsten unserer Philosophie getragen und durch=
drungen und mitgeholfen, dem deutschen Geist die ganze Welt
zu erobern. Kosmopolitismus und Internationalismus sind ge=
radezu Teil unserer nationalen Eigenart geworden. In der sozia=
listischen Arbeiterbewegung bekam das weltbürgerliche Ideal seinen
besonderen, auf ein scheinbar erreichbares praktisches Ziel ge=
richteten Inhalt. Freilich auch eine Begrenzung, die dem Ideal

seine deutsche Freiheit und Größe raubte. Die Idee der geistigen, der sittlichen Gemeinschaft der Völker, das „Seid umschlungen, Millionen" des schönen Schillerschen Gesanges, wurde im deutschen Sozialismus zur Vorstellung einer Interessen- und Kampfgemeinschaft einer bestimmten Volksklasse: des lohnarbeitenden Proletariats. So, wie es Marx in leidenschaftlicher Einseitigkeit verlangt hatte. Deutscher Sondergeist, ja, deutscher Kastengeist ging ein eigenartiges Bündnis ein mit deutschem Weltbürgersinn. Indem die deutsche Sozialdemokratie ihre letzten, ihre höchsten politischen Ziele auf das Internationale einstellte, schied sie sich grundsätzlich von allen anderen deutschen Parteien, die auf dem Boden nationaler Überlieferungen auf verschiedenen Wegen Ziele nationaler Entwicklung anstrebten. Sie wollte im nationalen Leben eine anationale Partei sein und ist es Jahrzehnte hindurch praktisch derart gewesen, daß sie sich allen Forderungen nationaldeutscher Politik entgegenstemmte.

Diese Selbstisolierung der Sozialdemokratie durch die Ablehnung des nationalen Gedankens wurde verschärft durch die unduldsame Betonung des sogenannten proletarischen Klassenbewußtseins, das von Anbeginn im Grunde nichts anderes war als eine besondere Form deutschen Kastengeistes. Das Werk der sozialistischen Weltverbesserung sollte vom Proletariat für das Proletariat vollzogen werden. Die anderen Volksklassen wurden begriffen als leidendes Objekt proletarischer Politik. Der Sozialdemokrat allein fühlte sich im Besitz und im Rechte der neuerlassenen Weltordnung, der Güter vermeintlich höheren sittlichen und gesellschaftlichen Lebens. Wir erlebten das seltsame geschichtliche Gegenspiel, daß sich im Verlauf des neunzehnten Jahrhunderts in Deutschland der vierte Stand als ein seiner Ansicht nach höher berechtigter stolz abschloß gegen die

anderen Stände, die in früheren Jahrhunderten sich mit Schran=
ken gegen die unteren Volksklassen umgeben hatten. Die recht=
liche und tatsächliche Aufhebung aller Standesvorteile im mo=
dernen Staatsleben hatte zur Folge, daß der, gewiß lange Zeit
zu Unrecht als minderberechtigt angesehene vierte Stand seiner=
seits Klassen= und Standesvorteile für sich in Anspruch nahm.
Eine solche Entwicklung barg in ihrer Anormalität die Vergänglich=
keit in sich. Wie der alte Kampf der oberen Klassen, nutzte
sich der neue sozialdemokratische Klassenkampf ab an den harten
Tatsachen des praktischen Lebens, das die Durchsetzung und Be=
rücksichtigung der vitalen wirtschaftlichen Standesinteressen in
den Vordergrund auch des politischen Kampfes schob.

Denn letzten Endes war es ja den sozialdemokratisch organi=
sierten und orientierten deutschen Arbeitern nicht darum zu tun,
für fühlbare und gegenwärtige wirtschaftliche Nöte Ersatz zu
finden in der Hoffnung auf die Erringung des sozialistischen
Staates, in dem Proletarier späterer Jahrhunderte sorgenfrei und
herrschend lebten. Der Arbeiter wollte vielmehr eine Erleichte=
rung seiner eigenen momentanen wirtschaftlichen Lage: höheren
Lohn, kürzere Arbeitszeit, Hilfe in Krankheit und Sorge für
sein Alter. Der Interessenkampf mit dem Unternehmertum, der
mit Aussicht auf Erfolge nur ausgefochten werden konnte auf
dem Boden der bestehenden Wirtschaftsordnung und für den
der Arbeiter erweiterte Bewegungsfreiheit nur durch Gesetzge=
bungsakte des vorhandenen Staates gewinnen konnte, führte
aber keineswegs vom staatlichen nationalen Leben hinweg, sondern
erst recht tief in dieses hinein. Ohne daß die Sozialdemokratie
es wollte und vielfach ohne daß sie es merkte, wandte sie sich
praktisch von sozialistischen und internationalen Zielen zu sozial=
politischen Aufgaben, die nur national erfüllt werden konnten.

Diese Wendung von der sozialistischen Ideologie zur sozialpo=
litischen Praxis fällt zeitlich und ursächlich zusammen mit der
Erstarkung der Gewerkschaftsbewegung. Während die Zahl soge=
nannter organisierter Sozialdemokraten nur langsam wuchs, nahm
die der Mitglieder der freien Gewerkschaften rapide zu. Sie
hat jene um das Dreifache überflügelt, so daß die Stärke der
Sozialdemokratie gegenwärtig fast allein auf den Gewerkschaften
beruht. Die Gewerkschaften aber schoben durchaus in den Vor=
dergrund ihrer Bestrebungen den Kampf um die Erringung
handgreiflicher wirtschaftlicher Vorteile für den Arbeiter, Vor=
teile, die schließlich dauernd nur im Zuge der Gesetzgebung des
vorhandenen Staates zu sichern waren. Die freien, d. h. sozial=
demokratischen Gewerkschaften hielten am sozialistischen Pro=
gramm fest, sie blieben Vertreter der „Internationale" wie der
Ideen des sozialistischen Zukunftstaates und politisch Träger
der radikal=demokratischen Bestrebungen, die Erbschaften sind
der großen französischen Revolution und des deutschen Vormärz.
Insofern haben sie in der Sozialdemokratie weder auf die Ab=
milderung der republikanischen noch der dem Ziele nach revolu=
tionären Tendenzen gewirkt. Aber sie haben doch durch die Ver=
folgung einer derben gegenwärtigen Interessenpolitik mit greif=
baren Zwecken für die allmähliche Umbildung der Sozialdemokra=
tie aus einer anationalen Partei blinden Klassenkampfes und
Klassenfanatismus zu einer Interessenvertretung deutscher Ar=
beiter viel getan. Sie haben dem Arbeiter gezeigt, daß er nicht
nur vom erhofften sozialistischen Zukunftsstaat zu gewinnen hat,
sondern auch im gegenwärtigen Staat viel gewinnen kann.

Neben den der Sozialdemokratie angeschlossenen freien Ge=
werkschaften waren andere Arbeiterorganisationen entstanden, die
der Vertretung der Arbeiterberufsinteressen dienen, ohne den

206

sozialistischen und radikaldemokratischen Zielen der sozialdemokra=
tischen Partei zu folgen. Mit mehr als 1¹/₂ Millionen organisier=
ter Mitglieder neben den 2¹/₂ Millionen freier Gewerkschaftler
sind sie ein starker Teil in der gesamten Arbeiterbewegung und
haben gerade dadurch, daß sie der Vertretung des Berufsinteresses
nicht die Spitze radikaler politischer Opposition gaben, viel dafür
getan, daß die wirtschaftliche Lage der deutschen Arbeiter ständig
besser geworden ist. Gerade diejenigen Parteien, denen die nicht
sozialdemokratischen Arbeiterorganisationen nahe standen, haben,
in erster Linie das Zentrum, das großartige Werk deutscher So=
zialpolitik durchführen helfen.

Als der Weltkrieg hereinbrach, sah die deutsche Arbeiterschaft
zurück auf die Ergebnisse eines halben Jahrhunderts deutscher
Arbeiterpolitik, auf die Erfolge ihrer eigenen Interessenkämpfe,
auf die Wirkungen einer staatlichen Gesetzgebung, die den Forde=
rungen, den Wünschen und Bedürfnissen der Arbeiterschaft ge=
folgt war. Wohl war die sozialdemokratische Partei stärker als
je zuvor, aber sie vertrat längst eine ganz andere Arbeiterschaft
als die gewesen war, der Marx zugerufen hatte: „Ihr habt nichts
zu verlieren als eure Ketten!" Der deutsche Arbeiter, mochte
er sozialdemokratisch sein oder nicht, hatte seit langem in der
Tat sehr viel zu verlieren. Mochte er sich auch noch längst nicht
am Ziel seiner Wünsche sehen, mochte er auch noch manches
Mal schwer am wirtschaftlichen Kampfe tragen, er war vorwärts
gekommen, sah auf ein gesichertes auskömmliches Ar=
beitsverhältnis, sah sich geschützt vor den Folgen von Krankheit
und den Sorgen des Alters. Ein verhältnismäßig großer Teil
des deutschen Proletariats war hineingewachsen in die Lebensver=
hältnisse des ehemaligen Kleinbürgertums. Und die zwar lang=
same aber stetige Aufwärtsentwicklung der deutschen Arbeiter=

schaft stand ganz und gar nicht unter den Bedingungen einer in=
ternationalen Interessengemeinschaft des Proletariats, sondern un=
ter denen der allgemeinen wirtschaftlichen, weltwirtschaftlichen
Entwicklung des deutschen Vaterlandes. Wie sollte, um nur
darauf hinzuweisen, nach einer deutschen Niederlage die Fortfüh=
rung der sozialen Gesetzgebung möglich sein? Liegt es nicht auf
der Hand, daß in einem besiegten Deutschland das in Jahrzehn=
ten mit vorbildlicher und sonst nirgendwo erreichter Umsicht
und Großzügigkeit aufgeführte Gebäude unserer sozialen Gesetz=
gebung zusammenbrechen würde? Was keine Belehrung je ver=
mocht hätte, das hatten die nüchternen Tatsachen des täglichen
Lebens geleistet: auch den sozialdemokratischen Arbeiter über=
zeugt, daß sein Wohl und Wehe unauflöslich verbunden ist mit
dem Wohl und der Sicherheit des gesamten deutschen Volkes,
mit der Macht des Deutschen Reiches. Als das Vaterland in
Gefahr war, vermochten alle sozialistischen und internationalen
Ideale nichts gegen den handfesten auf Interessen gegründeten Pa=
triotismus, der dem Arbeiter den nationalen Krieg zu einem
Kampf für die eigenen Interessen machte. Nichts konnte die
Gemeinschaft der Arbeiterschaft und des bestehenden Staates
bündiger beweisen als die Tatsache, daß sich gerade auch die
freien, die sozialdemokratischen Gewerkschaften sogleich nach
Kriegsausbruch für die Mitarbeit an der Erfüllung der großen
wirtschaftlichen Kriegsaufgaben des Reiches zur Verfügung
stellten.

Es wird in Zukunft für die Sozialdemokratie keine leichte Auf=
gabe sein, das Bekenntnis zu Staat und Vaterland, das sie in
diesem Kriege abgelegt hat, in Einklang zu bringen mit dem
sozialistischen, radikaldemokratischen Programm, an dem fest=
zuhalten sie entschlossen scheint. Sie wird den Entschluß finden

208

müssen, manches ihrer alten Ziele zu opfern, wird, wenn sie auch in kommender Friedensarbeit fester und fester in das nationale Gesamtleben hineinwachsen soll, mit den Tendenzen und Allüren ehemaligen Klassenkampfes brechen müssen. Schwankungen und Rückschläge werden unvermeidlich sein. Aber daß die Sozial= demokratie den mit ihrer Haltung in diesem Kriege gewonnenen gleichberechtigten Platz unter den deutschen Parteien durch ihre eigene Maßhaltung, Besonnenheit und ihr Verständnis für kom= mende nationale Forderungen behauptet, das liegt wie im ge= samtdeutschen Interesse, so auch im Interesse der Arbeiterschaft.

Es wird aber auch eine der bedeutsamsten Aufgaben der Re= gierung, und der anderen Parteien sein, der im Kriege für die nationale Sache gewonnenen Sozialdemokratie im Frieden das Einleben in das Staatsleben zu erleichtern. Der Staat muß dem Arbeiter vorurteilslos und gerecht begegnen, auch dem sozial= demokratischen. Er muß es ihm erleichtern, sich als Vollbürger zu fühlen. Öffentlich sowohl wie gesellschaftlich. Und eine ge= schickte und weitherzige Staatsverwaltung wird viel in dieser Rich= tung tun können.

Jeder einsichtige Patriot, ohne Unterschied der Parteistellung, wird die Worte unterschreiben, die im März 1915 in einem in Berlin gehaltenen Vortrag der sozialdemokratische Reichstags= abgeordnete Heine gesprochen hat. „Die dem Deutschen von jeher eigentümliche innere Streitsucht und Zerrissenheit," führte Herr Heine aus, „haben die Gründung des Reiches überdauert und sind nun nach innen geschlagen. Deutschland ist noch viel zu viel in der vormärzlichen Begriffswelt, in der Enge der Kleinbürger= zeit stecken geblieben. Der Deutsche sieht in jedem politisch Andersdenkenden einen persönlichen Feind. So war das Volk in getrennte Lager zerrissen. Das ist durch den Krieg anders

geworden. Aber wir müssen uns darüber klar werden, daß
Deutschland nicht nur bedroht ist, sondern daß es auch nach sieg=
reicher Beendigung des Krieges bedroht bleiben wird, daß dann
unsere Arbeit härter, der Verdienst geringer, die Last größer,
die Gefahr neuer Kriege noch näher sein wird als vordem. Darum
darf auch das Einheitsbewußtsein des Volkes nicht aufhören.
Achtung, Entehrung, Verachtung der Gegner muß aufhören, denn
sie zerstören das Bewußtsein der Einheit, der Zusammengehörig=
keit. Darum muß die Hetze gegen eigene Volksgenossen ein Ende
haben. Jeder soll weiter für seine Überzeugung kämpfen, aber
mit sachlicher Kühle, und niemals vergessen, daß auch der Geg=
ner das Beste seines Volkes erstrebt. Nur wenn wir den engen
Philistergeist unter uns überwinden, der abweichende Meinungen
nicht vertragen kann, werden wir zu einem inneren Frieden ge=
langen, der fruchtbare Arbeit im Volksinteresse ermöglicht." Der
Abgeordnete Heine sprach damit einen Wunsch aus, dem ich in
der letzten Rede, die ich im Deutschen Reichstag gehalten habe,
am 16. Juni 1909 Ausdruck gab[1]), als ich sagte: „Ich hoffe,
wir werden dahin kommen, daß man den anderen, weil er in einer
politischen oder in einer wirtschaftlichen oder sozialen Frage an=
ders denkt als man selbst, deshalb nicht gleich für einen Narren
oder für einen Schurken hält. Das wird dann ein schöner Fort=
schritt sein auf dem Wege der Befreiung von geistiger Gebunden=
heit, der Abstreifung von Philisternetzen. Aber vorläufig sind
wir noch nicht so weit." Goethe wußte, wo uns der Schuh drückt,
als er in einem berühmten Vers dem alten Blücher, der uns
von Franzen befreite, sich selbst gegenübergestellt mit seinem
Streben, den Deutschen „von Philisternetzen" los zu machen.
Das beste Mittel, die Arbeiterschaft von dem Glauben des

[1]) Reden V, Seite 196 ff.

Sozialismus an eine andere, unendlich bessere Zukunft zu heilen, bleibt eine mutige und großzügige Politik, die die Freude an der Gegenwart des nationalen Lebens zu erhalten versteht. Eine Politik, die die besten nationalen Kräfte anspannt, eine Politik, die den zahlreichen und immer zahlreicher werdenden Mittelstand, der in seiner überwältigenden Mehrheit fest zur Monarchie und zum Staat steht, anzieht, erhält und stärkt, die ohne bureaukratische Voreingenommenheit dem Talent auch im Staatsleben freie Bahn schafft, eine Politik, die an die besten nationalen Empfindungen appelliert. Das nationale Moment muß immer wieder durch nationale Aufgaben in den Vordergrund gerückt werden, damit der nationale Gedanke nicht aufhört, die Parteien zu bewegen und zu binden. Nichts wirkt entmutigender, lähmender und verstimmender auf ein geistig reges, lebendiges und hoch entwickeltes Volk, wie es das deutsche ist, als eine monotone, unlebendige Politik, die eine Aufregung der Leidenschaften durch starke Entschlüsse scheut, um den Kampf zu vermeiden. Mein Amtsvorgänger, Fürst Chlodwig Hohenlohe, war als Botschafter in Paris mir während langer Jahre ein wohlwollender Chef, der sich auch außerhalb der Dienststunden gern mit mir unterhielt. Als er mir einmal einen damals bekannten bayrischen Staatsmann als besonders tüchtig, gewissenhaft und fleißig rühmte, fragte ich ihn, weshalb er als bayrischer Ministerpräsident den Betreffenden nicht für einen Ministerposten in Vorschlag gebracht habe. „Zum Minister war er nicht leichtsinnig genug", erwiderte der Fürst mit großem Ernst. Als ich meinem Befremden darüber Ausdruck gab, daß ein so besonnener, ruhiger und vorsichtiger Mann wie Fürst Hohenlohe so etwas sagen könne, erwiderte mir der weltkluge Fürst: „Meine Bemerkung sollen Sie nicht als eine Aufforderung zu leichtsinniger Lebensführung auffassen, zu der

14*

die Jugend ohnehin neigt. Was ich sagen wollte, war politisch
gemeint. Ein Minister muß eine ordentliche Portion Entschluß=
freudigkeit und Schlagkraft in sich haben. Er muß auch gelegent=
lich einen großen Einsatz riskieren und gegen eine hohe Hürde
anreiten können, sonst wird es nichts Rechtes." Dieser Bemer=
kung des Fürsten Hohenlohe ließen sich manche ähnliche Äuße=
rungen des Fürsten Bismarck zur Seite stellen. Regierungen und
Minister dürfen Kämpfen nicht aus dem Wege gehen. Notwen=
diger als die Reibung der Parteien aneinander bedarf ein ge=
sundes Volk der Reibung an der Regierung. Diese Reibung er=
zeugt die belebende Wärme, ohne die das politische Leben der
Nation am Ende langweilig wird. Der Deutsche hat nun einmal
von jeher das tiefgefühlte Bedürfnis, sich zuweilen an seiner
Obrigkeit zu stoßen. Nichts verdrießt ihn mehr, als wenn er
fühlt, daß dem Stoß nicht widerstanden, sondern ausgewichen
wird. Und man wird immer finden können, daß die Parteien ihre
Gegensätze dann am meisten verschärfen, wenn die Regierung sich
abgeneigt zeigt, sich ihnen zu gelegentlichem Renkontre zu stellen.
Die alte deutsche Lust am Kampfe, die wir aus Geschichte und
Sage kennen, lebt in unserem politischen Leben fort. Die beste
Politik ist dem Deutschen nicht die, die ihm ungestörte Ruhe läßt,
sondern die, die ihn in Atem, im Kampf hält und am Ende ge=
legentliche Kraftproben gestattet, mit einem Worte eine Poli=
tik, die durch ihre eigene Lebendigkeit Leben zu erwecken versteht.

Freilich besteht ein Unterschied zwischen politischem Kampf und
politischer Verärgerung. Jener wirkt belebend, diese vergiftend.
Im Volk versteht man wohl zu erkennen, ob die Regierung ihre
Kraft im Großen erprobt oder im Kleinen mißbraucht. Vom
Herrn im Staat gilt dasselbe wie vom Hausherrn. Die Haus=
tyrannen sind meist Schwächlinge, die willensstarken Männer sind

daheim im Kleinen weitherzig und nachsichtig, weil sie ihre Kraft im Großen brauchen. Durch eine Politik der Nadelstiche macht sich eine Regierung nur unbeliebt, ohne sich Ansehen zu erwerben. Nichts erzeugt leichter Unzufriedenheit mit dem Bestehenden, nichts wirkt radikalisierender auf die Volksstimmung als engherziger Bureaukratismus, polizeiliche Ungeschicklichkeit und vor allem Eingriffe und Übergriffe auf geistigem Gebiet, auf dem ein Kulturvolk mit vollem Recht von der Politik unbehelligt bleiben will. Es ist nicht eine spezifisch deutsche, sondern eine allgemein menschliche Eigentümlichkeit, daß persönlich erlittene Unbill, persönlich erlebter Ärger über Mißgriffe der Verwaltungsorgane, tiefer und dauernder im Gedächtnis zu haften pflegen als die beste, die fundierteste politische Überzeugung. Aus der Blüte der Bureaukratie saugt die Sozialdemokratie oft den besten Honig. Man muß im Ausland gelebt haben, um ganz zu ermessen, was Deutschland und was insbesondere Preußen an seinem Beamtentum besitzt, das von großen Regenten und ausgezeichneten Ministern aus dem kostbaren Stoff deutscher Treue und Gewissenhaftigkeit, Arbeitslust und Arbeitskraft geformt, auf allen Gebieten Unvergleichliches geleistet hat. Wenn vor dem Deutschen, der in die Heimat zurückkehrt, das Land zwischen Alpen und Ostsee, Maas und Memel daliegt wie ein wohlgepflegter Garten, so verdanken wir das nicht zum geringsten Teil unserem Beamtentum. Dieses Beamtentum wird auch in Zukunft um so Größeres leisten, je mehr es unter Wahrung seiner traditionellen Vorzüge sich freihält von unseren alten Erbfehlern Pedanterie und Kastengeist, je freier sein Blick, je humaner seine Haltung im Verkehr mit allen Bevölkerungsklassen, je aufgeklärter seine Denkungsart. Nachgiebigkeit, Vorurteilslosigkeit im kleinen sind durchaus zu vereinen mit rücksichtsloser Energie im großen. Es

ist bei uns ein nicht seltener Irrtum, die Energie mehr in den
Manieren und in der Ausdrucksweise als im Handeln zu suchen,
grobe Manieren und schnoddrige Reden für Tatkraft, und umge=
kehrt die Wahrung des guten Tons für Schwäche zu halten.
Liebenswürdigkeit und Ritterlichkeit brauchen Entschlußfähigkeit
und Schlagkraft nicht auszuschließen, Höflichkeit in der Form
läßt sich mit scharfem sachlichem Durchgreifen wohl verbinden.
Im Gegensatz zu der bekannten römischen Regel sind wir allzu
geneigt, die Fortitudo in der Form zu prästieren, und in Klei=
nigkeiten, bei weitgehender, oft zu weit gehender Suavitas in
sachlicher Beziehung und in großen Dingen. Das gilt für die
äußere wie für die innere Politik.

Im Hinblick auf die innere Politik der deutschen Zukunft be=
stärkt die Haltung der Sozialdemokratie im August 1914 mich
neu in dem Glauben, dem ich vor 13 Jahren im Reichstag
Ausdruck gab mit den Worten[1]), daß die Monarchie, welche am
Anfang des vorigen Jahrhunderts ohne gewaltsame Erschütterung
den Übergang gefunden hat vom alten zum neuen Staatswesen,
auch heute stark und einsichtig genug ist, um diejenigen Übelstände
und Mißstände, welche neben vielen Lichtseiten die moderne Ent=
wicklung der Dinge mit sich gebracht hat, und die wir zusammen=
fassen unter dem Namen „soziale Frage“, zu mildern und soweit
zu beseitigen, wie dies möglich ist auf dieser unvollkommenen Erde.

[1]) Reden I, Seite 207.

Ostmarkenpolitik

Es ist zu unterscheiden zwischen dem staatlichen Herrschbereich eines Volkes und seinem nationalen Besitzstand. Beide fallen selten vollständig zusammen. Der Versuch, sie einander anzupassen, sei es durch Erringung staatlicher Herrschaft über den Raum nationaler Verbreitung, sei es durch Ausbreitung nationaler Kultur über das Gebiet staatlicher Macht, beherrscht eine große Summe der Verwicklungen in der neueren Geschichte. Er hat seine modernste Ausdrucksform gewonnen in derjenigen Form der Kolonialpolitik, die mit einem nicht ganz zutreffenden und bisweilen falsch angewandten Schlagwort Imperialismus genannt wird. Waffentüchtige, wirtschaftlich geschickte Völker von überlegener Kultur werden im allgemeinen mit dem Arm ihrer staatlichen Macht weiter reichen als mit der Herrschaft ihrer nationalen Kultur und ihre Arbeit daran setzen, der machtpolitischen Eroberung die nationale folgen zu lassen. Schwache und untüchtige Völker müssen es ansehen, daß fremde Nationalität in ihren Staatsgrenzen an Verbreitung und Geltung gewinnt. Ein Drittes gibt es nicht. Im Nationalitätenkampf ist eine Nation Hammer oder Amboß, Siegerin oder Besiegte. Wäre es auf unserer Erde einzurichten, daß die Nationalitäten sich durch Grenzpfähle oder Grenzsteine so fein säuberlich von einander trennen ließen wie die Staaten, so wäre der Weltgeschichte, wäre der Politik, deren Aufgabe es ja ist, Weltgeschichte zu machen, ihr schwerstes Problem genommen. Aber die Staats-

grenzen scheiden nun einmal nicht die Nationen von einander.
Wäre es weiterhin möglich, daß die Angehörigen verschiedener
Nationalitäten mit verschiedenen Sprachen, Sitten und verschie=
denartigem Geistesleben Seite an Seite in einem und demselben
Staate lebten, ohne der Versuchung zu erliegen, einander die
eigene Nationalität aufzudrängen, so sähe es ein gut Teil fried=
licher aus auf Erden. Aber es ist nun einmal Gesetz im ge=
schichtlichen Leben und Werden, daß, wo verschiedene nationale
Kulturen einander berühren, sie um den Vorrang kämpfen, daß,
wo zwei verschiedene Nationalitäten an denselben Raum ge=
bunden sind, es schwer ist, beide zufrieden zu stellen, daß es
unter solchen Voraussetzungen leicht zu Friktionen kommt. Wie
es geschehen kann, daß Maßnahmen, die von der einen Seite
in gutem Glauben getroffen werden, auf der anderen Seite Er=
regung und Widerstand hervorrufen, das zeigt sich vielleicht
nirgends so deutlich wie in demjenigen Teil des alten Polens,
wo nach der Teilung den polnischen Wünschen am weitesten
entgegengekommen wurde. Ist es den Polen gelungen, in Gali=
zien die Ruthenen zufrieden zu stellen? Führen nicht die Ru=
thenen an den Karpathen und am Pruth die gleichen, wenn
nicht heftigere Klagen gegen die Polen als diese an der Warthe
und Weichsel gegen uns Deutsche? Auch andere Länder hallen
wider von Nationalitätenkämpfen und den Anklagen der Natio=
nalisten gegen einander.

Die Nationen sind nun einmal von dem höheren Wert und
deshalb dem besseren Recht ihrer Kultur überzeugt und beseelt
von dem einer unbewußten Naturkraft gleichenden Drange, der
eigenen Kultur weite und weitere Geltung zu erobern. Nicht
allen Völkern ist diese Kraft bewußt. Sie war es jenen großen
römischen Heerführern und Staatsmännern, die als die ersten

Weltpolitiker großen Stils in Griechenland, Kleinasien, Nord= afrika, vor allem in Gallien und Germanien erobernd vorgingen und auf die Eroberung mit den Waffen alsbald die Eroberung mit der überlegenen römischen Kultur folgen ließen. Ein solches unbeirrbares nationales Kulturbewußtsein lebt im englischen Volk. Der Engländer ist durchdrungen von der Überlegenheit der angel= sächsischen Kultur. Er mißbilligt es, wenn andere Nationen mehr oder minder energisch mit der Propaganda ihrer Kultur vor= gehen, aber er wirft nie die Frage auf, ob England selbst zu solchem Vorgehen berechtigt sei. Er ist überzeugt, daß englische Herrschaft und die ihr folgende Anglisierung eine Wohltat ist, und er entnimmt das Recht zu Ausdehnung und Eroberung seinem Bewußtsein von der Überlegenheit der angelsächsischen Kultur und angelsächsischer Institutionen. Die grandiose Schöp= fung des britischen Imperiums, des größten Reiches, das die Welt seit dem Römerreich gesehen hat, für die niemals ein Opfer an Blut und Gut gespart worden ist, wurde und wird getragen von dem unerschütterlichen Bewußtsein und Willen des englischen Volkes überall da, wohin die englische Macht reicht, Träger einer höheren Kultur zu sein. Der englische Glaube an die Überlegenheit des eigenen, geistigen, sittlichen, religiösen, rechtlichen und wirtschaftlichen Lebens ist die Lebens= kraft der englischen nationalen Politik. Solcher jeden Briten erfüllende Geist ermöglicht es bis heute einer Handvoll eng= lischer Beamten und einer geringen englischen Truppenmacht, 300 Millionen Inder zu beherrschen.

Höhere Kultur hat zu allen Zeiten einen politischen Rechts= titel verliehen. Der Glaube an eine wirkliche oder vermeint= liche höhere Kultur hat stets einen Rechtsanspruch hervorgerufen. Als das Frankreich der großen Revolution mit seinen Heeren

Europa überschwemmte, schuf es sich ein Eroberungsrecht auf Grund der vermeintlichen Segnungen republikanischer Freiheiten. Es fühlte sich als Träger einer überlegenen politischen Kultur gegenüber anderen Völkern, vor allem Deutschen und Italienern. Es gab besonders in unserem Vaterlande nicht wenige, die diesen Rechtstitel anerkannten und von ihrem Irrtum erst durch die bitteren Erfahrungen der napoleonischen Zwingherrschaft geheilt wurden. In romanischen Ländern sind weite Kreise noch heute in diesem Irrtum befangen. Die Kulturmission der französischen Revolution beruhte auf einer grundsätzlichen Verkennung des Wesens der Kultur, innerhalb deren neben Religion, Sitte, Recht und Bildung politische Institutionen nur nebengeordneten Wert haben, und sie verurteilte sich selbst durch die wachsende Brutalität der napoleonischen Herrschaft. Aber es gibt berechtigte Kulturmissionen. Solche haben christliche Kolonialmächte der Gegenwart in Afrika erfüllt. So war Rußland in Zentralasien der Träger höherer Kultur. Und wenn der Kampf der höheren mit der niederen Kultur einmal aufhören sollte in der Weltgeschichte, so hätte unser Glaube an die Fortentwicklung der Menschheit an Boden verloren. Wir wären um eine große ideale Hoffnung ärmer.

Eine Kulturmission ist es gewesen, die uns Deutsche einst über die Elbe und die Oder nach dem Osten geführt hat. Das Kolonisationswerk im deutschen Osten, das, vor beinahe einem Jahrtausend begonnen, heut noch nicht beendet ist, ist nicht nur das größte, es ist das einzige, das uns Deutschen bisher gelungen ist. Niemals in der Weltgeschichte ist um eine Kolonisation von solchem Umfange weniger Blut geflossen, weniger Gewalt geschehen, als um diese. Das gilt besonders von der deutschen Kolonisation im ehemaligen Königreich Polen. Jahr-

hundertelang haben hier die vielfach von den polnischen Königen
ins Land gerufenen deutschen Kolonisten als treue polnische
Untertanen gelebt und sind den Polen Lehrmeister höherer Kultur
gewesen. Auch die Zeiten, in denen die Deutschen in Polen
bedrückt und nicht selten entrechtet wurden, wissen nichts von
deutscher Auflehnung in Polen zu melden. Als die Polen selbst
sich schließlich außerstande zeigten, ein staatliches Leben zu erhalten und der starke preußische Rechts- und Ordnungsstaat
Teile ehemals polnischen Reichsgebietes unter seine Herrschaft
stellte, da war in diesen Gebieten schon seit Generationen deutsche Kulturarbeit geleistet worden . Es geschah das Seltene, daß
die Aufrichtung staatlicher Herrschaft der kolonisatorischen und
kulturellen Erwerbung nicht voraufging, sondern nachfolgte. Die
staatliche Einverleibung unserer Ostlande Posen und Westpreußen
wäre nicht erfolgt und hätte nicht erfolgen können, wenn die
polnische Adelsrepublik ein lebensfähiges Staatswesen gewesen
wäre. Als die Einfügung in die deutsche Herrschaft des Preußischen
Staates erfolgte, wirkte sie wie eine späte, eine verspätete politische Inanspruchnahme des Rechtes, das die deutschen Be-
wohner Westpreußens und Posens durch ihre kulturellen Leistungen längst geschaffen hatten. Ganz abgesehen davon, daß,
wenn Preußen die Deutschen in Polen nicht unter deutsche Herrschaft gestellt hätte, sie unter russische Herrschaft gekommen wären.

Unsere Ostlande sind unser deutsches Neuland. Trotzdem sie
um Menschenalter früher staatlich einverl.ibt worden sind als
Elsaß-Lothringen und Schleswig-Holstein, sind sie doch jüngere
nationale Errungenschaften. Im Westen zumal ist nur alter
deutscher Reichsbesitz staatlich zurückgewonnen worden, Besitz,
in dem die deutschen Kaiser schon unbestritten geboten, als sich
östlich der Elbe weder ein deutsches Schwert mit dem wendischen

gekreuzt hatte, noch ein deutscher Pflug in wendischen Boden gesenkt war. Dies Neuland im Osten, erobernd betreten in der Zeit höchster deutscher Reichsmacht, mußte uns bald staatlich und vor allem national Ersatz werden für verlorenes altes Land im Westen. „Es hat eine Zeit gegeben," sagte ich im Januar 1902 im preußischen Abgeordnetenhause[1]), in einer Zeit, wo niemand an die Möglichkeit einer europäischen Katastrophe, niemand an eine Umgestaltung der europäischen Machtverhält= nisse dachte, „wo man sehr tief Atem schöpfen mußte, wenn man vom Heiligen Reich sprach, wo das Deutsche Reich im Süden und Westen weiter reichte als heute. Wir denken nicht daran, diese Zeiten zurückzuwünschen; wir denken nicht daran, unsere Grenzen in irgendeiner Richtung vorschieben zu wollen. Aber das, was uns die Vorsehung gewährt hat als Entschä= digung und Ausgleichung für anderweitige Verluste, unseren Besitzstand im Osten, müssen und werden wir festhalten."

Von weither gesehen möchte die deutsche Bewegung von Ost nach West und wieder nach Ost als etwas Einheitliches, etwas Ganzes erscheinen. Im 7. Jahrhundert haben wir Deutschen alles Gebiet rechts der Elbe geräumt und sind weit hinüber= gedrungen nach Westen bis tief hinein nach Frankreich. Holland, Flandern, Brabant, Burgund, Luxemburg und die Schweiz waren deutsches Reichsgebiet, waren zum Teil national=deutsches Land. Noch im 14. Jahrhundert war die Rhone an ihrem Oberlauf deutsche Reichsgrenze. Aber diese Gebiete gingen verloren, poli= tisch durch den Verfall der deutschen Reichsmacht, völkisch, weil unser nationaler Körper in der Tat das weite Gewand des Heiligen Reiches nicht auszufüllen vermochte. Niemand in Deutschland denkt an die Wiedereroberung der Quellen= und der

[1]) Reden II, Seite 115.

220

Mündungsgebiete des Rheins. Die uneingeschränkte Selbständigkeit und die volle Souveränität der Schweiz wie der Niederlande sind von uns immer respektiert worden, wir werden sie auch in Zukunft auf das gewissenhafteste achten. In Europa wie in Asien und Amerika, in Nord= wie in Südafrika sind wir im Gegensatz zu unseren heutigen Gegnern der freien Entwicklung der Völker und Staaten nie in den Weg getreten. Wenn viele Patrioten hoffen, daß wir die Stellung, die wir mit Strömen von Blut in Belgien und insbesondere an der belgischen Nordseeküste gewonnen haben, dauernd behaupten werden, so entspringt solcher Wunsch der naheliegenden Erwägung, es könne nur diese Stellung uns gegenüber Rachegelüsten und neuen Angriffen unserer Gegner wirkliche und dauernde Sicherheit gewähren. Aber kein Verständiger wird sich mit dem Gedanken an die Wiedergewinnung von Gebieten tragen, deren Erwerbung keine strategische oder wirtschaftliche Notwendigkeit für uns ist. Als wir am Ausgang des Mittelalters im Westen an Boden einbüßten, hatten wir im Osten schon Ersatz gefunden, fluteten die Deutschen schon zurück in die alte germanische Heimat, die während der Völkerwanderung von ihnen verlassen wurde, und in die slawische Volksstämme nachgedrängt waren. Und die deutschen Kolonisten, die sich östlich der Elbe, jenseits der Oder, an der Weichsel, am Pregel festsetzten, kamen her aus den westlichen Landstrichen, nicht wenige eben aus jenen Gebieten, die wir später einbüßten.

Die gewaltige östliche Kolonisationsarbeit ist das beste, das dauerndste Ergebnis unserer glanzvollen mittelalterlichen Geschichte. Diese Arbeit wurde nicht geleistet von einem einzigen der deutschen Stämme, sondern von allen gemeinsam. Sie alle, Sachsen, Franken, Bayern, Schwaben, Thüringer, Loth=

221

ringer, Flandrer und Friesen haben ihre Stammesangehörigen in den deutschen Osten gesandt. Weltliche und Geistliche, Ritter und Bauern. Das neue ostelbische Kolonialland überbrückte zuerst die in jenen Zeiten noch vielfach tiefen Gegensätze zwischen den deutschen Stämmen. Es war ein allgemein-deutsches Land mit einer Bevölkerung, die nichts anderes war und sein wollte als deutsch, im Gegensatz zu Wenden und Polen. Wenn später diese ostelbischen Stammlande der brandenburgisch-preußischen Monarchie in trüben Zeiten zuerst wieder einen deutschen Willen gegen das Ausland fanden, wenn von ihnen in unserer Zeit unter dem schwarzweißen Banner des deutschen Ordensstaates die Einigung der deutschen Länder- und Völkermasse im neuen Reich verwirklicht wurde, so lagen in der Entstehung und Besiedelung dieser deutschen Kolonistenlande die ersten frühen Voraussetzungen. Was im Mittelalter die deutschen Stämme des Westens und Südens dem unwirtlicherem Osten gaben, das gab ihnen dieser Osten tausendfältig wieder, als Preußen dem ganzen Deutschland die staatliche Einigung brachte. Unter denselben Farben, unter denen einst das Heer der Deutschritter die Ostmark für das Deutschtum eroberte, siegen heute im Osten wie im Westen die Heere des ruhmvollen Staates, der vom alten Ordensstaat Farben, Namen und vor allem dessen ursprünglichen Geist übernommen hatte.

Die Jahrhunderte der Ottonen, Salier und Hohenstaufen haben Taten gesehen und Ereignisse von blendenderem Glanz als die tapfere fleißige Kolonisierung Ostelbiens, aber nichts Größeres. Von dem romantischen Schimmer der Kreuz- und Römerzüge ist auch die Eroberung des alten Preußenlandes durch den Deutschen Ritterorden nur ein schwacher Abglanz. Und die zähe Kulturarbeit der Mönchsorden in den östlichen

Wäldern und Sümpfen, der deutschen Bürger in den neuent=
stehenden östlichen Städten nehmen sich vollends prosaisch und
hausbacken aus neben den großartigen, aber unglücklichen Aben=
teuern der alten kaiserlichen Weltpolitik. Aber es war, wie so
oft in der Geschichte, das Glänzende, das aller Augen auf sich
zog, nur für den Augenblick geboren, um bald zu verschwinden,
während das Unscheinbare, was sich gleichsam auf einem Neben=
geleis der deutschen Geschichte vollzog, das Echte war, das
der Zukunft unverloren blieb. Die Kleinodien des Heiligen
Römischen Reichs Deutscher Nation, Reichsapfel und Schwert,
Mantel und Zepter, die alte deutsche Kaiserkrone stammten
aus Sizilien, und der sie erwarb, Kaiser Heinrich VI., ruht im
Dom von Palermo. Von dort kamen die Reichskleinodien in
die Wiener Schatzkammer, wo sie sich noch befinden. Aber der
erste Kaiser des neuen Deutschen Reichs hat sich die preußische
Königskrone in der Hauptstadt des Ordenslandes, in Königs=
berg, aufs Haupt gesetzt. Wir gedenken heut mit größerem Dank
des Deutschen Ordens, der uns Preußen gab, der Welfen,
die uns Holstein und Mecklenburg gewannen, und der branden=
burgischen Askanier, als der Siege in Italien und Palästina.
Das folgenreichste nationale Mißgeschick war nicht der traurige
Untergang der Hohenstaufen durch die Ränke welscher Politik,
sondern der Tag von Tannenberg, der den Verlust eines großen
Teiles jahrhundertelanger deutscher Kolonisationsarbeit, den na=
tionalen Verlust Westpreußens und Danzigs an Polen zur Folge
hatte und der stolzen Selbständigkeit des deutschen Ordens=
staates ein Ziel setzte. Es war die weise Staatskunst der
hohenzollerischen Kurfürsten, die es verhinderte, daß uns Deut=
schen der nationale Besitz im äußersten Osten vollends entglitt
und die hier auf östlichen deutschen Vorposten frühe schon

das allgemeine deutsch=nationale Interesse dem Staatsinteresse
Brandenburg=Preußens vermählte. Es kann eine Frage sein,
ob ohne den schwarzen Tag von Tannenberg, jene Niederlage
bei dem ostpreußischen Städtchen, dessen Name erst in unserer
Gegenwart durch den ruhmvollen Sieg des Generalfeldmar=
schalls von Hindenburg für alle Zeiten einen anderen und
schönen Klang erhalten hat, der Ordensstaat imstande geblieben
wäre, den Osten gegen die polnische Übermacht auf die Dauer
deutsch zu erhalten. Es ist keine Frage, daß wir Ost= und
Westpreußen für alle Zeiten verloren hätten wie zuvor die west=
lichen und südlichen Gebiete, wenn Deutschland nicht im Hause
Hohenzollern ein ebenso unverdrossener und umsichtiger wie
tapferer und entschlossener Hüter der deutschen Marken er=
standen wäre. Das Recht auf Ostpreußen, das durch eine kluge
Familienpolitik geschaffen war, hat der Große Kurfürst mit
dem Schwert behauptet, als er in der Warschauer Schlacht
siegreich den roten Adler von Brandenburg gegen den weißen
Adler des Königs von Polen führte und die Fesseln pol=
nischer Lehensherrschaft zerbrach. Klug nannte der erste König
sich König in Preußen und sprach damit für seine Nachfolger
die Erwartung aus, König von Preußen durch den einstigen
Besitz Westpreußens zu werden. Und diese Erwartung erfüllte
sich, als der Große König in der ersten Teilung Polens West=
preußen erhielt, als den Siegespreis des Siebenjährigen Krieges,
wie Friedrichs des Großen Biograph, Reinhold Koser, treffend
sagt. Nur dem Sieger von Roßbach, Leuthen und Zorndorf
gewährte die Zarin Katharina einen Anteil an polnischem Lande,
das aufgehört hatte, ein selbständiges staatliches Existenzrecht
zu haben, seitdem die staatlichen Zustände der Adelsrepublik
anarchische geworden waren.

224

Nicht als neuerworbenes, fremdes, sondern als zurückgewonnenes deutsches Land ward Westpreußen angesehen. Und mit Recht. Denn deutsch war dies Land unter der Ordensherrschaft politisch gewesen, und deutsch war es geworden durch die Arbeit deutscher Siedler in Stadt und Land. Preußen brachte aber nicht nur dem westpreußischen Deutschen eine deutsche Herrschaft wieder und das schöne Recht, als deutscher Bürger eines deutschen Staates zu sein, es brachte seinen neuen polnischen Untertanen Freiheit und Recht. Als das einzige Land, wo die Masse des Volkes aller Rechte der Menschheit entbehrte, hatte König Stanislaus Leszczinski klagend sein Land bezeichnet. Das milde und strenge, freie und gebundene, gerechte Regiment des großen Preußenkönigs brachte der polnischen Bevölkerung, was sie bis dahin entbehrt hatte. „Das sicherste Mittel, diesen geknechteten Leuten bessere Begriffe und Sitten beizubringen, wird immer sein, solche mit der Zeit mit Deutschen zu vermischen, und wenn es nur anfänglich mit zwei oder drei in jedem Dorf geschehen kann", schrieb Friedrich der Große noch vor dem Teilungsjahr 1772. Noch ehe ein Fußbreit polnischen Landes in preußischen Besitz gekommen war, kennzeichnete der Große König in einer Zeit, die das Nationalitätenproblem im modernen Sinne noch gar nicht kannte, die künftige Kulturaufgabe Preußens in den polnischen Gebieten als eine Germanisierung. Alsbald nach der Besitzergreifung begann er mit dem Ansiedlungswerk, für das er seine Siedler in ganz Deutschland suchte und fand. Auch der König setzte nur fort, was im Mittelalter begonnen war, die nationale Eroberung des deutschen Ostens durch die Ansiedlung deutscher Landwirte auf dem Lande, deutscher Handwerker, Kaufleute und Gewerbetreibender in den Städten. Und als Bismarck mit seiner

Ansiedlungspolitik im Jahre 1886 in größerem Maßstabe vorging, da griff er, wie in so vielen der größten seiner nationalen Entschlüsse, die Zügel auf, die der Große König gehalten hatte, und die nach seinem Tode am Boden geschleift hatten. Ein Beweis unter vielen, wie einheitlich die nationale Geschichte der Völker ist, ein Beweis, daß es in nationaler Hinsicht nicht zwei Möglichkeiten von gleichem Recht, sondern nur eine von eigenem Recht gibt. So wahr es ist, daß wir unter den veränderten Verhältnissen die großen Vorbilder der Vergangenheit nicht sklavisch nachahmen dürfen, so wahr ist es aber auch, daß die großen nationalen Gesichtspunkte, die unsere größten Männer geleitet haben, ihren Wert für alle Zeiten und Gelegenheiten behaupten, und daß man ungestraft nicht dagegen sündigen kann.

Es ist bekannt, daß Preußen von dem ungeheuren Zuwachs an ehemals polnischem Gebiet, das ihm die zweite und dritte Aufteilung Polens gebracht hatten, bei seiner Wiederherstellung im Jahre 1815 nur einen geringen Teil behalten hat, neben Westpreußen die heutige Provinz Posen, im ganzen nicht mehr als $7^1/_2 \%$ vom alten Königreich Polen. War auch die Provinz Posen mit ihrem seit dem Jahre 1000 bestehenden Erzbistum einst das Herzstück des polnischen Reiches gewesen, so war es doch im Laufe der Jahrhunderte der Teil des großen Reiches geworden, der am stärksten mit deutschem Element durchsetzt worden war. Mit der Eingliederung der alteingesessenen deutschen Bevölkerung in den Ostlanden übernahm Preußen eine nationale deutsche Pflicht neben den natürlichen staatlichen Pflichten gegenüber den Polen, die auf seinem Staatsgebiet wohnen und preußische Landeskinder geworden sind.

In einer Unterredung über den Unterschied zwischen privater

226

und politischer Moral hat meines Wissens Goethe einmal die Äußerung fallen lassen, die Polen wären an ihrer verworrenen Sinnesart zugrunde gegangen und hätten an ihr zugrunde gehen müssen. Trotzdem wird niemand die Augen verschließen vor der Tragik des Schicksals dieses hochbegabten und tapferen Volkes. Wie es unrecht ist, im Kampf gegen die Sozialdemokratie den arbeitenden Klassen zu nahe zu treten, so ist es unrecht, dem von der Staatsraison gebotenen Kampf gegen die großpolnische Propaganda innerhalb der schwarzweißen Grenzpfähle eine Spitze gegen unsere polnischen Mitbürger zu geben, die 1866 und 1870 wie im gegenwärtigen Krieg mit der dem Polen von jeher eigenen glänzenden Bravour unter den preußischen Fahnen gefochten haben. Wir müssen Achtung und, gerade weil wir unser eigenes Volkstum hochhalten, Mitgefühl haben für die Treue, mit der der Pole an seinen nationalen Erinnerungen hängt. Aber diese Achtung und dieses Mitgefühl haben ihre Grenze da, wo der Wunsch und das Bestreben hervortreten, an der Einheit und Geschlossenheit der preußischen Monarchie zu rütteln. Alle Rücksicht auf die polnische Nationalität darf uns nicht hindern, für die Erhaltung und Stärkung des Deutschtums in den ehemals polnischen Gebieten zu sorgen. Niemand hat je daran gedacht, die Polen verdrängen, vertreiben oder ausrotten zu wollen. Wie sehr sich unter preußischer Verwaltung die Lage der Polen gehoben hat, das geben auch die deutschen Gegner einer konsequenten Ostmarkenpolitik zu, das können die Polen selbst nicht ernstlich bestreiten. Jeder Vergleich zwischen den Zuständen in Preußisch- und in Russisch-Polen zeigt, was Preußen für die Hebung seiner Polen getan hat. Aber es ist die deutsche Pflicht und das deutsche Recht des Preußischen Staates, dafür zu sorgen, daß unsere Deutschen nicht von

den Polen im Osten Deutschlands verdrängt werden. Die Ost=
markenpolitik hat nichts weniger zur Aufgabe als einen Kampf
gegen die Polen, sondern ihre Aufgabe ist die des Schutzes,
der Erhaltung und Verstärkung des Deutschtums neben den
Polen, also ein Kampf um das Deutschtum. Die deutsche Saat
im Osten darf uns nicht verloren gehen, wie so mancher andere
von uns in der Welt ausgestreute Samen. Viele Völker danken
Deutschland und deutscher Art einen Teil ihrer Blüte und Größe:
Die Vereinigten Staaten mit 10 Millionen Bürgern deutscher
Herkunft, Rußland mit seinen deutschen Kolonisten und nicht
wenigen Staatsmännern und Feldherren deutschen Bluts, Un=
garn und Böhmen, denen Deutsche Lehrmeister in der Kultur
waren, Dänemark und Schweden mit einem Adel und Bürger=
tum, die zu einem beträchtlichen Teil deutschen Ursprungs sind,
Frankreich und England, deren Krieger=, Gelehrten= und Handels=
stand seit jeher deutschen Einschlag aufweisen. Fast alle euro=
päischen Dynastien sind deutschen Ursprungs, überall hinterließ
die Völkerwanderung germanische Niederschläge. Was blieb uns
übrig von so viel edlem Samen? Innerhalb unserer Grenzen,
im deutschen Osten wollen wir die deutsche Saat aufgehen sehen.
Der Kampf für das Deutschtum im Osten durchzieht, mit
wechselndem Erfolge und mit wechselnden Mitteln geführt, die
100 Jahre, die vergangen sind, seit der Festsetzung der Gren=
zen des wiederhergestellten Preußischen Staates auf dem Wiener
Kongreß. Die Aufgabe der Lösung der polnischen Frage wäre
für Preußen leichter gewesen, wenn nicht die erkünstelte und
unhaltbare napoleonische Schöpfung des Großherzogtums War=
schau den Polen trügerische Hoffnungen erweckt hätte. Die
schmerzlichen Erfahrungen von 1830, 1848 und 1863 wären
den Polen diesseits und jenseits der preußischen Grenze viel=

leicht erspart geblieben, wenn in ihnen die Erinnerung an die ephemere Staatsschöpfung des ersten Napoleon nicht gelebt hätte. Der Gedanke daran, daß die Aufteilung der polnischen Republik unter die Ostmächte von 1793 bis 1807 nur ein Provisorium gewesen war, erschwerte es naturgemäß den Polen, die vollendete Tatsache nach dem Sturz Napoleons und seiner für die militärischen Zwecke Frankreichs gegründeten Staaten als ein Definitivum anzusehen. Fürst Bismarck hat bekanntlich ein selbständiges polnisches Staatswesen für unvereinbar mit unseren Lebensinteressen gehalten und dieser seiner Überzeugung in Reden, Briefen und Gesprächen und noch am Abend seines Lebens in seinem politischen Testament, den „Gedanken und Erinnerungen", offen und nachdrücklich Ausdruck gegeben. Als er im Winter 1887/88, in einer Zeit hochgradiger Spannung zwischen Österreich und Rußland mit dem damaligen Botschafter in Wien, dem Prinzen Heinrich VII. Reuß, die Möglichkeit eines Krieges zwischen den drei Kaisermächten erörterte, schloß er die Diskussion mit den Worten: „Und was wollen wir denn machen, wenn wir Rußland besiegt haben? Etwa Polen wiederherstellen? Dann könnten wir ja 20 Jahre später wieder ein Bündnis zwischen den drei Kaiserreichen zum Zweck einer neuen und vierten Teilung Polens abschließen. Aber dies Vergnügen lohnt doch eigentlich nicht einen großen und schweren Krieg." Fürst Bismarck hat auch wiederholt auf die Gefahr hingewiesen, daß ein in irgendeiner Form selbständiges Polen der geborene Alliierte von Frankreich, England und jedem anderen unserer Gegner werden könnte. In einem mit Österreich verbundenen Neu-Polen läge eine Gefahr für die habsburgische Monarchie, insofern als diese Kombination zu einer Schwächung des deutschen Elements in Österreich führen könnte. Daneben würden die polnische Hoffnung auf die Gewinnung der gemischtsprachigen preußischen Landesteile und eine entsprechende Propaganda eine schwer erträgliche Belastungsprobe für die deutsch-österreichischen Beziehungen bedeuten. Dies war Bismarcks Ansicht über das polnische Problem.

Wir dürfen jedenfalls nicht vergessen, daß die preußische Monarchie durch den Zerfall der polnischen Republik groß geworden ist, und daß der schwarze Adler,

> Schwer ist sein Flug
> Er trägt die Weltgeschichte,

stieg im Kampfe mit dem weißen Adler. Sollte dieser Weltkrieg den alten Traum des Polentums erfüllen, sollte tatsächlich durch uns jetzt dauernd für die Polen verwirklicht werden, was sie von unserem gefährlichsten Feind, Napoleon I., nur vorübergehend erlangten, und sollte 150 Jahre nach dem Großen König und der ersten Teilung Polens ein selbständiges oder autonomes Polen wiedererstehen, so muß die unlösbare Zusammengehörigkeit der preußischen Monarchie und ihrer östlichen Grenzländer um so entschlossener sichergestellt, die Zukunft des Deutschtums in den gemischtsprachigen Provinzen um so sorgsamer und gewissenhafter gewahrt werden. Was das deutsche Schwert mit deutscher Kraft und deutschem Blut für die polnische Sache erkämpft, darf in der Folge nicht dem Preußischen Staat und dem Deutschtum Schaden bringen.

Die Aufgabe, die Preußen in seinen 1815 zurückgewonnenen und seit 1772 im Besitz befindlichen ehemals polnischen Gebieten zu erfüllen hatte, lag einfach genug. Es mußte auf der einen Seite der großpolnischen Propaganda nachdrücklich entgegentreten, auf der anderen Seite für die Erhaltung und Förderung des Deutschtums in den Ostlanden Sorge tragen.

Beide Pflichten bedingten einander insofern, als die zentrifugalen Hoffnungen der Polen in dem Maße an Boden verlieren mußten, wie ihnen ein starkes Deutschtum, das in den Ostprovinzen angesessen war, die Wage hielt. Wäre diese Aufgabe von Anfang an nach den Freiheitskriegen so klar erkannt und so fest angegriffen worden, wie es Friedrich der Große getan hatte, hätte sich die preußische Regierung nicht wiederholt im Zuge mißverstandener Zeitstimmungen von der so klar vorgezeichneten Richtung abbringen lassen, so wären wir heute mit Sicherheit ein gutes Stück weiter auf dem Wege zur Lösung unseres Ostmarkenproblems. Wie oft in der Politik, beging man die Fehler nicht dadurch, daß man mit schneller Entschlußkraft das Nächstliegende tat, sondern dadurch, daß man unter Sentiments und Bedenklichkeiten einen klaren, zweifelsfreien Entschluß überhaupt nicht finden konnte. Auch in der Politik ist das Einfachste zwar nicht immer, aber doch meistens das Beste.

Schlagworte, mit denen sich die parteipolitischen Gegner und Freunde einer bewußten nationalen Ostmarkenpolitik bedenken, bezeichnen die verschiedenen Phasen unserer preußischen Polenpolitik nur oberflächlich. Das Ziel der Preußischen Ostmarkenpolitik ist stets das der Versöhnung der Staatsangehörigen polnischer Nationalität mit dem Preußischen Staat und der deutschen Nation gewesen. Es kann sich immer nur um verschiedene Mittel handeln, mit denen die Versöhnung erreicht werden soll. Um etwas anderes hat es sich niemals gehandelt, mögen nun Zerboni, die Ratgeber Friedrich Wilhelms IV. und Caprivi oder Flottwell, Grolmann, Bismarck, Miquel und meine Wenigkeit unserer jeweiligen Ostmarkenpolitik den Charakter bestimmt haben. Eine Aussöhnung unserer polnischen Mitbürger mit ihrer Zugehörigkeit zum Preußischen Staat und zum Deut=

schen Reich, das muß am letzten Ende einmal durch unsere Ostmarkenpolitik erreicht werden. Nur darf diese Aussöhnung nicht gehen auf Kosten unseres nationalen Besitzstandes im Osten, auf Kosten der Einheit, der Souveränität des Preußischen Staates.

Selten ist ein Staat den in seinen Grenzen lebenden Angehörigen einer anderen Nationalität vorurteilsloser und wohlwollender entgegengekommen, als Preußen seinen Polen im zweiten und dritten Jahrzehnt des 19. Jahrhunderts. Als Ludwig XIV. die Grenzen seines Reichs durch glückliche Kriege ausgedehnt hatte, war das erste, daß er 1684 für seine elsässischen, flämischen und katalanischen Untertanen den Gebrauch einer anderen Gerichts= und Verwaltungssprache als des Französischen untersagte, und im Jahre II der Einen und unteilbaren Republik wiederholte der Konvent, dessen Prinzipien und Ideen im übrigen recht verschieden von denen des Grand Roi waren, dieses Verbot. Preußen trat nach der Wiedererwerbung der ihm durch Napoleon entrissenen Provinzen Posen und Westpreußen seinen polnischen Untertanen mit väterlicher Milde entgegen, polnischer Eigenart wurde in weitem Umfang Rechnung getragen, die Segnungen der Stein=Hardenbergischen Reformen wurden den Polen in vollem Umfange zuteil, ein landwirtschaftlicher Kreditverein half der nach den Kriegen tief darniederliegenden polnischen Landwirtschaft, ein Provinziallandtag in Posen sorgte für Vertretung der örtlichen polnischen Interessen, die Landräte durften gewählt werden und wurden polnisch gewählt, ein polnischer Statthalter wurde dem preußischen Oberpräsidenten zur Seite gesetzt. Die Quittung war der Aufstand des Jahres 1830. Preußen hatte nicht nur ohne jeden Erfolg seine Polen heiß umworben. Es hatte mehr getan, hatte den Polen der Ost=

mark zuliebe die Sorge um die ostmärkischen Deutschen vergessen, indem es dieses deutsche und polnische Land unter eine rein polnische Verwaltung gegeben hatte.

Die Männer, die von 1830 bis 1840 in Posen wirkten, der Oberpräsident v. Flottwell und der Kommandierende General v. Grolmann besannen sich wieder der deutschnationalen Pflichten Preußens im Osten. Es begann die zweite Phase der Ostmarkenpolitik, die an die nationalen Traditionen des Mittelalters, an die Politik des Großen Königs anknüpfte, und die der Ostmarkenpolitik Bismarcks und meiner Ostmarkenpolitik die Wege gewiesen hat. Der polnische Statthalter verschwand, die Aufhebung der Landratswahl gewährte die Möglichkeit der Bestellung deutscher Beamter und es wurde, den kargen Staatsmitteln entsprechend, bescheiden, mit dem Ansetzen deutscher Gutsbesitzer in den Ostmarken begonnen. Die Flottwellsche Politik hatte so wenig wie die später auf denselben Bahnen fortgeführte Ostmarkenpolitik einen polenfeindlichen Charakter. Sie war im Gegensatz zu der mißlungenen Politik zwischen 1815 und 1830 nur darauf bedacht, dem Deutschtum neben dem Polentum wieder zu seinem Recht zu verhelfen, sie erinnerte sich der deutschen Pflichten, die Preußen mit dem Erwerb der alten östlichen Kolonistenlande übernommen hatte. Was den Polen genommen wurde, das waren in der Tat nicht staatsbürgerliche Rechte, sondern Vorrechte.

Der Versuch, die Polen durch Sonderrechte dem Preußischen Staat zu gewinnen, wurde wiederholt in dem Jahrzehnt nach der im Jahre 1840 erfolgten Versetzung Flottwells von Posen nach Magdeburg und fand seine Krönung durch die gescheiterte sogenannte „nationale Reorganisation" Posens. Man gedachte in der Weise zu „reorganisieren", daß man den östlichen, mehr

233

polnischen Teil der Provinz Posen von dem westlichen, mehr deutschen schied und ihn völliger Polonisierung anheimgab. Die Polen verlangten vollendete Autonomie in der ganzen Provinz, ähnlich derjenigen, die Ungarn heute in der Habsburgischen Monarchie besitzt. Die Deutschen der Provinz gerieten in leidenschaftliche Erregung über den drohenden Verlust ihrer Nationalität. Das Ergebnis des unseligen Versuchs war eine bis dahin noch unbekannte Erbitterung der beiden Nationalitäten im Osten gegeneinander.

Nach jahrzehntelanger, in den sechziger und siebziger Jahren durch die mühevolle Gründung und Konsolidierung des Reiches verursachter Gleichgültigkeit gegenüber dem Nationalitätenkampf im Osten, setzte Bismarck im Jahre 1886 mit seiner groß angelegten nationalen Ostmarkenpolitik ein, nachdem er 1872 die staatliche Schulaufsicht für Posen und 1873 die deutsche Sprache als Unterrichtssprache eingeführt hatte. Die Ära Flottwell hatte nur erst eine nationale Korrektur der Ostmarkenpolitik sein können. Mit Bismarck setzte der bewußte Kampf um das Deutschtum in den Ostmarken ein. Bis dahin war man aus der Defensive nicht herausgekommen. Unter Bismarck begann die nationale Offensive des Preußischen Staats, um das Deutschtum im Osten zu retten, zu erhalten und nach Möglichkeit zu stärken. Es ist selbstverständlich, daß die Polen in leidenschaftliche Bewegung gerieten, daß sie sich zur Wehr setzten und mit ihren mustergültigen Organisationen den Kampf aufnahmen. Der Nationalitätengegensatz gewann an Schärfe. Die Ostmarkenpolitik zog ihre Kreise über die gesamte Parteipolitik. Es ist richtig, daß durch die nationale Ostmarkenpolitik unser innerpolitisches Leben nicht bequemer geworden war, daß wir ein neues Moment des Kampfes und der Unruhe hinzu erhalten

234

hatten, daß die großpolnische Propaganda unter den Polen Preußens allgemeiner und heftiger geworden war. Die Gegner der preußischen Ostmarkenpolitik, die deutschen wie die polnischen, argumentieren oft und gern mit dem Hinweis auf die Beunruhigung, die erweckt worden ist durch die von Bismarck selbst und später in seinem Geist geführte nationale Ostmarkenpolitik. Eine solche Argumentierung trifft nur die allgemeinpolitische Schale, nicht den nationalen Kern der Polenfrage. Sie besagt nichts anderes als jenen ebenso bequemen wie billigen Gemeinplatz, daß in der äußeren wie in der inneren Politik Ruhe und Frieden leicht zu haben sind, wenn niemals ein Ziel erstrebt wird, das nur unter Kämpfen und Schwierigkeiten zu erreichen ist. Solche Ruhe ist in der Politik stets ziemlich mühelos erreichbar.

Die Frage der Ostmarkenpolitik ist die: Sollen wir zugeben, sollen wir durch Untätigkeit dazu beitragen, daß die Ostlande, d. h. Posen, Westpreußen, Oberschlesien und Teile von Ostpreußen dem Deutschtum wieder verloren gehen oder nicht? Diese Frage stellen, heißt sie beantworten. Es ist deutsche Pflicht und deutsches Recht, unseren nationalen Besitzstand im preußischen Osten zu behaupten und, wenn möglich, zu mehren. In den siebzig Jahren, die zwischen dem Wiener Kongreß und dem Beginn der preußischen Ansiedelungspolitik liegen, hatte sich gezeigt, daß weder eine peinliche Respektierung der polnischen Nationalität, noch eine Ignorierung der Nationalitätenfrage im Osten überhaupt verhindern konnten, daß das Deutschtum im Osten langsam und sicher vom Polentum verdrängt wurde. Nur eine planmäßige Förderung des Deutschtums konnte ein sicheres Erliegen des Deutschtums verhindern. Wurde dadurch der Nationalitätengegensatz zunächst verschärft, so war das gewiß beklagenswert, aber es war unvermeidlich. Es gibt nun einmal im politischen Leben zuweilen harte Notwendigkeiten, die schweren Herzens erfüllt werden, aber von deren Erfüllung keine Gefühlsregung befreien darf. Die Politik ist ein rauhes Handwerk, in dem sentimentale Seelen es selten bis zum gelungenen Gesellenstück zu bringen pflegen.

Mit dem fundamentalen Ansiedelungsgesetz von 1886 begann Bismarck den Kampf um den Boden in großem Stil. Er forderte und erhielt 100 Millionen zum Zwecke des Ankaufs von Gütern und der Ansiedelung deutscher Bauern, also der zahlenmäßigen Verstärkung des deutschen Elementes in den Ostmarken. Das Ansiedelungswerk ist das Kernstück der preußischen Ostmarkenpolitik, denn es setzt deutsche Menschen in den östlichen Gebieten an. Und eine Frage der ziffernmäßigen Stärke der deutschen Bevölkerung neben der polnischen ist die ganze Ostmarkenfrage. Durch Ansiedelung ist die nationale Erringung des deutschen Ostens vor einem Jahrtausend begonnen worden, nur durch Ansiedelung ist der nationale Erwerb zu behaupten. Das Ostmarkenproblem ist im Grunde so unkompliziert wie möglich. Seine Lösung ist weniger eine Frage politischer Weisheit als eine Frage politischer Tapferkeit.

Bismarck griff auf Grund des neuen Gesetzes kräftig zu, und es wurden in den ersten fünf Jahren von 1886 bis 1890 etwa 46 000 Hektar aus polnischer Hand erworben. Der Anfang der neunziger Jahre brachte als Begleiterscheinung eines sonst beklagenswerten Ereignisses für die Tätigkeit der Ansiedelungskommission eine glänzende Chance. Durch den Notstand der Landwirtschaft sanken die Gutspreise rapide, und es wäre nicht schwer gewesen, eine gewaltige Landmasse für die Zwecke späterer Besiedelung durch Deutsche aus polnischer Hand

236

zu erwerben. Aber eben um jene Zeit glaubte Graf Caprivi aus parlamentarischen Gründen in der Ostmarkenpolitik wieder einmal den Kurs wechseln zu müssen. Den Konzessionen in Schul= und Kirchenfragen folgte die Hilfeleistung für die polnische Landbank, das heißt eine Rettungsaktion für eben die polnischen Grundbesitzer, aus deren Liegenschaften die Ansiedelungskommission bestrebt sein mußte, Land zu erwerben. Der nächste und beabsichtigte parlamentarische Zweck wurde zwar soweit erreicht, daß die Polenfraktion der Armeevorlage von 1893 zustimmte. Aber es zeigte sich bald, daß die Haltung der Fraktion im Parlament, wie das ja oft geschieht, der Meinung der Partei im Lande nicht entsprach. Gelegentlich der Beratung der Flottenvorlage versagte die Mehrheit der Fraktion dem Führer Koscielski die Gefolgschaft. Herr von Koscielski selbst hielt in Lemberg 1894 jene unvorsichtige Rede, die wesentlich dazu beitrug, eine Umwendung der preußischen Ostmarkenpolitik in die Bahnen Bismarcks zu bewirken. Damals, im September 1894, wurde der deutsche Ostmarkenverein gegründet, nach einer Huldigungsfahrt ostmärkischer Deutscher zum Altreichs= kanzler nach Varzin.

Die Traditionen Bismarcks fanden nach dem Rücktritt Caprivis einen umsichtigen Vertreter in Miquel. Dem Fond der Ansiede= lungskommission wurden 1898 neue Mittel zugeführt, mit Land= erwerb wurde in größerem Maßstabe vorgegangen. Aber die Wahrheit des Dichterwortes: „Was man von der Minute aus= geschlagen, gibt keine Ewigkeit zurück", erwies sich auch in der preußischen Ostmarkenpolitik. Die günstige Konjunktur auf dem Gütermarkte, die anfangs der neunziger Jahre ungenützt ge= blieben war, war vorüber. Dem polnischen Grundbesitz war in der kritischen Zeit geholfen worden, die Polen hatten Zeit ge=

wonnen, sich zum Kampf um den Boden zu organisieren.
Während von 1886 bis 1888 durchschnittlich jährlich 11 000 ha
aus polnischen Händen von der Ansiedelungskommission erworben worden waren, konnten 1895 nur 911 ha, 1896 1804 ha,
1897 bis 1899 jährlich nur durchschnittlich 2500 ha aus polnischer Hand angekauft werden. Mehr und mehr mußte der für
die Zwecke der Ansiedelung erforderliche Landbedarf aus deutschem Gutsbesitz gedeckt werden.

Die Energie, mit der die Polen die Abwehr des deutschen
Angriffs auf ihren Boden in Szene gesetzt haben, verdient
Bewunderung. Die deutsche Siedelungsaktion ward mit einer
polnischen Gegenaktion beantwortet. Die Polen parzellierten
ihrerseits Güter, für die sie die Siedler vielfach gewannen aus
der großen Zahl der polnischen Industriearbeiter im Westen.
Während es den Polen für eine Schande galt, den Deutschen
Land zu verkaufen, scheuten sich Deutsche leider oft nicht, den
Polen für hohes Entgelt deutschen Grundbesitz zu überlassen.
Wohl gelang es mir, nach Aufschüttung des Ansiedelungsfonds
im Jahre 1902 das Ansiedelungswerk in bedeutendem Umfange zu fördern. Es wurden 22 007 ha im Jahre 1902,
42 052 ha 1903, 33 108 ha 1904, 34 661 ha 1905, 29 671 ha
1906 und nach der Bewilligung neuer Mittel 1908 in diesem
Jahre 14 093 ha, 1909 21 093 ha für die Ansiedelung erworben. Aber der Ankauf von Gütern aus polnischem Besitz
gestaltete sich immer schwieriger, da die Polen ihr Land fest-
hielten und die Tätigkeit der Ansiedelungskommission auf der
einen, die polnische Parzellierungspolitik auf der anderen Seite
eine Güterspekulation zur Folge hatte, die die Güterpreise reißend
in die Höhe trieb. Sollte das mit solchen Opfern und um den
Preis schwerer Kämpfe unternommene Ansiedelungswerk nicht

238

zur schließlichen Resultatlosigkeit verurteilt sein, so mußte ein Gedanke verwirklicht werden, den Bismarck schon 1886 ausgesprochen hatte und der später wieder und wieder erörtert worden ist: der Gedanke der Enteignung. Das Gesetz von 1908 gab dem Staat das Recht, Ansiedelungsland im Wege der Enteignung zu erwerben, es war die logische Konsequenz der im Jahre 1886 begonnenen Ansiedelungspolitik.

Der Kampf um den Boden, der seinem Wesen nach ein Kampf um die ausreichende Durchsetzung des Ostlandes mit deutschen Menschen ist, wird immer das A und O unserer nationaldeutschen Politik im Osten sein. Der Kampf um deutsche Kultur und Bildung, vor allem um die deutsche Sprache, muß ihm zur Seite stehen. Wir wollen gewiß dem Polen die Muttersprache nicht nehmen, aber wir müssen dahin wirken, daß er sich mit der deutschen Sprache den Weg zum Verständnis deutschen Geisteslebens gewinnt. Mit der Ansiedelungspolitik kämpfen wir um das Deutschtum im Osten, mit der Schulpolitik im Grunde um unsere Polen, die wir dem deutschen Geistesleben näherbringen möchten. Ohne Schärfen geht es auch hier nicht, und sie werden zunehmen oder sich mildern, je nachdem die Polen ihren Widerstand verstärken oder vermindern. Die Gründung der deutschen technischen Hochschule im Jahre 1904, zuvor der Kaiserlichen Akademie in Posen 1903 schuf Zentren deutschen Geisteslebens in den Ostlanden, die hoffentlich ihre werbende Kraft allmählich erweisen.

Der preußischen Ostmarkenpolitik hat es niemals an heftigen Kritiken gerade auf der deutschen Seite gefehlt. Das scheinbar beweiskräftigste Argument der Kritik ist die Behauptung, unsere Ostmarkenpolitik habe zu greifbaren Ergebnissen nicht geführt, da ja nach beinahe zwanzigjähriger Ansiedelungspolitik heute das prozentuale Verhältnis zwischen der deutschen und polnischen Bevölkerung in den Ostmarken noch nicht wesentlich verändert wäre. Da dies aber das von Bismarck gesetzte Ziel gewesen sei, müsse unsere Ostmarkenpolitik, insbesondere das Ansiedlungswerk als gescheitert angesehen werden. Es ist richtig, daß wir das Ziel unserer Ostmarkenpolitik noch nicht annähernd erreicht haben. Nur wenn wir auf dem von Friedrich dem Großen vorgezeichneten, von Bismarck neu begangenen Wege ohne kleinliche Schikanen, ohne ungeschickte Brutalitäten, aber zielbewußt und vor allem konsequent vorgehen, dürfen wir hoffen, unsere nationale Aufgabe im deutschen Osten in langer Zeit erfüllen zu können. Was uns in unserer Ostmark vor allem nottut, ist Stetigkeit. Als ich im Jahre 1902 in Posen weilte, sagte mir der Generallandschaftsdirektor und langjährige konservative Reichstagsabgeordnete von Staudy, bei dem ich abgestiegen war, am Schluß einer längeren Unterredung über ostmärkische Dinge: „Und nun nur noch eins: Stetigkeit! Darauf kommt es hier an; nichts hat uns so sehr geschadet als unser Schwanken, daß wir immer wieder umfielen. Jetzt durchhalten!" Die vor einem Jahrtausend begonnene, vier Jahrhunderte unterbrochene, seit noch nicht drei Jahrzehnten im deutschen Osten neu aufgenommene deutsche Kolonisationsarbeit kann in wenigen Jahren nicht zum Abschluß gebracht werden. Es handelt sich hier nicht um einen politischen Entschluß gewöhnlicher Art, dem alsbald Gelingen oder Mißlingen folgt, sondern wir befinden uns inmitten einer weltgeschichtlichen Entwicklung, an der Generationen um Generationen mitzuwirken haben. Wird unsere nationale Arbeit im Osten in diesem großen Zusammenhange als eine Entwicklungsetappe angesehen, so dürfen wir sagen, daß uns der Erfolg nicht versagt geblieben ist.

Es sind in den Jahren von 1886 bis 1911 394 398 ha Land für die Ansiedelung deutscher Bauern vom Staat erworben worden, darunter 112 116 ha aus polnischem Besitz. 150 000 deutsche Seelen werden auf den Ansiedelungsgütern gezählt. 450 Dörfer sind neu gegründet, und in 300 Dörfern ist die Zahl der Deutschen vermehrt worden. Die dank der Ansiedelungspolitik in unserer Ostmark erzielten Erfolge hat einer der verehrungswürdigsten Staatsmänner unserer Zeit, Graf Botho Eulenburg, 1908 in der Herrenhausdebatte über das Enteignungsgesetz in überzeugender Weise dargelegt. Der Rückgang der Deutschen zugunsten der Polen hat trotz des größeren polnischen Kinderreichtums aufgehört, wie die letzten Volkszählungen beweisen. Seitdem am Anfang des Jahrhunderts die verstärkte Siedelungspolitik eingesetzt hat, nahmen die Deutschen im Verhältnis mehr zu als die Polen. Das sind Ergebnisse von greifbarem Wert, das sind erste sichere Schritte zu dem noch fernen Ziel, das erreicht werden kann, wenn wir dieses opfervollen und gewiß unbequemen Kampfes nicht müde werden, und wenn vorübergehende Phasen aktueller Politik nicht aufs neue die großen und permanenten Forderungen nationaler Politik in das Hintertreffen rücken. Wir dürfen uns auch keiner Täuschung darüber hingeben, daß der Deutsche im Nationalitätenkampf noch nicht überall die wünschenswerte Widerstandskraft besitzt, daß er in diesem Kampfe noch zu oft unserem Volkstum verloren zu gehen Gefahr läuft, wenn ihm nicht der Staat stützend und schützend zur Seite steht. Eine der größten Schwierigkeiten der Ostmarkenfrage und zugleich der vielleicht stärkste Beweis für die Unerläßlichkeit einer stetigen und festen Ostmarkenpolitik liegt in der Notwendigkeit, dem nun einmal aus Gründen, die mit unseren guten und mit unseren weniger guten Eigenschaften zusammenhängen, so leicht assimilierbaren Deutschen den Rücken zu stärken. Die Regierung muß in dieser Beziehung die Dinge nehmen, wie sie liegen. Sie hat, wie ich das am 10. Dezember 1901 im Reichstag, in meiner ersten Ostmarkenrede aussprach, die Pflicht, dafür zu sorgen, daß der Deutsche und das Deutschtum im Osten nicht unter die Räder kommen [1]).

Wie es aber im deutschen Osten aussähe, wenn nichts geschehen wäre zum Schutze und zur Stärkung des Deutschtums, das ist eine Frage, deren Beantwortung ein noch besseres Urteil des Geschehenen enthält als eine Registrierung des positiv Erreichten. Ehe wir daran denken durften, im Osten nationale Eroberungen zu machen, mußte unser nationaler Besitz vor dem Verlust bewahrt werden. Und das ist gelungen, weil wir um ihn gekämpft haben. Die Entwicklung, der Bismarck in den Arm fiel, ging hin zu einer allmählichen aber sicheren Polonisierung der Ostlande. Eine drohende Gefahr verhindert zu haben, ist bisweilen in der Politik ein besserer Erfolg als die Erringung eines momentanen Vorteils. Wäre der zunehmenden Polonisierung nicht eine bewußte, vom Staat getragene Germanisierung entgegengesetzt worden, so würde es in Posen und Westpreußen heute aussehen wie in Galizien. Es ist verständlich, wenn die österreichische Monarchie, die nicht ein auf der Grundlage einer Nationalität errichtetes Staatswesen ist, aus Gründen innerer und äußerer Politik seit den siebziger Jahren des vorigen Jahrhunderts im Kronlande Galizien auf jede weitere Germanisierung verzichtet hat und den polnischen Wünschen auf das weiteste entgegenkam, so daß Galizien heute ein vollkommen slawisiertes Land ist. Preußen ist der Träger des Deutschen

---

[1]) Reden II, Seite 27. f.

242

Reiches und des nationalen Gedankens, ist der deutsche National=
staat κατ' ἐξοχήν und darf seinem nationalen Beruf nicht
untreu werden. Preußen muß nach deutschnationalen Gesichts=
punkten regiert und verwaltet werden. Hätten wir im Osten
der preußischen Monarchie die slawischen Elemente in der Weise
um sich greifen und die Deutschen überfluten lassen, wie es
in einem Teil von Cisleithanien geschehen ist, wir hätten heut
anstatt eines schwierigen Kampfes um das Deutschtum in der
Ostmark einen Kampf um die Erhaltung der preußischen Staats=
einheit, wir hätten nicht eine polnische Frage, sondern eine
polnische Gefahr.

Unsere Ostmarkenpolitik ist nationale Pflicht des deutschen
Volkes gegen sich selbst. Eine hochkultivierte und starke Nation
darf nicht einen einmal errungenen nationalen Besitz kampf=
los aufgeben, sie muß den Glauben an die Werbekraft ihrer
nationalen Kultur und das Vertrauen in die eigene Kraft
soweit haben, daß sie sich fähig und berechtigt fühlt, ihn zu
befruchten. Ob wir unseren nationalen Besitzstand im Osten
festhalten oder nicht, ob unsere Ostmarkenpolitik im nationalen
Geleise verharrt, was aus unserer Ostmark wird, das ist keine
parteipolitische, sondern eine allgemeine nationale Frage, eine
Frage, von deren bejahender oder verneinender Beantwortung
nicht nur das Schicksal der Deutschen im preußischen Osten,
sondern die Zukunft Preußens und des Reiches und des ge=
samten Deutschtums abhängen. Ich halte die Ostmarkenfrage
nach wie vor für eine der wichtigsten Fragen unserer Politik,
gleichviel welche Umgestaltungen sich an und jenseits der gegen=
wärtigen preußischen Staatsgrenze im Osten aus dem Welt=
kriege ergeben.

Wirtschaftspolitik

Selten oder niemals hat ein Land in so kurzer Zeit einen so gewaltigen wirtschaftlichen Aufschwung erlebt wie das Deutsche Reich in der Epoche vom Frankfurter Frieden bis zum Ausbruch des Weltkrieges. Die Konsolidierung der deutschen Großmachtstellung in Europa, die dadurch vollzogene staatliche Einigung Deutschlands und Sicherung der deutschen Grenzen und das Beschreiten der weltpolitischen Wege unter gleichzeitigem Bau einer starken Flotte: diese beiden erfolgreichsten politischen Ereignisse unserer neueren Geschichte sind am unmittelbarsten der Entwicklung unseres wirtschaftlichen Lebens zugute gekommen. In mehr als vier Jahrzehnten ungestörten Friedens konnte sich der seit dem Ende des Mittelalters zum erstenmal wieder erwachte deutsche Unternehmungsgeist die rapide Entfaltung der Verkehrsmittel, die Errungenschaften der technischen Wissenschaften und Fertigkeiten, die hohe Entwicklung des modernen Geldverkehrs zunutze machen, um an der Vermehrung des deutschen Wohlstandes zu arbeiten. Aus dem armen deutschen Lande ist ein reiches Land geworden. Die Leichtigkeit, mit der Deutschland die ungeheuren Summen der Kriegsanleihen aufgebracht hat, bewies eine Kapitalkraft, die nicht nur das Ausland mit neidvollem Erstaunen erfüllt hat, sondern uns selbst anfänglich überraschend war. Wir haben erst im Kriege erfahren, wie reich wir im Frieden geworden waren. Das Volk der Denker, Dichter und Krieger ist zu einem Kaufmanns- und Handelsvolk ersten Ranges geworden. Wo sind die Zeiten, wo unser Schiller nur

244

zwei gewaltige Nationen ringen sah um der Welt alleinigen
Besitz, den Franken, der seinen ehernen Degen in die Wage der
Gerechtigkeit wirft, und den Briten, der seine Handelsflotten gierig
wie Polypenarme ausstreckt? Wo er den Deutschen, der, wäh=
rend die Erde geteilt wurde, im Land der Träume geweilt hatte, mit
dem armen Poeten in den Himmel idealistischer Bedürfnislosig=
keit versetzte?

Vor Beginn des Krieges hatte die deutsche Industrie ihre Ab=
nehmer bis hin in die entlegensten Gegenden der Erde. Die
deutsche Handelsflagge war den fremden Häfen ein gewohnter
Anblick und wußte sich sicher unter dem Schutze der deutschen
Kriegsschiffe. Deutsche Kapitalien arbeiteten im Auslande neben
denen der alten Geldmächte England und Frankreich und wirkten
an der Festigung der wirtschaftlichen Interessenverbindungen zwi=
schen uns und anderen Völkern. Auf dem Felde der Weltwirt=
schaft sind die Folgen unserer nationalen Wiedergeburt am fühl=
barsten geworden. In den Ziffern der internationalen Verkehrs=
und Handelsstatistiken drückte sich der Aufstieg des Deutschen
Reiches neben den alten Mächten am plastischsten aus.

Wir haben Grund, auf unsere gewaltigen wirtschaftlichen Er=
folge stolz zu sein. Arbeitskraft, Organisation und Methode sind
die gewaltigen Quadern, auf denen der mächtige Bau des deut=
schen Wirtschaftslebens ruht, drei echt deutsche Eigenschaften,
die uns in dieser Stärke so leicht keiner nachmacht, denn sie ent=
springen dem bei uns mehr als anderswo entwickelten persön=
lichen Pflichtgefühl, spezifisch deutscher Gewissenhaftigkeit, deut=
scher Intensität, der wissenschaftlichen Schulung des Deutschen.
Und die Genugtuung des deutschen Patrioten ist gerechtfertigt,
wenn er darauf hinweist, in wie beispiellos kurzer Zeit wir
Deutschen mit unserer wirtschaftlichen Entwicklung die weite

Strecke durchmessen haben, die uns noch vor einem halben
Jahrhundert von Völkern trennte, die wir heute überflügelt haben.
Nur der überschäumenden Lebenskraft eines kerngesunden, willensstarken und ehrgeizigen Volkes konnte solches gelingen. Aber
wir durften uns nicht verhehlen, daß das beinahe rasende Tempo
unseres wirtschaftlichen Emporkommens doch vielfach die ruhige
organische Entwicklung gestört und Dissonanzen geschaffen hatte,
die eine Ausgleichung erforderten. Der Mensch ist geneigt, über
den in die Augen stechenden Erfolgen, die er einer speziellen Begabung verdankt, die harmonische Entwicklung seiner anderen
Fähigkeiten und Kräfte zu vernachlässigen. Er wird bisweilen
solche Einseitigkeit mit empfindlichen Rückschlägen büßen müssen,
wenn veränderte Verhältnisse andere Kräfte und Leistungen erfordern. In Deutschland war der rapide wirtschaftliche Aufschwung ein durch die Sonne der Zeitverhältnisse begünstigtes
rasches Emporblühen der Industrie und des Handels. Die vollen-
deten modernen Verkehrsmittel öffneten uns anders als früher
die Märkte auch entlegener Länder. Die Schätze unseres heimischen Bodens waren noch ungehoben, die unvergleichlichen Fortschritte der Maschinen- und Elektrotechnik stellten ganz neue industrielle Betriebsmittel zur Verfügung, und das rasche Wachstum
unserer Bevölkerung lieferte die Massen der Arbeiter zur Gründung und Ausdehnung großer industrieller Betriebe. Dazu gaben
vier Jahrzehnte des Friedens die Möglichkeit, den Weltmarkt in
jeder Beziehung zu bearbeiten. Die kaufmännische und industrielle
Begabung des deutschen Volkes, die uns schon einmal vor Jahrhunderten zum ersten der handel- und gewerbetreibenden Völker
gemacht hatte und die durch unsere staatliche Verkümmerung
und einen schweren nationalen Daseinskampf bis zum letzten
Drittel des 19. Jahrhunderts niedergehalten worden war, fand

die Gunst der Zeitverhältnisse in seltener Weise zu ihrer Ver=
fügung. Als sich Unternehmer und königliche Kaufleute fanden,
Männer wie Stumm und Krupp, Ballin und Rathenau, Kirdorf
und Borsig, Siemens und Gwinner, die Gunst der Zeit zu be=
nutzen, mußten der Industrie und dem Handel die Erfolge der
nächsten Zukunft gehören. Die Nation wandte sich mehr und
mehr den sich neu eröffnenden Aussichten zu. Die unteren Volks=
klassen strömten vom flachen Lande hinweg zu den industriellen
Betrieben. Aus den mittleren und oberen Schichten des Bürger=
tums bildete sich ein zahlreiches, tüchtiges industrielles Beamten=
tum. Die Industrialisierung, die sich um die Mitte des 19. Jahr=
hunderts angekündigt hatte, vollzog sich nach der Gründung des
Reichs, vor allem seit dem Ausgang der achtziger Jahre in Deutsch=
land mit einer Vehemenz, die nur in den Vereinigten Staaten
ihresgleichen hat. Noch im Jahre 1882 ernährte die deutsche Land=
wirtschaft fast so viel Menschen wie Handel und Industrie zu=
sammen, im Jahre 1895 stand sie schon allein hinter der In=
dustrie um beinahe 2000000 Berufsangehörige zurück. In drei=
zehn Jahren eine völlige Umkehr der Verhältnisse.

Die wirtschaftliche Gesetzgebung des Reiches hatte zwei Mög=
lichkeiten, dieser grundstürzenden Veränderung Rechnung zu tra=
gen. Sie konnte ihre ganze Hilfe den ohnehin durch die Zeit=
umstände begünstigten, mächtig und mit Leichtigkeit emporstre=
benden Gebieten der Industrie und des Handels zur Verfügung
stellen, stärken, was an sich am stärksten schien, Deutschland
der Umwandlung in einen reinen Industrie= und Handelsstaat
entgegenführen und die deutsche Landwirtschaft ihrem Schicksal
überlassen. Graf Caprivi und seine Mitarbeiter glaubten diesen
Weg wählen zu sollen. Oder aber, es konnte der Landwirtschaft
durch die Gesetzgebung ein Ausgleich für die Ungunst der Zeit=

verhältnisse geschaffen, der Umwandlung Deutschlands in einen
einseitigen Industriestaat entgegengewirkt, und die Landwirtschaft
kräftig und lebensfähig neben einer starken Industrie erhalten
werden. Diesen Weg bin ich mit vollem Bewußtsein und aus
innerster Überzeugung mit den Zolltarifgesetzen von 1902 ge=
gangen, denn ich war davon durchdrungen, daß uns eine starke
Landwirtschaft wirtschaftlich und vor allem national und sozial
notwendig ist, gerade weil die Industrialisierung Deutschlands
in ständigem Fortschreiten begriffen ist. Ich bin immer der
Ansicht gewesen, daß man im persönlichen Verkehr und aus dem
Leben mehr lernt als aus noch so profunden Kompendien. Ich
neige zu der Ansicht, daß man am meisten lernt, wenn man sich
mit Menschen unterhält, die anderer Ansicht sind und ihre Ansicht
zu vertreten wissen. Du choc des opinions jaillit la vérité[1]).
Als ich mich vor Jahren einmal mit einem linksliberalen Parla=
mentarier über wirtschaftliche Probleme unterhielt, fragte ich ihn
schließlich: „Und wenn es einmal hart auf hart käme, ein schwerer
Krieg oder eine ernste Revolution, glauben Sie, daß bei aller
Begabung und Leistungsfähigkeit und selbstverständlich bei vollem
Anspruch auf gleiche Behandlung Handel und Industrie, unsere
trefflichen neuen Schichten, uns in der Stunde der Gefahr die
Kräfte ganz ersetzen können, die Preußen groß gemacht haben?"
Mein politischer Antagonist und persönlicher guter Freund über=
legte kurze Zeit, dann meinte er: „Sie haben recht, erhalten Sie
uns die Landwirtschaft und selbst den Junker." Dieser Äuße=
rung, die vor 14 Jahren fiel, möchte ich heute das Wort eines
anderen mir befreundeten Abgeordneten derselben Richtung gegen=
überstellen, der mir im elften Monat des Weltkrieges sagte:

---

[1]) Dem Zusammenstoß der Meinungen entspringt die Wahrheit.

„Gott sei Dank, daß wir seinerzeit mit unserer Opposition gegen Ihren Zolltarif nicht durchgedrungen sind. Was wäre ohne eine leistungsfähige Landwirtschaft aus uns geworden!"

Wir verdanken der Industrie und dem Handel sehr viel. Sie haben uns zu einem wohlhabenden Lande gemacht und ermöglichen es uns in erster Linie, unsere gewaltige Rüstung zu Lande und zur See finanziell zu tragen. Ein hervorragender Mann des deutschen wirtschaftlichen Lebens, Fürst Guido Henckel, pflegte zu sagen, die Landwirtschaft müsse uns unsere Soldaten stellen, die Industrie sie bezahlen. Industrie und Handel, diese beiden modernen Erwerbszweige, ernähren und beschäftigen den großen Bevölkerungszuwachs, der uns früher durch Auswanderung verloren ging. Auf den Schultern von Industrie und Handel sind wir zur Weltmacht emporgestiegen. Aber die Gewinne nach der einen Richtung unserer nationalen Entwicklung sind doch vielfach erkauft worden mit Verlusten nach der anderen. Um den wahren nationalen Gewinn der deutschen Industrialisierung messen zu können, müssen die durch sie verursachten Verluste und Schäden mit aufgerechnet werden. Da zeigt sich bald, daß der Gang des modernen wirtschaftlichen Lebens uns noch andere und schwerere Pflichten zuweist als die Aufgabe, die Entfaltung von Industrie und Handel nur immer weiter nach besten Kräften zu forcieren. Die moderne Entwicklung birgt ihre großen Gefahren für das nationale Leben, und nur, wenn es gelang, diese zu beheben, konnten wir mit gutem Gewissen der neuen Errungenschaften froh werden. Es galt zu verfahren wie ein kluger Arzt, der dafür Sorge trägt, den Organismus in allen seinen Teilen und Funktionen gesund und kräftig zu erhalten und der rechtzeitig eingreift, wenn er sieht, daß die überstarke Entwicklung eines einzelnen Organs den anderen Organen Kräfte entzieht. Die

deutsche Industrie ist tatsächlich während der ersten Jahrzehnte
ihrer Entwicklung auf Kosten der Landwirtschaft erstarkt. Wurde
nicht eingegriffen, so drohte die Landwirtschaft unter die Hämmer
der Industrie zu geraten und zerstampft zu werden. Das be=
deutete aber nicht nur eine Schädigung der Landwirtschaft selbst,
sondern auch einen Verlust für die Nation. Es sind zu wertvolle
und unentbehrliche Kräfte, die von der Landwirtschaft auf unser
nationales Leben wirken, als daß wir je aufhören dürfen, mit
aller Energie zu sorgen für Wohl und Wehe der deutschen Land=
wirtschaft. Das wirtschaftliche Leben eines Volkes ist nicht wie
ein weitverzweigtes Handelsgeschäft, für das die einzelnen Ge=
schäftszweige größeres oder geringeres Interesse haben, je nach
dem Stande ihrer momentanen Gewinnchancen. Das erfährt
jetzt England. Der englische Minister für Landwirtschaft, Lord
Selborne, erklärte kürzlich in öffentlicher Versammlung, der
Führer der englischen Konservativen, Disraeli, der vor gerade
70 Jahren nach dem Sieg der Anti-Corn-Law-League prophe=
zeit habe, Freihandel werde den Ruin der Landwirtschaft bedeu=
ten, habe schließlich doch Recht behalten. Der Triumph der
Cobden und Bright wäre nur ein ephemerer gewesen. Der Welt=
krieg habe bewiesen, welchen ungeheuren Zuwachs an Stärke es
für ein Land bedeute, wenn es in der Lage sei, die eigene Bevölke=
rung zu ernähren. England habe jetzt den großen Wert der
ländlichen Bevölkerung schätzen gelernt. Nach dem Kriege werde
die Stellung des Parlaments zu den Fragen der Landwirtschaft
einem gründlichen Wandel unterzogen werden müssen. Die land=
wirtschaftlichen Fragen müßten künftig vom Standpunkt der
Sicherheit der Nation und der nationalen Verteidigung betrachtet
werden; England werde in allen Fragen, die die Landwirtschaft
beträfen, umlernen müssen.

Abgesehen davon, daß die Landwirtschaft als Produzent wie als Konsument der Industrie durchaus ebenbürtig zur Seite steht, kommen für die rechte Wertung der wirtschaftlichen Kräfte eines Volkes eben andere als nur wirtschaftliche Gesichtspunkte in Betracht. Die nationale Ökonomie eines Volkes hat nicht nur ökonomische, sondern auch nationale Bedeutung. Es kommt nicht allein darauf an, was durch die verschiedenen Arten des Erwerbs materiell gewonnen wird. Es kommt auch darauf an, wie die Erwerbsgebiete auf die Erhaltung und Entfaltung der physischen und ideellen Kräfte des Volkes wirken. Gewiß bedarf ein Volk der Vermehrung seines Wohlstandes, seiner finanziellen Leistungsfähigkeit. Die Staaten unserer Tage bedürfen dessen noch mehr als die früherer Zeiten. Die moderne Staatsverwaltung mit ihrem ungeheuren Wirkungskreise, vor allem die moderne Staatsrüstung erfordern ganz andere materielle Mittel, als dies früher der Fall war. Aber mit materiellen Mitteln allein kann ein Volk seinen Platz in der Welt weder behaupten noch vergrößern. Physische, sittliche und geistige Gesundheit sind auch heute noch der größte Volksreichtum. Was ein an Geist und Leib gesundes, aber armes Volk leisten kann, das hat Preußen im Kriege der sieben Jahre und im Freiheitskampf glorreich gezeigt, während überlegener Reichtum noch niemals die verhängnisvollen Folgen sinkender Volkskraft hat verhüten können. „Wehe dem Volke, dessen Reichtümer steigen, während die Menschen sinken.“ Gegenüber manchen unerfreulichen Erscheinungen der letzten Jahre habe ich bei der Jahrhundertfeier in Dennewitz vor dem Denkmal des Siegers in jener Schlacht an dies tiefe Wort erinnert. Wenn mich etwas beglückt, so ist es, in diesem Krieg zu erleben, daß unser Volk, während sein materieller Wohlstand stieg, moralisch wahrlich nicht gesunken ist,

sondern die herrlichsten Beweise sittlicher Größe und ungebrochener Kraft erbracht hat. Um so mehr müssen wir auch nach dem
Kriege dahin streben, daß solches Gleichgewicht erhalten bleibe.
Ein Staat ist keine Handelsgesellschaft. Für den Wettkampf
der Völker der Erde ist die wirtschaftliche Stärke von hervorragender Bedeutung, aber die großen Entscheidungen hängen im
letzten Ende noch von anderen Kräften ab und werden nicht auf
dem wirtschaftlichen Wahlplatz ausgefochten. Die Binsenwahr-
heit, daß Geld allein nicht glücklich macht, gilt auch für die
Nationen. Auch sie können vermehrten Wohlstandes nur froh
werden, wenn ihnen ein gesunder Geist in einem gesunden Körper
lebt. Die Regierung darf sich in ihren wirtschaftspolitischen
Entschließungen nicht wie ein geschickt spekulierender Kaufmann
nach den günstigen Konjunkturen richten, die dem einen oder
anderen Wirtschaftsgebiet glänzende Perspektiven eröffnen, sie
muß ihre Wirtschaftspolitik der gesamten nationalen Politik unterordnen und ihre Entschlüsse so fassen, daß nicht nur das gegenwärtige wirtschaftliche Wohlbefinden des Volkes vermehrt, sondern vor allem die künftige gesunde Entwicklung der Nation
sichergestellt wird. Die Doktorfrage, die sich die Nationalökonomie vielfach zur Beantwortung aufgegeben hat: „Wie wird
ein Volk reich, um gut leben zu können?" muß die Wirtschaftspolitik erweitern durch die andere: „Wie bleibt das Volk gesund,
um lange leben zu können?" Industrie und Handel vermehren
unseren nationalen Wohlstand in höherem Maße und in ge-
schwinderem Tempo, als es die Landwirtschaft je vermöchte.
Ohne eine große und blühende Landwirtschaft an ihrer Seite
würde die Industrie aber bald die besten Volkskräfte verbrauchen,
ohne sie ersetzen zu können. Die Landwirtschaft ist Erzeugerin
der Volkskraft, die die Industrie verbraucht, der breite Wurzel-

boden, in dem die hoch aufschießenden Bäume Industrie und Handel ruhen und aus dem sie ihre Nahrung ziehen.

Mit Recht bewundern wir an den Industriezentren des Rheinlandes, Westfalens und Sachsens den Schwung, die Energie und das Organisationstalent der Unternehmer; an der Vollendung der industriellen Anlagen die Erfindungsgabe und Kühnheit unserer Techniker und Ingenieure, an der Qualität unserer Industrieerzeugnisse den Fleiß und die Gewissenhaftigkeit des deutschen Arbeiters. Mit Recht sind wir stolz auf die blühende Entwicklung unserer großen und mittleren Städte, die dem Emporkommen von Industrie und Handel ihre rasche Entfaltung verdanken. Wir haben seit dem Ausgang des Mittelalters eine Stadtentwicklung in großem Stil nicht wieder erlebt. Und wie beim Ausgang des Mittelalters sind auch die viel größeren und volkreicheren Städte der modernen Zeit Zentren regen geistigen und künstlerischen Lebens. Es ist unbillig, über die moderne Großstadtkultur in Bausch und Bogen das Verdikt zu sprechen. Unter den kulturellen Einflüssen, die von den großen Städten ins Land dringen, sind gewiß manche, die auf die ursprünglichen Lebensgewohnheiten des Landes schädigend wirken. Aber diese Schäden werden vielfach aufgewogen durch die Erneuerung, die Verfeinerung der äußeren Lebenskultur, die wie in allen Zeiten so auch heute von den großen Städten ausgehen. Gerade wer nicht blind ist gegen die schweren Gefahren einer übertriebenen Verstadtlichung unseres Vaterlandes, soll die vielfach hervorragenden Leistungen unserer deutschen Städte auf geistigem und kulturellem Gebiet anerkennen und die Spreu vom Weizen sondern. Es ist auch nicht richtig, die Schäden der Großstadtentwicklung allzu einseitig auf ethischem Gebiet zu suchen. Gesündigt wird intra und extra muros. Es gibt Gerechte und Ungerechte auf dem Lande wie in den Städten. Wir wollen auch nicht vergessen, daß gerade auf charitativem Gebiet die Städte mit mustergültigen Einrichtungen vorangegangen sind, und daß in der Fürsorge für die unteren Volksklassen Bahnbrechendes von Industrieherren geleistet worden ist. Von den gewaltig schweren wirtschaftlichen Aufgaben, deren Lösung der Weltkrieg, der nicht nur ein Waffen=, sondern auch ein Wirtschaftskrieg ist, fordert, ist ein gut Teil von den Städten bewältigt worden.

Die Gefahren der Industrialisierung und damit Verstädtlichung Deutschlands liegen nicht so sehr auf dem schwer zu messenden und schwer zu wertenden Felde geistigen und sittlichen Lebens als auf physischem Gebiet. Die Gesundheit der Männer und die Fruchtbarkeit der Frauen leiden schwer unter dem Einfluß städti= schen, insbesondere großstädtischen Lebens. In den Jahren 1876/80 entfielen im Königreich Preußen auf 1000 Frauen bis zu 45 Jahren durchschnittlich jährlich Lebendgeborene in den Städten 160, auf dem Lande 182. In den Jahren 1906/1910 waren die Zahlen gesunken in den Städten auf 117, auf dem Lande auf 168. Das bedeutet für die Städte einen Verlust von 43 Geburten auf 1000 Frauen. Im Stadtkreis Berlin allein sanken die Ziffern in derselben Zeit von 149 auf 84, also um 65. Das rapide Wachstum der städtischen Einwohnerzahl bedeutet nicht eine Volksvermehrung, sondern eine ständige Volksverminde= rung, denn die vom Lande den Städten zuwandernden Frauen, die in den Städten aufwachsenden Frauen wirken an der Ver= ringerung der Geburtenzahl im Reich. Nicht anders steht es mit der Gesundheit der Männer, die in der größeren oder ge= ringeren Militärtauglichkeit zum Ausdruck kommt. Nach den statistischen Erhebungen, die auf Grund der Beratungen einer von mir im Jahre 1906 einberufenen Kommission angestellt wurden, stellte das flache Land, d. h. Gemeinden unter 2000 Einwohner,

114 Militärtaugliche, die großen Städte über 100000 Ein=
wohner 65, die mittleren Städte von 20000 bis 100000 Ein=
wohnern 83 Militärtaugliche für ein nach Maßgabe der Bevölke=
rung berechnetes Soll von 100 Tauglichen. In Ostpreußen
waren vor dem Kriege 67,18% der Militärpflichtigen diensttaug=
lich, in Berlin nur 32%, in ganz Deutschland im Durchschnitt
53,55%. Von den Eltern der Militärtauglichen stammten vom
Lande 74,97%, aus den Großstädten 1,68%. Dabei zählt
Deutschland 52 Städte mit über 100000 Einwohnern, Frankreich
nur 15, Italien 13, Österreich=Ungarn 9. Etwa zwei Drittel
unserer Bevölkerung leben in Städten und Industriebezirken.
Die Landwirtschaft repräsentierte im Jahre 1850 65%, 1870
47%, 1895 35,8% und 1907 nur noch 28,6% der Gesamt=
bevölkerung. Diese Zahlen sprechen eine sehr ernste Sprache.
Sie sagen nicht mehr und nicht weniger, als daß jede Schwächung
der Landwirtschaft eine Schwächung der Wehrfähigkeit, eine
Verminderung unserer nationalen Macht und Sicherheit bedeutet.
Handel und Industrie haben sich nur so glänzend entwickeln
können, weil uns durch die Stärke unserer Rüstung während fast
eines halben Jahrhunderts der Friede erhalten geblieben ist, und
sie werden künftig nur weiter gedeihen können, wenn uns der
Schutz unserer Wehrkraft unvermindert erhalten bleibt. Das
bedingt aber eine kräftige und zahlreiche Landbevölkerung, die
in einer hochentwickelten Landwirtschaft ausreichende Arbeit und
Ernährung findet. Industrie und Handel sind um ihrer selbst
willen auf das höchste am Gedeihen der deutschen Landwirt=
schaft interessiert. Wie die statistischen Angaben zeigen, wird
der Landbevölkerung in Zukunft noch mehr, als es seit dem Aus=
gang der neunziger Jahre schon der Fall ist, die Aufgabe zufallen,
Erwerb und Eigentum im Deutschen Reich zu schützen.

Ein mir seit vielen Jahren befreundeter liberaler Gelehrter sagte mir vor Jahren in Norderney, angesichts der vor meinem Hause vorüberziehenden Schiffe, er verstände nicht, wie ich, ein im übrigen aufgeklärter Mann, durch den Zolltarif unserer Wirtschaftspolitik eine so agrarische Richtung habe geben können. Ich wies auf ein gerade vorüberfahrendes Schiff und sagte ihm: „Ein Schiff ohne genügenden Ballast mit zu hohen Masten und zu schwerer Takelage schlägt um. Die Landwirtschaft ist und bleibt der Ballast. Industrie und Handel sollen Masten und Segel sein. Ohne sie kommt das Schiff nicht vorwärts. Aber ohne Ballast schmeißt es um.“ Der Kapitän eines Schiffes soll gewiß auf schnelle Fahrt sehen. Aber er darf die Fahrtgeschwindigkeit nicht mit einem Opfer an Fahrtsicherheit erkaufen wollen. Sollte unser Reichsschiff schnell und dabei sicher seine stolze Fahrt fortsetzen, so hatte die Schiffsführung dafür zu sorgen, daß die Landwirtschaft schwer genug im Rumpf des Schiffes wog.

Der Schutz der Landwirtschaft ist eine nationale Pflicht ersten Ranges. Eine Pflicht, die selbst dann erfüllt werden müßte, wenn rein wirtschaftlich die Landwirtschaft weniger bedeutete, als dies tatsächlich der Fall ist. Wenn auch die Landwirtschaft ihre ehemals überragende Bedeutung im gesamten Wirtschaftsleben nicht mehr hat, so behauptet sie sich doch ebenbürtig neben den anderen Gewerben. Zwar gehören ihr nach der Berufszählung von 1907 nur noch 17,68 Millionen der Bevölkerung an gegen 26,38 Millionen, die von der Industrie leben, aber der Wert ihrer Produktion hält der industriellen Produktion die Wage, oder übertrifft diese sogar. Die Produktionsstatistik läßt es an zureichenden Daten fehlen, und die Streitfrage, ob die Landwirtschaft oder die Industrie größere Werte produziere, läßt sich nicht bündig zugunsten des einen der beiden Erwerbszweige entscheiden. Mancher

Stadtbewohner wird aber doch erstaunt sein, zu hören, daß der Wert eines einzigen landwirtschaftlichen Erzeugnisses, der Milch, im Jahre 1906 2,6 Milliarden Mark betrug, während der Wert sämtlicher Bergwerkserzeugnisse im gleichen Jahre sich nur auf 1,6 Milliarden Mark bezifferte. Die von agrarischer Seite wie von industrieller vorgenommenen Schätzungen des Wertes der gesamten landwirtschaftlichen und industriellen Produktionen widerstreiten einander. Ob aber nun hinsichtlich des Wertes der Produktion Landwirtschaft oder Industrie die erste Stelle behauptet, das besagt im Grunde weder etwas für noch wider das eine der beiden großen Gewerbe. Sie sind uns beide notwendig, und es könnte für den Niedergang des einen durch den Aufstieg des anderen niemals vollgültiger Ersatz geschaffen werden. Um den wahren wirtschaftlichen Wert der Produktionen zu berechnen, müßte zudem noch festgestellt werden, in welcher Weise landwirtschaftliche und industrielle Produktion auf die Belebung und Werte schaffende Kraft des Handels einwirken. Und selbst dann wäre noch in Betracht zu ziehen, daß der Produktionswert von den Preisschwankungen auf dem Weltmarkt beeinflußt wird. Diese Fragen haben für die wissenschaftliche Durchforschung des wirtschaftlichen Lebens mehr Interesse als für die praktische politische Behandlung der wirtschaftlichen Kräfte.

Der Industrie stehen als Absatzgebiete der äußere Markt, d. h. das kontinentale und überseeische Ausland, und der innere Markt, das Vaterland, zur Verfügung. Die Entwicklung unseres Eisenbahnnetzes, unsere natürlichen Wasserstraßen, unsere Kanäle und der unter dem Schutze der deutschen Flotte emporblühende überseeische Verkehr haben in unserer Zeit den äußeren Markt gleichsam mehr und mehr in die Nähe gerückt. Die Industrie bedarf des Absatzes im Auslande, um ihre Betriebe im gegenwärtigen

Umfange aufrechterhalten, ausdehnen und Millionen von Arbeitern ausreichend lohnende Beschäftigung gewähren zu können. Deshalb hat die Wirtschaftspolitik die Pflicht, durch günstige und langfristige Handelsverträge den Außenmarkt offenzuhalten. Aber daneben behauptet der innere Markt seine große Bedeutung. Er ist auch, und dieser Krieg beweist es mit aller Deutlichkeit, berufen, den Auslandsmarkt zu ersetzen, wenn sich in Kriegszeiten unsere Landesgrenzen ganz oder zum Teil schließen. Auf dem inneren Markt aber ist die Landwirtschaft der erste und wichtigste Kunde der Industrie. Nur wenn die Landwirtschaft kaufkräftig bleibt, wenn sie selbst genug verdient, um andere verdienen zu lassen, kann sie in kritischen Zeiten der Industrie wenigstens einen Teil der Produktion abnehmen, der im Auslande nicht abzusetzen ist. Das alte Wort: „Hat der Bauer Geld, hat's die ganze Welt" wird vollinhaltlich wahr, sobald die Industrie mehr als in ruhigen Friedenszeiten darauf angewiesen ist, ihre Kunden im Vaterland zu suchen.

Eine Politik, die nur den Forderungen, Stimmungen und Chancen des Augenblickes dient, die nur tut, was im Moment am leichtesten getan werden kann, die nur ad hoc arbeitet, ohne Rücksicht auf die künftigen Folgen, ist keine Staatskunst. Gouverner, c'est prévoir[1]). Alle künftigen Möglichkeiten kann auch die besonnenste Politik nicht in ihre Rechnung ziehen. Aber jede unserer Handlungen, jede Entschließung ist Ursache künftiger Wirkungen, und es darf mit Recht vom Politiker gefordert werden, daß er imstande ist, einen Teil der möglichen Wirkungen vorherzusehen. Vor allem aber gibt es gewisse Eventualitäten, die vorausgesetzt werden müssen, weil sie Vorgänge sind, die sich in der Geschichte in größeren oder kleineren Zwischenräumen zu

---

[1]) Regieren heißt voraussehen.

wiederholen pflegen, weil sie nun einmal zum eisernen Bestande der Weltgeschichte gehören. Ein solches Ereignis, das in jede staatsmännische Berechnung einbezogen werden muß, ist der Krieg. Kein Verständiger wünscht ihn. Eine gewissenhafte Regierung sucht ihn zu verhindern, solange es Ehre und Lebensinteressen der Nation erlauben. Aber jedes Staatswesen muß in allen seinen Teilen so geleitet werden, als ob es morgen einen Krieg auszuhalten hätte. Das gilt auch für die Führung der Wirtschaftspolitik.

Gerade im wirtschaftlichen Leben, so hatte ich vor dem Kriege an dieser Stelle weiter ausgeführt, neigten wir, verführt durch eine lange, segensreiche Friedenszeit, mehr als uns gut sei, dazu, uns einzurichten, als müsse dieser Frieden ewig währen. Auch wenn uns in den letzten Jahrzehnten die Kriegsgefahr nicht bisweilen nahe berührt hätte, müßten wir wissen, daß es einen ewigen Frieden nicht gebe, und uns das Wort Moltkes gegenwärtig halten: „Der ewige Frieden ist ein Traum, und nicht einmal ein schöner. Der Krieg aber ist ein Glied in Gottes Weltordnung." Es gebe, fügte ich hinzu, keinen Teil des öffentlichen und privaten Lebens, der vom Kriege unberührt bleibe. Nirgends aber wären die Wirkungen des Krieges unmittelbarer, tiefgreifender als im wirtschaftlichen Leben. Die Folgen eines Krieges, sei er ein glücklicher oder ein unglücklicher, stellten die Folgen jeder, auch der schwersten wirtschaftlichen Krisis in Schatten. Die Wirtschaftspolitik solle der friedlichen Entwicklung dienen, aber sie müsse sich die Möglichkeit einer kriegerischen Verwicklung vor Augen halten und nicht zuletzt aus diesem Grunde im besten Sinne agrarisch sein.

Im Kriegsfalle ist die Leistungsfähigkeit der Landwirtschaft in der Tat eine Existenzfrage für die ganze Nation. Diejenigen

Parteien und wirtschaftlichen Interessengruppen, die von der
Regierung verlangten, sie solle die landwirtschaftlichen Erzeugnisse
des Auslandes, in erster Linie die wichtigsten, Getreide und Fleisch,
mit einem möglichst geringen Zoll belasten, oder gar zollfrei ein=
lassen, damit die Lebensmittelpreise unter dem Druck der aus=
ländischen Konkurrenz niedrig gehalten, und die privaten Haus=
haltungen der Industriearbeiter nach Möglichkeit entlastet würden,
wollten die Wirtschaftspolitik nach einem imaginären ewigen
Frieden orientieren. Unsere deutsche Landwirtschaft, die mit ihren
Arbeitslöhnen in Wettbewerb mit den hohen gewerblichen Löhnen
steht, die auf altem Kulturboden nur mit den modernsten und
kostspieligsten Betriebsmitteln intensiv wirtschaften kann, ist gar
nicht imstande, zu Preisen produzieren zu können, wie es die
großen jungen Agrarländer vermögen, die mit niedrigen Arbeits=
löhnen auf jungfräulichem Boden arbeiten. Unsere Landwirt=
schaft bedarf eines Zollschutzes. Es muß die Einfuhr ausländischer
Agrarerzeugnisse so weit mit Zöllen belastet werden, daß das aus=
ländische Angebot nicht unter einen Preis herabgehen kann, bei
dem die einheimische Landwirtschaft ihr gutes Auskommen findet.
Schon die Herabsetzung der Agrarzölle zur Zeit der Caprivischen
Handelspolitik hat unserer Landwirtschaft eine Krisis gebracht,
die sie nur mit zäher Arbeitsenergie und in der Hoffnung auf
eine baldige günstigere Neuorientierung der Zollpolitik überdauern
konnte. Wenn wir auf einen ausreichenden Schutz der land=
wirtschaftlichen Produktion verzichtet hätten, um auf die Lebens=
mittelpreise mit Hilfe billiger Einfuhr zu drücken, so wäre die
Gefahr eingetreten, daß der landwirtschaftliche Betrieb mehr und
mehr unrentabel wurde und schließlich in wachsendem Umfange ein=
gestellt werden mußte. Wir wären den Weg Englands gegangen.
    Als ich im letzten Winter meiner Amtszeit einem englischen

Staatsmann darlegte, wie völlig unbegründet, ja unsinnig die englische Besorgnis vor einem deutschen Angriff, und nun gar vor einer deutschen Invasion wäre, entgegnete er mir: „Alles, was Sie sagen, ist richtig, und soweit ich persönlich in Frage komme, stoßen Sie eine offene Tür ein. Was aber die englische öffentliche Meinung angeht und den Mann auf der Straße, so dürfen Sie nicht vergessen, daß sich England in einer anderen Lage befindet als die Kontinentalmächte. Frankreich hat eine furchtbare Niederlage erlitten, aber wenige Jahre nach Gravelotte und Sedan hatte es sich so weit erholt, daß von einem ,Krieg in Sicht' die Rede sein konnte. Fast ebenso rasch hat Österreich die Folgen von 1859 und 1866 überwunden. Trotz schwerer Niederlagen zu Wasser und zu Lande und einer bösen Revolution hat Rußland nach dem Japanischen Krieg nicht aufgehört, eine von mehr als einer Seite umworbene Weltmacht zu sein. Anders England. Die englische Bevölkerung lebt zu 80% in den Städten. Die englische Landwirtschaft vermag nur noch ein Fünftel des in England verbrauchten Weizens und nur noch die Hälfte des uns notwendigen Fleisches zu produzieren. Würde unsere Flotte be= siegt und England vom Außenhandel abgeschnitten werden, so würden wir innerhalb weniger Wochen die Wahl haben zwischen Hungersnot und Anarchie oder einem Frieden auf Gnade und Ungnade." Länder mit blühender Landwirtschaft, Länder, wo wenigstens ein größerer Teil der Bevölkerung in der Landwirt= schaft tätig ist, wo die Landwirtschaft wenigstens zum Teil den inneren Markt versorgt und einen großen Teil der notwendigen Nahrungsmittel liefert, sind in kritischen Zeiten widerstandsfähiger und erholen sich nach solchen viel leichter als Länder, die nur auf Handel und Industrie angewiesen sind. Das hat schon Kar= thago gegenüber Rom erfahren. Auch die höchsten Industrie=

löhne nutzen nichts, wenn der Arbeiter für sein Geld keine Nah=
rungsmittel im Lande findet. Und das kann geschehen, wenn in
Kriegszeiten die Grenzen ganz oder zum großen Teil gesperrt
sind, und die einheimische Landwirtschaft nicht imstande ist,
Nahrungsmittel in ausreichender Menge zu produzieren. Was
wir vielleicht im Frieden und für den Augenblick durch Preisgabe
der Landwirtschaft an die ausländische Konkurrenz gewonnen
hätten, das würden wir im Kriege mit Elend, Hunger und
ihren katastrophalen Folgen für das staatliche und soziale Leben
bezahlt haben.

Die Richtigkeit der mit dem Zolltarifgesetz von 1902 einge=
schlagenen Wirtschaftspolitik konnte schlagender nicht bewiesen
werden, als durch die wirtschaftlichen Erfahrungen des Welt=
krieges. Durch die militärischen Ereignisse an den Landgrenzen
von jeder Einfuhr abgesperrt und durch die überlegene groß=
britannische Seemacht der überseeischen Verbindungen beraubt,
war das Deutsche Reich vom Beginn des Krieges an in jene
wirtschaftliche Isolierung gezwungen, die England als Folge einer
Niederlage zur See für sich gefürchtet hatte und immer fürchten
muß. Die Katastrophe aber, die England erleben würde, ist
Deutschland erspart geblieben, und zwar durch die Leistungs=
fähigkeit der deutschen Landwirtschaft. Gewiß nicht ohne Schwie=
rigkeiten, aber doch mit vollem Erfolge löst die deutsche Land=
wirtschaft seit Kriegsbeginn die gewaltige Aufgabe, die gesamte
deutsche Zivilbevölkerung, die deutschen Millionenheere und die
Millionen Kriegsgefangener mit den Erzeugnissen deutschen Acker=
baues und deutscher Viehzucht zu ernähren. Die gewaltige Lei=
stung ist möglich in erster Linie durch die im Vergleich zu anderen
Ländern beispiellos gesteigerte Intensität der landwirtschaftlichen
Betriebe in Deutschland. Bei einer im Laufe der letzten Jahr=

262

zehnte nur geringfügig vermehrten landwirtſchaftlichen Nußungs⸗
fläche, bei wachſenden Schwierigkeiten in der Gewinnung land⸗
wirtſchaftlicher Arbeitskräfte hat die deutſche Landwirtſchaft ihre
Erzeugung ſtändig geſteigert, ſo daß ſie gegenwärtig den Ruhm
der tüchtigſten, der leiſtungsfähigſten Landwirtſchaft der Welt
für ſich in Anſpruch nehmen darf. Es konnte die Landwirtſchaft
aber nur angeregt werden, das Äußerſte dem Boden, das Beſte
dem Stall abzugewinnen, wenn ſie die Sicherheit hatte, mit der
Steigerung der Produktion eine Steigerung der Rentabilität zu
gewinnen. Dieſe Sicherheit hatte die Landwirtſchaft nicht zur
Zeit der Caprivi⸗Marſchallſchen Wirtſchaftspolitik, ſie hat ſie be⸗
kommen durch die Zolltarifgeſetze von 1902. Der Zolltarif von
1902 iſt aus der Reihe der Vorausſetzungen des Sieges in dieſem
Kriege nicht fortzudenken. Er bedeutete die Reorganiſation der
nationalen wirtſchaftlichen Widerſtandskraft Deutſchlands, der
Widerſtandskraft, an der der Wirtſchaftskrieg gegen Deutſchland
geſcheitert iſt.

Der Staat hat die Pflicht, für alle Erwerbsſtände und für alle
Volksklaſſen zu ſorgen. Er darf ein großes, wirtſchaftlich bedeu⸗
tungsvolles und national unentbehrliches Gewerbe wie die Land⸗
wirtſchaft nicht die Koſten für ein beſſeres, bequemeres Gedeihen
der anderen Erwerbsſtände zahlen laſſen. Der Staat muß ſeine
Hilfe nach Maßgabe der Notdurft gewähren und die Allgemein⸗
heit anhalten, ſich in die notwendigen Laſten zu teilen. So ge⸗
recht es iſt, daß die lohnarbeitenden Klaſſen gewaltige unmittel⸗
bare Zuwendungen aus Reichsmitteln erhalten, ſo gerecht iſt es
auch, daß die Exiſtenz der Landwirtſchaft durch die mittelbare
Hilfe des Zollſchutzes geſichert wird. Das eine wie das andere
iſt ein nobile officium des Staates. Es iſt ebenſo falſch, von
einer Bevorzugung der Landwirtſchaft durch die Schutzzollpolitik

zu sprechen, wie es verkehrt wäre, die Sozialpolitik als eine Bevor=
zugung unserer lohnarbeitenden Volksgenossen hinzustellen.

Die wahre staatliche Gerechtigkeit besteht nicht darin, jedem
Stand, Gewerbe oder Staatsbürger das gleiche zu gewähren oder
zu versagen, nur damit keine äußeren Unterschiede bestehen,
das wäre nur eine mechanische Gerechtigkeit. Die wahre Gerech=
tigkeit besteht darin, einem jeden nach Möglichkeit zu geben, was
er notwendig braucht. Diese Gerechtigkeit hatte ich im Auge,
als ich zwei Monate vor Einbringung des Zolltarifgesetzes bei dem
Festmahl, das mir in meinem Geburtsort Flottbek am 21. Sep=
tember 1901 der Pinneberger Kreistag gab, die wirtschaftliche
Politik der Regierung Seiner Majestät dahin definierte, daß sie
jedem das Seine geben wolle, getreu dem alten hohenzollernschen
Wahlspruch: Suum cuique. Unsere Zollpolitik hat eine doppelte
Aufgabe zu erfüllen. Sie muß auf der einen Seite unsere ein=
heimische Produktion in Landwirtschaft und Industrie durch aus=
reichenden Schutz fremder Konkurrenz gewachsen erhalten. Sie
soll auf der anderen Seite durch langfristige Handelsverträge die
auswärtigen Märkte für unsere exportierende Industrie und un=
seren Außenhandel offenhalten. Um die erste Aufgabe erfüllen
zu können, mußten wir uns mit Zollschranken umgeben, um der
zweiten gerecht zu werden, den Zollschutz so halten, daß wir den
anderen Staaten nicht den Abschluß für sie selbst einigermaßen
annehmbarer Handelsverträge mit uns unmöglich machten. Han=
delsverträge sind wie kaufmännische Geschäftsabschlüsse. Beide
Teile verlangen mehr, als sie am Ende zu erhalten erwarten
und kommen sich schrittweise entgegen, bis auf irgendeiner Mitte
das Geschäft zum Abschluß kommt. Beide Teile suchen unter
möglichst geringen Opfern möglichst große Vorteile zu erringen.
Der springende Punkt für jeden Staat ist der, Sorge zu tragen,

daß nicht wichtige wirtschaftliche Interessen preisgegeben werden. Zwischen Zollschutz= und Handelspolitik gilt es, einen Weg zu finden, auf dem Landwirtschaft, Handel und Industrie gleich= mäßig und Seite an Seite vorwärtskommen können.

Durch ein momentanes Stagnieren der Ausfuhr veranlaßt, hatte sich die Caprivi=Marschallsche Zollpolitik ganz auf die Seite der Handelsverträge gelegt. Um einen raschen Abschluß günstiger Handelsverträge möglichst glatt erreichen zu können, wurde dem Auslande die Herabsetzung der Getreidezölle auf den Tisch gelegt. Die Meinung kluger Geschäftsleute, daß die An= sprüche der Gegenpartei sich nach dem Maße des eigenen Ent= gegenkommens vergrößern, erwies sich aber schließlich als richtig. Der wichtige Handelsvertrag mit Rußland, das von der Herab= setzung unserer Getreidezölle sehr großen Nutzen hatte, kam erst nach Verhandlungen von vollen drei Jahren, die durch einen Zoll= krieg unterbrochen wurden, zum Abschluß. Den Preis für die Handelsverträge hatte die Landwirtschaft bezahlen müssen, die durch die Verminderung der Kornzölle von 5 Mark auf 3.50 Mark für die Dauer von zwölf Jahren unter wesentlich ungünstigeren Bedingungen wirtschaften mußte. Das bedeutete, wie sich Bis= marck damals ausdrückte, einen Sprung ins Dunkle. Die Han= delsverträge selbst haben natürlich auf den Handel außerordent= lich belebend gewirkt. Aber es geschah auf Kosten eines großen, mit dem gesamten wirtschaftlichen Wohlergehen der Nation ebenso wie mit unseren besten vaterländischen Traditionen unlösbar ver= bundenen Erwerbsstandes, der sich zurückgesetzt fühlte und in leidenschaftliche Bewegung und Aufregung geriet. Es ist nicht zu verkennen, daß durch eine Wirtschaftspolitik, die mit einer Benach= teiligung eines Erwerbsstandes Vorteile für die anderen bezahlte, die wirtschaftlichen Gegensätze in der Nation vertieft wurden.

Die Landwirtschaft war bis zu Beginn der neunziger Jahre im großen und ganzen einträchtig mit den anderen Gewerben Hand in Hand gegangen. Nun setzte sie sich zur Wehr, schuf im Jahre 1893 im Bunde der Landwirte eine starke Organisation, die, wie es wirtschaftlichen Interessenverbänden eigen ist, allmählich schärfere Töne anschlug. Der Glaube, daß der Handel und die Exportindustrie gewinnen, wenn die Landwirtschaft verliert, stammt aus der ersten Hälfte der neunziger Jahre. Dieser Irrtum hat in unsere innere Politik ein Moment des Haders und der Unruhe getragen, das seitdem oft störend und entwicklungshemmend empfunden worden ist.

Die Aufgabe des neuen Jahrhunderts mußte es sein, im Interesse der Landwirtschaft einen gerechten wirtschaftspolitischen Ausgleich zu gewinnen. Das war nötig, nicht nur aus Gründen staatlicher Gerechtigkeit, sondern vor allem, weil es sich zeigte, daß der Glaube, die Landwirtschaft würde trotz der Zollherabsetzung prosperieren können, irrig gewesen war. Ich brachte deshalb im Jahre 1901 den neuen Zolltarif ein, auf Grund dessen neue Handelsverträge unter Berücksichtigung der gerechten Interessen der Landwirtschaft abgeschlossen werden sollten. Dadurch, daß der Handelspolitik ein agrarpolitischer Unterbau gegeben wurde, gewann unser nationales Wirtschaftsleben an innerer Festigkeit. Aber es durfte die Umwendung zur Agrarpolitik nicht in der Weise erfolgen, daß der Handel in seiner Entwicklung aufgehalten oder gar zurückgerissen wurde, d. h. der neue Zolltarif mußte den Abschluß günstiger und langfristiger Handelsverträge möglich machen. Die „mittlere" Linie, die ich vor den Zolltarifkämpfen als Parole ausgab, war damit vorgezeichnet. Sollte nicht das ganze Werk scheitern, so mußte auch nach der agrarpolitischen Seite hin Maß gehalten werden. In der Begründung der Regierungsvorlage hieß es: „Deutschlands künftige Handelspolitik wird zwar von dem Grundsatz auszugehen haben, daß ihre Maßnahmen zugunsten der Ausfuhrindustrie nicht zu einer Beeinträchtigung des für die Erhaltung des Ackerbaues unentbehrlichen Zollschutzes führen dürfen. Andererseits kann aber die Ausfuhrindustrie mit Recht erwarten, daß nicht zu ihrem Schaden die Rücksichtnahme auf die Landwirtschaft über das unerläßliche Maß hinausgehe.“ Diese Aufgabe war durch die Tarifgesetze gestellt, und sie ist während langer und fast beispiellos hartnäckiger parlamentarischer Kämpfe festgehalten und endlich gelöst worden.

Sofort nach dem Bekanntwerden der neuen Tarifsätze erklärte die freihändlerische Presse, der Abschluß neuer Handelsverträge auf der Basis dieses Tarifs werde unmöglich sein, das Ende der deutschen Handelspolitik sei gekommen. Agrarische Organe meinten ihrerseits, der Tarif könne auch die bescheidensten Landwirte nicht zufriedenstellen. In der sozialistischen Presse hieß es: „Nieder mit dem Wuchertarif.“ Die Regierung sah sich auf beiden Flanken angegriffen und mußte in der Mitte durchbrechen, um ihr Werk zum Besten des allgemeinen Interesses, in erster Linie zum Besten der Landwirtschaft zum Erfolge zu führen.

Wenn sich zwei extreme Anschauungen oder Forderungen gegenüberstehen, pflegen in der Politik, wie oft im menschlichen Leben, Vernunft und Wahrheit in der Mitte zu liegen. Die freihändlerische Demokratie verlangte, daß die Landwirtschaft in die Pfanne der Handelspolitik geworfen würde. Ein Teil ihrer Gegner wollte die Aussicht auf Handelsverträge in die Pfanne der Agrarpolitik geworfen wissen. Das eine war so unmöglich wie das andere. Nur wenn die Regierung in den Hauptsätzen unbeugsam blieb, sich weder von der Opposition zur Rechten noch von der zur Linken herüberziehen ließ, konnte sie erwarten, die gemäßigten Parteien schließlich auf der Mitte ihres Willens vereinigt zu sehen. Sozialdemokratie und freisinnige Vereinigung griffen zu dem Mittel der Obstruktion, um die sachliche Beratung der Vorlagen unmöglich zu machen und Neuwahlen zu erzwingen. In anerkennenswerter Objektivität wehrte sich der Abgeordnete Eugen Richter im Namen der freisinnigen Volkspartei gegen die Vergewaltigung der Mehrheit durch die Obstruktion der Minderheit, obwohl er selbst mit seinen Parteifreunden dem Zolltarif ablehnend gegenüberstand. Eine Zeitlang schien es, als würde sich eine Mehrheit für den Zolltarif überhaupt nicht finden, da ein Teil der Rechten nach dem Grundsatz „alles oder nichts" die ganze zum Besten der Landwirtschaft unternommene Tarifreform ablehnen zu wollen schien. Es war das große Verdienst des Vorsitzenden des deutschen Landwirtschaftsrats, Grafen Schwerin-Löwitz, des zu früh heimgegangenen Grafen Kanitz, und vor allem des Führers der konservativen Partei, des Grafen Limburg-Stirum, daß sie die konservative Partei nicht auf einen falschen Weg geraten ließen. Die gleiche, ebenso anerkennenswerte Einsicht und Widerstandskraft zeigte gegenüber freihändlerischen Tendenzen eines Teils der Liberalen der Abgeordnete Bassermann. So begegneten sich Konservative und Nationalliberale mit dem vom Grafen Ballestrem und dem Abgeordneten Spahn mit staatsmännischem Geschick geführten Zentrum auf dem Boden der Anträge des freikonservativen Abgeordneten v. Kardorff.

Mit den Zolltarifgesetzen von 1902 gewann unsere Wirtschaftspolitik wieder den dem Interesse der Allgemeinheit unentbehrlichen agrarischen Einschlag. Neben der mächtig aufblühenden Weltwirtschaft wurde die Erhaltung einer kräftigen heimatlichen Wirtschaft gesichert. Die deutsche Landwirtschaft hat unter dem

268

Einfluß des neuen Tarifs und der auf seiner Basis abgeschlossenen neuen Handelsverträge ein Jahrzehnt kräftiger Entwicklung erlebt. Unsere kernigen und fleißigen Landwirte gewannen das Bewußtsein zurück, daß das Reich an den Erfolgen ihrer Arbeit Anteil nahm, in der Landwirtschaft nicht das wirtschaftliche Stiefkind, sondern das gleichberechtigte und sogar erstgeborene Kind der Mutter Germania sah. Die Zahl der landwirtschaftlichen Betriebe hat sich von 1895 bis 1907 um fast 180 000 vermehrt. Der Viehbestand war gewaltig gewachsen, das Rindvieh um etwa 3 Millionen Stück, Schweine um 5,3 Millionen Stück im gleichen Zeitraum. Roggen wurden 1913 12,2 Millionen Tonnen gegen 6,6 Millionen Tonnen im Jahre 1895, Weizen 4,65 Millionen Tonnen gegen 2,80 Millionen Tonnen, Gerste 3,67 Millionen Tonnen gegen 2,4 Millionen Tonnen, Hafer 9,7 Millionen Tonnen gegen 5,2 Millionen Tonnen, Kartoffeln 54,1 Millionen Tonnen gegen 31,7 Millionen Tonnen geerntet. 1900 bezogen wir 16% Brotgetreide vom Ausland, 1906 nur noch 10%. Mit anderen Ländern verglichen, hat sich die Produktivität unserer Landwirtschaft während des letzten Jahrzehnts ganz außerordentlich entwickelt. Noch im Sommer des Jahres 1902, nicht lange vor der zweiten Beratung des Zolltarifgesetzes, mußte der Geschichtschreiber der deutschen Landwirtschaft, Dr. Frhr. v. d. Goltz, die einleitenden Betrachtungen seines Werkes mit der Feststellung schließen, daß „durch Vorgänge auf dem Gebiete der nationalen Volkswirtschaft und der Weltwirtschaft über die deutsche Landwirtschaft eine kritische Zeit hereingebrochen sei". Heute weisen die berufenen Kenner der landwirtschaftlichen Verhältnisse mit Stolz hin auf die blühende Entwicklung, den wachsenden Wert der Produktion und die gestiegene und immer weiter steigerungsfähige Leistungsfähigkeit der deutschen Landwirtschaft.

269

Die landwirtschaftliche Entwicklung hat sich aber nicht vollzogen auf Kosten der Entfaltung unserer Exportindustrie und unseres Handels. Die freihändlerischen Propheten, die bei den Debatten der Jahre 1901 und 1902 vorausgesagt hatten, die agrarpolitische Korrektur der Wirtschaftspolitik werde den Handel „einschränken", haben unrecht behalten. Diejenigen, die geglaubt hatten, es würde mit der Waffe eines erhöhten Agrarzolles der Abschluß vorteilhafter und langfristiger Handelsverträge nicht gelingen, hatten die weltwirtschaftliche Stellung Deutschlands unterschätzt. Deutschland hatte mit seinem neuen Tarif in der Hand keineswegs den anderen Staaten zu wenig zu bieten, es hatte 1891 zu viel geboten. Bei Einleitung der Caprivi-Marschallschen Zoll- und Handelsvertragspolitik war man unter anderem davon ausgegangen, daß uns das Übergewicht unserer Einfuhr über die Ausfuhr zu besonderem Entgegenkommen zwingen müßte, um uns die auswärtigen Absatzmärkte in weiterem Maße zu erschließen. In der Tat lag gerade in unserer großen Einfuhr, unserer Kaufkraft die beste Stärke unserer Position für die Handelsvertragsabschlüsse. Wir durften Entgegenkommen beanspruchen, weil wir so vortreffliche Kunden des Auslandes sind. Das Verhältnis zwischen Einfuhr und Ausfuhr ließ sich mit gutem Erfolge für die Handelsverträge umgekehrt verwerten, wie es zu Anfang der neunziger Jahre geschehen war. Der von 1891 bis 1894 heiß umkämpfte Handelsvertrag mit Rußland kam zwischen dem Grafen Witte und mir in Norderney im Juli 1904 relativ glatt zum Abschluß. Es folgten die anderen Verträge, ohne daß sich der neue Zolltarif irgendwie als unüberwindliches Hindernis gezeigt hätte. In der entscheidenden Reichstagssitzung vom 13. Dezember 1902, wohl der längsten Sitzung, die der Deutsche Reichstag gehalten hat, gab ich am Schluß einer einleitenden Rede, in der ich die Stellung

270

der verbündeten Regierungen zu den vom Reichstag in zweiter Lesung gefaßten Beschlüssen darlegte, unter lebhaftem Beifall der einen und ebenso lebhaftem Widerspruch der anderen der Überzeugung Ausdruck, daß das große Werk der Tarifreform dem Vaterlande zum Segen gereichen würde. Diese Hoffnung hat sich erfüllt, und nicht nur hinsichtlich der Landwirtschaft. Das bestätigte das Telegramm, das die Direktion der Hamburg-Amerika-Linie bei meinem Rücktritt an mich richtete, und in dem sie hervorhob, daß meine Kanzlerzeit die stärkste Entwicklung und die reichste Blüte von Industrie, Handel und Verkehr gesehen hätte, die Deutschland jemals erlebt habe. Unsere künftige wirtschaftliche Entwicklung wird nicht zum geringsten davon abhängen, daß wir die handelspolitischen Fundamente behaupten, auf denen ein solcher Aufschwung möglich war, und uns die handelspolitischen Sicherheiten und Vorteile, die wir vor dem Kriege besaßen, auch für die Zukunft erhalten. Und wer sollte, wenn er die wirtschaftliche Lage unseres Volkes nach dem Kriege erwägt, nicht neben den zwei Millionen deutscher Kolonisten in Rußland auch der Pioniere des deutschen Handels gedenken, die vor dem Kriege in Nord- und Südamerika, in Ostasien, in Nord- und Südafrika, in ganz Frankreich und England, in den englischen Kolonien, an allen wichtigen Handelsplätzen der fünf Weltteile so viele blühende Unternehmungen ins Leben gerufen und geleitet hatten und überall deutsche Arbeit und deutsches Volkstum förderten. In dieser Richtung hat uns der Krieg besonders empfindlich zurückgeworfen, nicht nur in den uns feindlichen Ländern, sondern auch im neutralen Ausland. Wir müssen erwarten, daß die Möglichkeit gefunden werde, die Verbindungen, die der Weltkrieg jetzt so plötzlich zerrissen hat, wieder anzuknüpfen, die Geschädigten einigermaßen zu entschädigen, und wenn nicht alles, so doch einiges wieder gut zu machen. Das reißende Anwachsen des allgemeinen Wohlstandes in Deutschland während des Jahrzehnts von 1904 bis 1914 liegt klar zutage. Die Zahl der großen Betriebe war bis zum 1. August 1914 in ständigem Wachsen, ebenso wie die Zahl der Berufszugehörigen der Industrie und des Handels. Die amtliche Statistik zählte, als ein Beispiel unter vielen, im Jahre 1911 4712 Erwerbsgesellschaf= ten, die über ein eigenes Kapital von 18,06 Milliarden Mark ver= fügten und jährlich 1,3 Milliarden an Dividenden verteilten. Die großen Privatbanken haben sich zu wirtschaftlichen und auch wirt= schaftspolitischen Mächten entwickelt. Der deutsche Import im Ge= samthandel stieg von 1903 bis 1913 von 6,3 Milliarden auf 11,6 Milliarden, der Export von 5,3 Milliarden auf 10,9 Mil= liarden. Und der Entwicklung des Außenhandels folgend vermehrte sich die deutsche Handelsflotte (in 1000 Brutto=Reg. Tons) von 2650 t im Jahre 1900 auf 4267 t im Jahre 1909, auf 4513 t im Jahre 1911, auf 5238 t im Jahre 1914. Auf deutschen Werf= ten stieg der Bau von Schiffen einschließlich Flußfahrzeugen und Kriegsschiffen von 385 im Jahre 1900 auf 814 im Jahre 1909, auf 859 im Jahre 1911 und auf 936 im Jahre 1913. Da gleich= zeitig gerade im letzten Jahrzehnt die soziale Fürsorge nicht nur für die lohnarbeitenden Klassen weiter ausgebaut, sondern auch auf den Mittelstand ausgedehnt worden ist, darf abschließend gesagt werden, daß bei der agrarpolitischen Wendung unserer Wirtschafts= politik alle Erwerbsstände ihr fortdauernd gutes Gedeihen behaup= tet und entfaltet haben, während die Landwirtschaft aus kritischen Zeiten herausgehoben und in die allgemeine aufsteigende Ent= wicklung des deutschen Wirtschaftslebens eingereiht worden ist.

In wirtschaftlicher Hinsicht in erster Linie hat das deutsche Volk Grund, mit dem Entwicklungsfazit der letzten Jahrzehnte zufrieden zu sein und zu wünschen, daß die eingeschlagenen und bewährten

Wege nicht verlassen werden. Dem Handel und der Ausfuhr=
industrie sind die durch die Inaugurierung der Handelspolitik zu
Anfang der neunziger Jahre gewonnenen Vorteile in vollem Maße
erhalten geblieben. Die gesamte deutsche Industrie hat sich des
ihr im Jahre 1878 gewährten Zollschutzes unverändert erfreuen
können. Einzelne Mängel des Caprivischen Tarifs sind durch den
Tarif von 1902 zugunsten der Industrie abgeändert worden. Die
deutsche Landwirtschaft endlich hat den ihr notwendigen Zollschutz
gefunden. Für den deutschen Arbeiter ist mehr getan worden als
in irgendeinem anderen Lande. Als vor einigen Jahren eine Depu=
tation englischer Gewerkschaften eine Rundreise durch Deutschland
unternahm, um unsere Arbeiterverhältnisse zu studieren, richtete,
nachdem sie von unseren Wohlfahrtseinrichtungen Kenntnis ge=
nommen hatten, einer der Engländer an einen seiner deutschen
Führer, nebenbei gesagt, einen Sozialdemokraten, die erstaunte
Frage: „Ja, warum agitiert ihr denn eigentlich noch?"

Wenn trotzdem bis zu diesem Krieg die wirtschaftlichen Kämpfe
nicht ruhen, die Gegensätze zwischen den Erwerbsständen sich nicht
mildern wollten, wenn im Gegenteil die Leidenschaften auf wirt=
schaftlichem Gebiet aufgewühlter, Hader und Mißgunst zwischen
den Erwerbsständen erbitterter schienen als je, so lag dafür die
Ursache nicht in einer Brüchigkeit, einer Unausgeglichenheit unserer
Wirtschaftspolitik, sondern in der Unvollkommenheit unseres inner=
politischen Lebens. Wie die deutschen Parteien in rein politischen
Fragen ihre Haltung mit Vorliebe nicht nach Erwägungen der
Zweckmäßigkeit, sondern nach der jeweiligen Feindschaft gegen diese
oder jene Partei orientierten, so noch mehr in wirtschaftspolitischer
Beziehung. Deutschland war vielleicht das einzige Land, in dem
die praktischen wirtschaftlichen Fragen peinlich und kleinlich auf
den Leisten der Parteipolitik geschlagen wurden. Mit alleiniger Aus=

nahme des Zentrums, hatte jede Partei, sei sie groß, sei sie klein, ihre eigene Wirtschaftspolitik, oder wenigstens ihre wirtschaftspolitische Spezialität, der die wirtschaftlichen Fragen untergeordnet wurden. Das gehörte zum parteipolitischen Dogmatismus. Wir hatten fast so viele verschiedene finanzpolitische, agrarpolitische, handelspolitische, verkehrspolitische, sozialpolitische, zollpolitische, steuerpolitische und sonstige wirtschaftspolitische Auffassungen, wie wir Parteien hatten. Der deutsche Parteimann spann sich so fest in seine wirtschaftspolitischen Parteianschauungen ein, daß er alsbald autosuggestiv diese Anschauungen für unlösbar verbunden mit seinen eigenen Berufsinteressen und Magenfragen hielt und nach der wirtschaftspolitischen Seite hin den Parteikampf mit der Erbitterung führte, die der Egoismus zu erzeugen pflegt. Wir haben keine Partei, die sagen darf, daß sie nur einen einzigen Erwerbsstand vertritt, nicht einmal die Sozialdemokratie darf das von sich behaupten. Trotzdem haben bis auf das Zentrum, dessen Wähler und Vertreter allen Bevölkerungsschichten und Erwerbsgruppen angehören, alle anderen Parteien den wirtschaftspolitischen Kampf oft mehr oder minder so geführt, als gälte es für jede nur die Vertretung eines einzigen Erwerbsstandes. Freilich stützen sich die Konservativen vorwiegend auf den Grundbesitz, die Nationalliberalen auf die Industrie, der Freisinn auf den Handel. Das liegt an den politischen Traditionen der betreffenden Volkskreise. Wenn sich aber die Parteien mehr und mehr zu berufsständischen Interessenvertretungen entwickelten, so hatte das seine Gefahren, in wirtschaftlicher Beziehung wie in politischer und nationaler. Stehen sich die Erwerbsstände als politische Parteien gegenüber, so wird von einer Erledigung wirtschaftspolitischer Fragen, bei der alle Erwerbszweige ihren Vorteil finden, nicht mehr die Rede sein. Die Interessengegensätze werden völlig unversöhnlich werden. Jeder

274

Stand wird im Nachteil des anderen den eigenen Vorteil sehen. Und die wirtschaftlichen Differenzen werden, wenn nicht eine starke Regierung die Führung in Händen hat, nach Art parteipolitischer Machtkämpfe durch Majorisierung der Minderheitsparteien und rücksichtslose Mißachtung der Interessen ganzer Erwerbsstände entschieden. Auf der anderen Seite sind Berufsstände selten fähig, die großen nationalen Fragen unabhängig mit dem Blick auf die Weltstellung des Reichs anstatt mit dem Auge auf das eigene berufliche Interesse zu entscheiden. Und das um so weniger, je mehr nationale Aufgaben mit materiellen Opfern verbunden sind. Eine Verquickung des parteipolitischen mit dem erwerbsständischen Gedanken bedeutet für das nationale wie für das wirtschaftliche Leben in gleichem Maße eine Gefahr.

Wie die schweren Erfahrungen dieses Krieges begründete Hoffnungen erweckt haben auf eine allmähliche zunehmende Milderung der alten Parteigegensätze, auf eine Abstimmung des parteipolitischen Dogmatismus, so haben sie die Annäherung großer wirtschaftlicher Verbände, die sich einst oftmals heftig befehdeten, zur Tat werden lassen. Mit dem Blick auf die internationalen Lehren des Weltkrieges, auf die künftige Weltstellung des Deutschen Reiches sind in rühmenswerter Weise unsere sechs großen Wirtschaftsverbände auf dem Boden der für Deutschlands Gegenwart und Zukunft wichtigsten Frage, der Frage der aus dem Kriege hervorgehenden macht- und wirtschaftspolitischen Stellung Deutschlands in Europa und der Welt, zusammengetreten zu einer gemeinsamen Manifestation einigen und entschlossenen patriotischen Willens. Eine ernste Warnung bedeutet das gegenüber dem auf alte deutsche partei- und wirtschaftspolitische Uneinigkeit rechnenden Auslande. Eine leuchtende Perspektive eröffnet sich für Deutschlands innerpolitische Zukunft, deren bren-

nendſte Aufgaben nach dem Kriege dem Retabliſſement des
wirtſchaftlichen Lebens gelten müſſen. Wenn die Regierungen
des Reiches und der deutſchen Staaten bei dieſem Werk von
ungeheuren, heut kaum geahnten Schwierigkeiten die produzieren=
den Stände einig an ihrer Seite finden und halten, ſo ſteht zu
hoffen, daß in nicht ferner Zeit der Fortſchritt blühender wirt=
ſchaftlicher Entwicklung zurückgewonnen wird, den dieſer Krieg
ſo jäh unterbrach. Eine für die Volksgeſamtheit und ihr Glück
notwendigere und bedeutſamere Aufgabe als dieſe ſtellt der Krieg
der kommenden inneren Politik des Friedens nicht.

Schlußwort

Das Deutsche Reich, wie es hervorgegangen ist aus den Feuer-
taufen von Königgrätz und Sedan als die späte Frucht des langen
Werdeganges unseres Volkes, konnte erst entstehen, als der deutsche
Geist und die preußische Monarchie sich fanden. Sie mußten sich
finden, sollte ein einheitliches deutsches Staatsleben von dauernder Kraft gewonnen werden. Die schicksalsreiche deutsche Geschichte sah des Großen, des Gewaltigen die Fülle, sie sah den
Kampf der deutschen Kaiser um das Erbe der Cäsaren, sah die
deutschen Waffen siegreich am Belt und am Mittelmeer, in
Kleinasien und im Herzen des heutigen Frankreichs, sie sah nach
dem geistigen Läuterungsprozeß der Reformationszeit die höchste
Entfaltung künstlerischen und wissenschaftlichen Lebens seit den
Tagen des alten Hellas und dem Cinquecento. Aber das staatliche, das politische Ergebnis war doch im 19. Jahrhundert die
Auflösung aller staatlichen Formen, die Überflügelung der deutschen Macht durch die jüngeren Staaten des europäischen Westens
und Ostens. In tausendjähriger Arbeit war kulturell das Höchste,
politisch nichts erreicht worden. Die von Natur gesegneten Gebiete
des deutschen Westens und Südens haben dem deutschen Geistesleben unvergängliche Werke geschaffen, aber für das härtere
Geschäft der Staatsbildung die Kraft nicht aufzubringen vermocht. Wir modernen Deutschen teilen das herbe Urteil Treitschkes
über den Unwert der deutschen Kleinstaaten nicht mehr. Wir

haben im jahrzehntelangen Besitz der Reichseinheit die Freiheit
des Blickes wiedergewonnen für die mannigfachen Segnungen,
die wir den kleinen Staatsbildungen verdanken. Den Sünden
des deutschen Partikularismus standen doch zur Seite die För=
derung und der Schutz, die das geistige Leben Deutschlands von
den Fürsten und Städten erfuhr. Der weimarische Musenhof
hat wohl das Größte, nicht das einzige geleistet. Die Geschichte
der meisten außerpreußischen Staaten ist verknüpft mit dem
Namen dieses oder jenes derjenigen Männer der Wissenschaften
und Künste, die geholfen haben, den großartigen Bau unseres
geistigen Lebens aufzurichten. Als Preußen sich seiner Pflichten
gegen die ideellen Güter Deutschlands erinnerte, in jenen schweren
und doch großen Jahren, in denen Friedrich Wilhelm III. das
schöne Wort fand, der Preußische Staat müsse durch geistige
Kräfte ersetzen, was er an physischen eingebüßt habe, hatte der
deutsche Geist schon die höchsten Gipfel erstiegen ohne die Hilfe
Preußens. Das geistige Leben Deutschlands, das die Welt be=
wundern gelernt hat, dem selbst der erste Napoleon Reverenz
erwies, ist überwiegend das Werk des deutschen Westens und
Südens, geleistet unter dem Schutze seiner Fürsten, der kleinen
Staaten und der freien Städte.

Das Volk auf dem märkischen Sande, in den von der Natur
karg bedachten Ebenen östlich der Elbe und Oder aber hat in
den Jahrhunderten, die deutsches Geistesleben, deutsche Wissen=
schaft und Kunst im anderen Deutschland aufblühen sahen,
unter einem heldenhaften und staatsklugen Herrscherhause in
Kämpfen und Entbehrungen die staatliche Zukunft Deutschlands
vorbereitet. Im Westen und Süden Deutschlands ist der deutsche
Geist gebildet worden, in Preußen der deutsche Staat. Die
Fürsten des Westens sind die Pfleger deutscher Bildung gewesen,

die Hohenzollern die politischen und militärischen Lehr= und Zucht=
meister. Es hat lange gedauert, ehe man in Deutschland die
Bedeutung Preußens, an dem selbst Goethe nur den Großen
König liebte, begriff, ehe man erkannte, daß dieser rauhe, durch
und durch prosaische Militär= und Beamtenstaat ohne große
Worte, aber mit desto größeren Taten ein deutsches Kulturwerk
ersten Ranges schuf, daß er die politische Kultur des deutschen
Volkes vorbereitete. Der Preußische Staat ist für Deutschland
geworden, was Rom für die antike Welt gewesen ist. Der geistig
universalste und dabei preußischste der deutschen Historiker, Leopold
v. Ranke, sagt in seiner Weltgeschichte, es sei die Aufgabe der an=
tiken Welt gewesen, den griechischen Geist mit dem römischen zu
durchdringen. Die antike Bildung, in der das Geistesleben West=
europas mit allen seinen Wurzeln ruht, ist der Welt erhalten
worden durch den Schutz des Rechts= und Militärstaats Rom,
der der alten Welt die politischen Daseinsformen gab. Dem deut=
schen Geistesleben ist der Preußische Staat Beschützer geworden
dadurch, daß er dem deutschen Volk die staatliche Einigung und
die ebenbürtige Stellung unter den großen Reichen der Welt
schuf.

Wir haben durch die Reichsgründung ein nationales Staats=
leben gewonnen. Unsere politische Entwicklung hat damit einen
neuen sicheren Weg betreten. Aber zum Ziele gelangt ist sie
noch nicht. Die Aufgabe, deren Erfüllung wohl begonnen aber
noch nicht vollendet ist, muß sein die Einheit unseres geistigen
und politischen Lebens, das heißt die gegenseitige Durchdringung
preußischen und deutschen Geistes. Das meinte ich, als ich an=
knüpfend daran, daß mir im Sterbezimmer des Fürsten Bis=
marck als einziger Schmuck der Wand das Bild von Ludwig
Uhland entgegengetreten war, nicht lange vor meinem Rücktritt

im Reichstag sagte[1]), aus diesem Gegenüber spreche die ganze deutsche Geschichte, denn nur die Verbindung von altpreußisch-konservativer Tatkraft und Zucht mit deutschem, weitherzigem und liberalem Geiste könne die Zukunft der Nation zu einer glücklichen gestalten. Die vor einem Jahrhundert von Fichte gestellte Forderung, daß die Nation, indem sie den Unterschied zwischen Denken und Sein in sich überwinde, sich selbst mit Bewußtsein mache, richtet sich auch an uns. Das preußische Staatsleben muß sich so mit dem deutschen Geistesleben, dieses sich so mit jenem aussöhnen, daß beide ineinander verwachsen, ohne einander zu schwächen. Eine solche Aussöhnung war vor dem großen Kriege, in dem wir uns befinden, noch nicht ganz erreicht. Noch sah der Vertreter deutschen Geisteslebens gern im Preußischen Staate eine feindliche Macht, noch der Altpreuße bisweilen in der freien , durch keine Regel gehemmten Entfaltung des deutschen Geistes eine destruktive Kraft. Und immer wieder konnte man erfahren, daß in Parlament und Presse im Namen der Freiheit wider Preußen und im Namen der Ordnung wider den nie zu bändigenden deutschen Geist geeifert wurde, dem an Weite, an philosophischer Tiefe und an poetischem Zauber seit den Griechen kein anderer gleichkam. Mein verstorbener Freund Adolph Wilbrand läßt in einem hübschen Schauspiel einen Beamten aus norddeutscher Adelsfamilie und die Tochter eines bürgerlichen Gelehrten auftreten, die sich erst abstoßen und streiten. „Ich repräsentiere das Deutschland Schillers, Goethes und Lessings", sagt die Gelehrtentochter, und der Beamte erwidert: „Und ich das Deutschland Bismarcks, Blüchers und Moltkes." Ähnliches hörten wir oft von klugen und ernsten Männern. Unsere geistige und innerpolitische deutsche Zukunft

[1]) Reden V, Seite 43.

hängt davon ab, ob und wie weit es uns gelingt, den deutschen
Geist mit der preußischen Monarchie zu verschmelzen.

Es ist richtig, daß im außerpreußischen Deutschland auf Grund
anderer politischer Traditionen vielfach Auffassungen von staat=
licher Herrschaft und politischer Freiheit herrschen, die grund=
verschieden sind von denen, die gewachsen sind auf dem Boden
preußischer Traditionen. Dieser Unterschied kommt nicht nur
zur Geltung in den Parteigegensätzen, sondern auch in den Parteien
selbst. Man sucht es im deutschen Süden mehr in einer Lösung
der politischen Kräfte nach unten hin, in Preußen mehr in einer
Bindung der politischen Kräfte von oben her. Dort eine mehr
geistige, hier eine mehr staatliche Auffassung des politischen
Lebens. Eine jede der beiden ist Ergebnis geschichtlichen Werdens
und hat ihre wohlberechtigte Eigenart. Der Preuße tut unrecht,
wenn er im politischen Leben Süddeutschlands nichts sehen will
als zersetzende Demokratie. Der Süddeutsche tut ebensolches
Unrecht, wenn er die Eigenart des preußischen Staatslebens als
politische Rückständigkeit perhorresziert. Fortschritt ist im politi=
schen Leben ein sehr unsicherer Begriff, und in welcher Richtung
politischer Entwicklung zuletzt der wahre Fortschritt liegen wird,
das ist eine Frage, die alle Weisen der Welt nicht werden be=
antworten können. Die Erfüllung konservativer Forderungen ist
oftmals im besten und wahrsten Sinne geschichtlicher Fortschritt
gewesen, während demokratische und liberale Forderungen zu=
weilen dem historisch wertenden Verstand ein hart reaktionäres
Gesicht zeigen. Ein jeder Staat, ein jedes Volk sucht auf seine
Weise vorwärtszukommen und seine politischen Institutionen zu
vervollkommnen. Wir Deutschen, die wir aus geschichtlichen
Gründen nicht ein einheitliches, sondern ein vielgestaltiges Staats=
leben haben, dürfen uns weniger noch als ein anderes Volk

abstrakte politische Prinzipien schaffen, weder solche, die allein
den preußischen, noch solche, die allein den süddeutschen Über=
lieferungen entnommen sind, und alle Politik über den Leisten
dieser Prinzipien schlagen. Unsere Aufgabe besteht darin, die
politische Entwicklung in Preußen, den Einzelstaaten und im
Reich so zu führen, daß jedem der Glieder im Reich diejenigen
Kräfte erhalten werden, mit denen es dem gemeinsamen Vater=
lande am wertvollsten ist. Die Harmonie des deutschen Lebens
in allen seinen Teilen wird weniger zu erstreben sein durch eine
Uniformierung aller Einrichtungen in Nord und Süd, in Ost
und West, als durch ein Abschleifen der heute noch vorhandenen
Gegensätze.

Die Bismarckische Reichsschöpfung war nicht zuletzt dadurch
so meisterhaft, daß sie eine feste Bindung schuf, ohne die Eigen=
art und die Selbständigkeit der Einzelstaaten zu zerstören, und
daß sie durch die Wahrung des monarchischen Prinzips auch im
neuen Reich Preußen nicht nur nominell, sondern tatsächlich zum
führenden Staat machte. Die Einigung Deutschlands, die der
patriotischen Demokratie in den vierziger Jahren des 19. Jahr=
hunderts vorschwebte, wollte die Selbständigkeit der Bundes=
staaten mehr oder minder aufheben und die einigende Kraft in
den maßgebenden Einfluß eines Reichsparlamentes legen. Ab=
gesehen davon, daß die deutschen Fürsten für eine solche Einigung
nicht zu haben gewesen wären, war es ein Irrtum, in dem durch
und durch monarchischen Deutschland einigende Kräfte von einem
noch gar nicht vorhandenen, geschweige denn erprobten Parla=
mentsleben zu erwarten. Daß in einer gemeinsamen deutschen
Volksvertretung die Kräfte mehr auseinanderstreben als
sich im Reichsgedanken zusammenfinden, haben die seit der
Reichsgründung vergangenen Jahrzehnte mit ihren Kämpfen zwi=

282

schen Reichsregierung und Reichstagsparteien genügend bewiesen. Der Preuße Bismarck wußte am besten, daß in Deutschland starkes Staatsleben nur monarchisch zu schaffen und zu erhalten ist. Das Einigungswerk konnte nur von Dauer sein, wenn dem deutschen Reichsbau nicht lediglich ein monarchisches Ornament gegeben wurde, sondern wenn die Monarchie tatsächlich zum Träger der Einigung wurde. Und sollte die durch Jahrhunderte erprobte staatsbildende Kraft der preußischen Monarchie für das neue Reich gewonnen werden, so durfte der König von Preußen als Deutscher Kaiser nicht etwa Inhaber schattenhafter Würden sein, er mußte regieren und führen und zu diesem Zweck tatsächliche monarchische Rechte besitzen, so wie sie dann in der Reichsverfassung niedergelegt und umschrieben sind. Auf den Wegen der Demokratie, auf denen andere Völker zum Ziel nationaler Entwicklung gelangt sind, wäre Deutschland gar nicht oder nur sehr langsam und unvollkommen zu staatlicher Einigung gekommen. Als Monarchie, mit der Vertretung der verbündeten Fürsten im Bundesrat und dem König von Preußen an der Spitze sind wir ein einiges deutsches Reich geworden. Unter die alleinige Obhut streitender Parteien im Parlament gegeben, hätte der Reichsgedanke niemals so an Boden, niemals so die deutschen Herzen gewinnen können, wie es geschehen ist, da die Reichseinheit unter den Schutz der Monarchie gestellt ward. Was Anfang der sechziger Jahre des 19. Jahrhunderts der spätere italienische Ministerpräsident Crispi an Mazzini schrieb, er habe sich von der Republik zur Monarchie bekehrt, weil die Monarchie Italien einige, die Republik es spalte: das gilt auch für uns. Und das gilt besonders deshalb, weil das Deutsche Reich, in der Mitte Europas gelegen, an seinen langen Grenzen von Natur ungenügend beschützt und von großen Militärmächten umgeben, ein

Militärstaat sein und bleiben muß. Starke Militärstaaten haben aber in der Geschichte immer einer monarchischen Führung bedurft.

Wir haben es erlebt, wie sich im Augenblick höchster deutscher Daseinsnot bei Kriegsausbruch elementar alle Herzen, alles Vertrauen und alle Zuversicht dem kaiserlichen Führer des Reiches zuwandten. Der hingebende Ausdruck des Patriotismus und der Staatstreue wurde der deutschen Volksgesamtheit unmittelbar und instinktiv zu einer Kundgebung monarchischen Gefühls. Und während des ganzen Verlaufs dieser furchtbaren Kämpfe an allen Fronten und in allen Zonen, hat Deutschland mit Genugtuung erlebt, welche Überlegenheit über die Gegner an stets bereiter Schlagkraft und an entschlossener Einheitlichkeit militärischen Handelns uns die monarchische Führung im Kriege gab.

Eine starke Monarchie an der Spitze schließt eine rege Anteilnahme des Volkes an den Dingen des staatlichen Lebens im Reich und in den Einzelstaaten natürlich nicht aus. Im Gegenteil, je lebhafter und verständnisvoller das Interesse des Volkes in allen seinen Teilen an der Entwicklung der politischen Angelegenheiten ist, desto inniger wird die Nation mit der Monarchie verwachsen, die führend an der Spitze des nationalen Lebens steht. Das Staatsleben der modernen Monarchie ist eine Arbeitsgemeinschaft von Krone und Volk, wie sie bei uns durch die Verfassungen geschaffen ist. Es ist ein alter Irrtum, den Grad der Anteilnahme des Volkes an den Staatsgeschäften allein an der Summe der Rechte messen zu wollen, die der Volksvertretung gegeben ist. Es kann ein Parlament sehr weitgehende Rechte besitzen, ohne daß das Volk besonders lebhaftes Interesse an der Politik nimmt. So war in Frankreich früher bisweilen das Parlament allmächtig, aber das Volk gleichgültig. Dem relativ großen Maß von verfassungsmäßigen Rechten, das in Deutschland dem Reichstag und den Landtagen gegeben ist, könnte eine weit regere politische Teilnahme, ein viel eindringenderes politisches Verständnis des Volkes zur Seite stehen, als es bisher der Fall war. Die soge= nannte „Politisierung des Volkes" ist eine Frage politischer Er= ziehung, nicht eine Frage parlamentarischer Macht. Die hier und da laut gewordene Behauptung, es wäre mein Gedanke ge= wesen, die Verteilung der Rechte zwischen Krone und Parlament zugunsten des Parlaments zu verschieben, das heißt ein parla= mentarisches Regime im westeuropäischen Sinne herbeizuführen, gehört in das dichtbevölkerte Reich politischer Fabeln. Die Rechts= grenze zwischen Krone und Parlament hat mir unverrückbar fest= gestanden. In der äußeren wie in der inneren Politik habe ich es als meine vornehmste Aufgabe angesehen, die Krone nach bestem Wissen und Gewissen zu stärken, zu unterstützen und zu schützen, nicht nur aus innerstem Royalismus und persönlicher Anhäng= lichkeit an ihren Träger, sondern auch, weil ich in ihr den Eck= stein in Preußen und den Schlußstein des Reiches sehe.

Was uns Deutschen politisch fehlt, das ist nicht zu erringen durch Veränderungen auf dem verfassungsrechtlichen Gebiet. In den Parteien, denen vermehrte Rechte zugute kämen, fehlt es ja selbst noch vielfach zu sehr an politischem Urteil und politischer Schulung. Noch steht in Deutschland eine große Summe der Ge= bildeten, denen ja die Führung im Parteileben gebührt, dem po= litischen Leben gleichgültig, wenn nicht gar ablehnend gegenüber. Sehr kluge und gelehrte Männer betonen oft mit einem gewissen Stolz, daß sie von Politik nichts verstehen und auch nichts wissen wollten. Die Unkenntnis der allerelementarsten Dinge des Staats= lebens ist oft erstaunlich. Die Zeiten sind vorüber, denen es für das Staatswohl nichts ausmachte, ob die Nation etwas von den Gesetzen verstand, die ihr gegeben wurden. Das Geschäft der

Gesetzgebung liegt heut nicht mehr allein in den Händen mehr oder minder fach= und sachkundiger Beamter, sondern das Par= lament arbeitet mit. Aber die Tätigkeit der Fraktionen vollzieht sich auch in unseren Tagen oft noch kaum anders als die ehe= malige reine Beamtentätigkeit: bei vollkommener Verständnis= und Urteilslosigkeit weiter Kreise der Bevölkerung. Bei wirt= schaftlichen Fragen regen sich wohl die Interessengruppen in Land= wirtschaft, Handel und Industrie, bei einigen Spezialfragen regen sich die für die speziellen Dinge eigens gegründeten Vereine, aber im allgemeinen läßt man das Diktum der Parlamentarier mit der vollen Passivität des beschränkten Untertanenverstandes über sich ergehen. Wird dann das fertige Werk am Leibe gespürt, so setzt eine herbe Kritik ein, die sich aber auch nur auf den Einzelfall beschränkt, ohne eine Belebung des politischen Ver= ständnisses zur Folge zu haben. Die aktive Anteilnahme am Gange der politischen Geschäfte, die fehlt uns Deutschen, eine Interessiertheit, die nicht gelegentlich des in mehrjährigen Zwi= schenräumen wiederkehrenden Wahlkampfes erwacht, sondern sich befaßt mit den großen und kleinen Fragen des staatlichen Lebens. Sache der Gebildeten ist es, diese politische Erziehung in die Hand zu nehmen, Sache der geistigen Führer, denen kein Volk so willig folgt wie das deutsche. Ihre Pflicht ist es, den Gemein= geist zu beleben und das Interesse wie die Tätigkeit möglichst weit ausgedehnter Kreise mit den Forderungen des Staats zu verflechten. Die lässige Gleichgültigkeit geistig und ästhetisch empfindsamer Naturen gegenüber dem politischen Leben, die vor Zeiten einmal unschädlich war, ist heut nicht mehr am Platz.

Nicht gegenüber den Fragen der inneren Politik und erst recht nicht gegenüber den Vorgängen der internationalen Politik. Die sogenannte große Politik ist einer verhältnismäßig kleinen An=

zahl Deutscher etwas wie ein Gegenstand der persönlichen Lieb=
haberei gewesen, der großen Mehrheit des Volkes eine Terra
incognita. Soweit sich überhaupt Urteile über Fragen des Völ=
kerlebens gebildet haben, waren sie zum einen Teil Ausstrahlungen
parteipolitischer Anschauungen, zum anderen Teil Folgerungen
aus abstrakten wissenschaftlichen Lehrmeinungen und Ideenbil=
dungen und im Rest Urteile der Empfindung und des moralischen
Bewußtseins. Bei keinem Volk ist die Neigung, die auswärtige
Politik mit Sympathie und Antipathie, Liebe oder Haß, nach bür=
gerlichen Moralbegriffen oder privatrechtlichen Grundsätzen, nach
vorgefaßten Meinungen oder abstrakten Vorstellungen zu treiben,
so ausgeprägt wie bei uns. Als sich nicht lange nach der Verkündi=
gung der Menschenrechte bei den französischen Jakobinern eine
gewisse Neigung zu doktrinärer Politik und Prinzipienreiterei
zeigte, verscheuchte der Abbé Sieyès solche Anwandlungen mit der
Bemerkung: „Les principes sont bons pour l'école, les états
se gouvernent selon leurs intérêts[1]." Wir laufen immer
wieder Gefahr, auswärtige Vorgänge mit dem Herzen statt mit
dem Kopf zu nehmen. Damit hängt auch unser Mangel an Psy=
chologie zusammen. Wer alles vom Standpunkt des eigenen Ge=
fühls beurteilt, vermag sich schwer in die Mentalität anderer
hineinzudenken. Diese Schwierigkeit, die Denkweise der anderen
zu verstehen und mit ihr zu rechnen, ist mehr als manches, was
sonst angeführt wird, der eigentliche Grund für unsere von uns
selbst oft, zu oft erörterte Unbeliebtheit im Auslande. Fürst
Bismarck, der seine Mit= und Gegenspieler, ausländische Diplo=
maten und Souveräne, wie fremde Nationen aus persönlicher
Anschauung und durch seinen Aufenthalt im Ausland, mehr noch

---

[1]) Grundsätze sind gut für die Schule, Staaten werden vom Stand=
punkt ihrer Interessen regiert.

aus genialer Intuition genau kannte, der nicht nur die Dinge und Tatsachen, sondern auch die Menschen verstand, in die Gefühle und seelischen Bewegungen der Menschen hineinsah und sie bis in die innerste Faser des Herzens durchschaute, war ein Meister in der Kunst der Menschen- und Völkerbehandlung. Wie der erfahrene Angler für jeden Fisch den richtigen Köder zur Hand hat, wußte er Völker und Menschen nach ihrer Art zu nehmen, zu behandeln und zu führen. Ich habe ihn sagen hören: „Die Diplomatie ist Arbeit in Menschenfleisch." Er hat sich hinsichtlich der Wirkung der von ihm unternommenen Aktionen wie in der Einschätzung der von der Gegenseite zu gewärtigenden Reaktion selten getäuscht und die Entwicklung der Dinge meist mit Sicherheit vorausgesehen. Er verfiel dem Ausland gegenüber nie in den didaktischen Ton und erörterte fremde Verhältnisse auf Grund intimer Vertrautheit mit der fremden Mentalität und nur da, wo er die Wirkung seiner Worte genau berechnen konnte. Wo solche Vorbedingungen fehlen, erweckt derjenige nur Heiterkeit, der sich die Köpfe anderer zerbricht und diese über ihre eigenen Interessen aufklären will. Auf sein eigenes Interesse glaubt sich jeder Mensch und jedes Volk selbst am besten zu verstehen, und vom Feinde nimmt man ungern Ratschläge an, höchstens tut einer das Gegenteil dessen, was ihm der Gegner anempfiehlt, weil er die Absicht merkt. Mit Moralpredigten wird im internationalen Verkehr auch nicht viel erreicht. „Was hilft es," sagte mir einmal ein erfahrener Mann, „dem Löwen zu predigen, daß Pflanzenkost gesund sei; er läßt doch nicht von seiner Blutgier. Man schlägt lieber den Löwen tot oder beschneidet ihm wenigstens die Krallen." Wir sollten auch den andern nicht zu oft und in zu hohen Tönen unsere Kultur anempfehlen. Es ist besser, ruhig zu erklären, daß man die Sicher-

heit und Stärkung des eigenen Landes anstrebe, als eine Kul=
turhegemonie anzukündigen, die alle Welt mehr fürchtet, als die
politische Suprematie. Anderseits handelt es sich in diesem Kriege
um politische und wirtschaftliche Fragen von ungeheurer Bedeu=
tung und Tragweite, von deren Lösung Wohl und Wehe unseres
Volkes für Generationen abhängt, aber nicht eigentlich um Kul=
turprobleme. Die beste Art der Kulturpropaganda und der
richtige Weg, deutsche Kultur zu schützen, zu entwickeln und zu
verbreiten, besteht darin, daß wir unser geistiges Leben rein
halten von unreinen und unsrer Kultur schädlichen fremden Ein=
flüssen. Welcher deutsche Genius hat die Welt erobert und
bezwungen wie Richard Wagner? Und wer beugte sich weniger
vor allem, was dem deutschen Genius fremd ist? Es ist eine
traurige Erinnerung, sich zu vergegenwärtigen, wie bald nach dem
glorreichen Kriege von 1870/71 Sardou, Dumas, Augier und
andere Mittelmäßigkeiten häufiger über unsere Bretter gingen als
Otto Ludwig, Hebbel und Grillparzer, und ungern denken wir
daran zurück, wie sehr noch bis zu diesem Krieg seichte ausländische
Machwerke die Erzeugnisse der deutschen Muse in den Hinter=
grund drängten. Der Dank, den wir gerade bei denjenigen aus=
ländischen Dichtern, Schriftstellern und Künstlern gefunden ha=
ben, denen wir am begeistertsten huldigten, möge uns eine Lehre
sein, in dieser Beziehung künftig mehr Würde und Geschmack zu
zeigen. Wir legen auf allen Gebieten, im Reich der Kunst wie
auf politischem Felde, zu hohes Gewicht auf das Urteil des
Auslandes. Bismarck hatte das Ausland studiert, besser und
erfolgreicher als irgendein anderer, er wußte es zu beeindrucken
und zu behandeln, von Mensch zu Mensch und von Volk zu
Volk, aber er ließ sich nicht selbst einfangen. Je höher in diesem
Krieg und durch diesen Krieg gegen uns Haß und Wut, Un=

gerechtigkeit und Neid gestiegen sind, um so weniger wollen wir uns an unsern Zielen irremachen, um so weniger von diesen ablenken lassen. Vergessen wir weiter nicht, eine wie geringe Rolle die Dankbarkeit in der Politik spielt. Im Völkerleben pflegt eine Dankesschuld als eine Beeinträchtigung des nationalen Stolzes eher zu stillem Groll als zu echter Freundschaft zu führen. Der weise Gründer der Vereinigten Staaten, George Washington, hat seinen Landsleuten zugerufen, es gäbe keinen größeren Irrtum als die Meinung, daß Nationen großmütig und uneigennützig gegeneinander handeln könnten. Wir dürfen uns auch nicht im Zweifel darüber sein, daß in der Politik das Recht allein leider nicht entscheidet. „Bei strenger Wahrung der Gerechtigkeit", hat der größte englische Staatsmann, Pitt, gesagt, „würde die Macht keines Reiches auch nur die Sonne eines Tages überdauern." Es war ein Franzose, Pascal, der gesagt hat, daß Recht ohne Macht ohnmächtig und daß die Macht die Königin der Welt sei. Entschiede das Recht, so sähe es seit 3000 Jahren anders aus in der Welt, dann würde das deutsche Volk nicht im 17., 18. und bis zur Mitte des 19. Jahrhunderts solche Leidenswege gegangen sein, wie wir sie gehen mußten. Es sei aber ausdrücklich betont, daß es ein grober Irrtum wäre, eine klare und gesunde Realpolitik zu verwechseln mit einer Verkennung der Imponderabilien. Nichts ist weniger realpolitisch im wirklichen Sinne des Wortes, und weniger bismarckisch, als die Bedeutung der Imponderabilien zu übersehen. Wir können aus der französischen, der englischen, der russischen Geschichte entnehmen, wie sehr sich unsere Nachbarn in ihrer Politik von ihren Interessen, vom Willen zur Macht, vom Streben nach Herrschaft, nach politischer und wirtschaftlicher Herrschaft haben leiten lassen. Wir können aus der Geschichte unserer Nachbarn aber auch lernen, wie gut man es seit jeher an der Seine, an der Themse und selbst an der Newa verstanden hat, realistische Triebfedern und Instinkte mit dem Mantel kluger Worte und des schönen Scheins zu umhüllen. Die Menschen werden nach dem Wort des griechischen Weisen weniger durch die Dinge als durch ihre Meinungen über die Dinge bewegt, und oft regiert nicht die Wahrheit, sondern der Schein der Wahrheit die Welt. Gerade der Realpolitiker weiß, von wie großer Bedeutung im Völkerleben Gefühlsmomente sind, welches Schwergewicht die Imponderabilien besitzen, die, wie Fürst Bismarck am 6. Februar 1888 sagte, schwerer, viel schwerer wiegen als die materiellen Gewichte. Ein ungeschicktes Wort, eine unüberlegte Wendung können unter Umständen mehr Schaden tun als ein verlorenes Gefecht. Es ist die Frage, ob unglücklich gewählte Worte nicht mehr Unheil anzurichten vermögen als unvorsichtige Schrift=stücke oder selbst Taten, und ob der lateinische Spruch „Verba volant, scripta manent[1])" nicht eher umzudrehen wäre. Das Wort vom „Cœur léger", das Emile Ollivier 1870, beim Beginn des Krieges, dem Gehege seiner Zähne entfliehen ließ, hat jenem Kriege von vornherein für Millionen Menschen in der ganzen Welt seine Signatur gegeben und Jahrzehnte nachgewirkt. In der praktischen Politik und in der Führung der Geschäfte sind Doktrinarismus und weltfremde Theorien vom Übel. Ernest Renan, der selbst ein Philosoph war, hat richtig gesagt, daß die Philosophie in der Politik so wenig etwas zu suchen habe wie in der Mechanik oder Chemie. Realpolitische Grundsätze sollen praktisch angewandt, nicht in doktrinärer Zuspitzung über die Dächer geschrien werden. Wir beladen sonst Deutschland, das in Wirklichkeit seit Jahrhunderten eine im Kern humanere, im

---

[1]) Worte verfliegen, Geschriebenes bleibt.

besten Sinne idealistischere Politik gemacht hat als Frankreich von Philipp dem Schönen, Franz I., Heinrich IV. und Richelieu bis zu Napoleon, Rußland von Peter dem Großen und Katharina bis heute, England in seiner ganzen Geschichte, mit einem Odium, einem bösen Schein, den unser edles Volk in Wahrheit und Wirklichkeit in keiner Weise verdient. Durch unsern Ernst und unsere Logik, dank auch der deutschen Gründlichkeit, die bisweilen zur Schwerfälligkeit wird, wirkt aus deutschem Munde manches krasser und klingt in deutscher Formulierung manches verletzender, als wenn es von anderer Seite gesagt wird. Pascal, wohl der tiefste französische Denker, unterschied zwischen dem Esprit géométrique und dem Esprit de finesse. Der erstere richtet in der Politik Unheil an, der letztere kann viel verhindern und manches erreichen. Der Kriegsausbruch war angetan, das deutsche Volk mit unvermittelter Gewalt zu der Einsicht zu zwingen, wie sehr der Gang der auswärtigen Politik das Schicksal jedes einzelnen Deutschen bestimmt und daß die Fragen der großen Politik Dynamitpatronen gleichen, die, wenn an irgendeinem Ort der Welt ungeschickt mit ihnen manipuliert wird, fürchterliche Explosionen hervorrufen können, uns zu zeigen, wie dringend notwendig nüchternes Urteil und verständige Bestimmung sind über die internationalen Zusammenhänge, in die unser nationales Leben im ganzen und in allen Einzelheiten verstrickt ist, wie unerläßlich für die Behandlung dieser Zusammenhänge Erfahrung, Vertrautheit mit Menschen und Dingen, Psychologie und daraus hervorgehend die richtige Einschätzung der anderen sind, wie wünschenswert diejenige Eigenschaft ist, die der Franzose mit einem schwer zu übersetzenden Wort „le doigté" nennt und die Fürst Bismarck von jedem verlangte, der auswärtige und diplomatische Geschäfte zu besorgen hat. Es hängt von dem Handgriff des

292

Weichenstellers ab, ob zwei Eisenbahnzüge aneinander vorbei-
fahren oder in fürchterlichem Zusammenstoß aufeinanderprallen
sollen. Die Politik, hat Fürst Bismarck oft gesagt, ist eine
Kunst. Deshalb hat in ihr der gute Wille, der in der Moral
alles ist, wenig oder nichts zu bedeuten, sondern allein das
Können. Jener Reichstagsabgeordnete, der kürzlich im Reichstag meinte, daß aus gutem Willen, gepaart mit Unfähigkeit,
alles Unglück in der Welt entstünde, sprach ein wahres Wort.
Einer geschickt geleiteten auswärtigen Politik bedürfen wir um
so mehr, als wir, in der Mitte von Europa gelegen und ein-
gekeilt zwischen uns feindlichen Rassen, immer mit der Möglichkeit eines feindlichen Angriffs rechnen müssen. Eingekreist sind
wir seit tausend Jahren, seitdem durch den Vertrag von Verdun
aus der Erbschaft Karls des Großen die deutschen Stämme
unter jenem Karolinger, dem die Geschichte den Namen der
Deutsche gegeben hat, zu selbständigem staatlichen Leben ausge-
schieden wurden. Eingeschlossen zwischen Romanen und Slawen,
werden wir unsere auswärtige Politik immer auf unsere geo-
graphische Lage einstellen müssen.

Die Gegenwart, die voll ist von ernsten und großen politischen Aufgaben, und noch mehr die Zukunft nach diesem Kriege,
brauchen ein politisches Geschlecht. Es ist eine große deutsche
Hoffnung, daß ein solches Geschlecht dereinst heimkehrt aus der
Feuer- und Seelenprobe dieses beispiellosen Völkerringens. Männer mit großem Herzen, die das besonnene Urteil über die
praktischen Fragen innerer Politik nicht verkrüppeln lassen wollen
durch den Zwang parteipolitischer Doktrinen, Männer mit starkem Willen, die eine entschlossene, in ihren Zielen große, in ihren
Mitteln energische Politik auch von der Regierung fordern.

Wenn aus der blutigen Saat dieses Weltkrieges die Ernte ver-

mehrter deutscher Reichesherrlichkeit hervorgegangen ist, wird es
gelten, den Reichtum deutschen Geistes, die Unverwüstlichkeit
deutscher Arbeitskraft, die Unermüdlichkeit deutschen Willens wieder an das abgebrochene Werk deutschen Fortschritts zu setzen.
Die gewaltigen deutschen Kräfte und Mittel, die des über Nacht
hereingebrochenen ungeheuren Schicksals in zähem Streiten in
mehr als anderthalb Kriegsjahren mit unüberwindlicher Stärke
und in unerschütterlicher Siegeszuversicht Herr geworden
sind und mit Gottes Hilfe bleiben werden, waren gewachsen
und bereitet in den fünfundvierzig Jahren bewegter, erregter,
manchmal sonnenloser und verdrossener, viel umstrittener, aber
immer unermüdlicher, stetiger, fruchtbarer Friedensarbeit. Der
Krieg war die ungeheure Probe auf die Tragfähigkeit des im
Frieden errichteten Werkes. Deutschland hat die Probe bestanden.
Im April 1813 schrieb ein Großer jener Zeit, Gneisenau: „Preußen wird nicht wieder unterjocht werden können, denn die gesamte
Nation nimmt Anteil an dem Kampf; sie hat einen großen Charakter entwickelt, und damit ist man unüberwindlich." Was
damals von Preußen galt, gilt heute von Deutschland.

Weniger als ein halbes Jahrhundert ruhigen Fortschreitens
war dem deutschen Volke vergönnt auf den neuen geschichtlichen
Wegen, in die es Bismarcks starke Hand geleitet hatte. Mit
der auf Schlachtfeldern geeinten Volkskraft muß das Deutsche
Reich in Schlachten ohne Zahl heut gegen eine Welt von Feinden
streiten, und es hat das deutsche Volk in Waffen dem drohenden
Verderben den Willen entgegengeworfen zur Erstreitung eines
ruhmreichen Friedens, der die Bahn bricht und bereitet zu einer
glanzvollen weltpolitischen Zukunft. Deutsche Hoffnung und
deutsche Sehnsucht war gewesen, Deutschlands Stellung unter
den Weltvölkern in Arbeit und Wettbewerb des Friedens zu festi-

294

gen, zu ſtärken und auszubauen. Es iſt aber des deutſchen Vol=
kes Schickſal geblieben, zur Erfüllung ſeiner eigenen und damit
ſeiner weltgeſchichtlichen Beſtimmung auch jetzt die dornenvollſten
Wege gehen zu müſſen. Unſer Volk hat nie mit ſeinem Schick=
ſal gehadert, es tut es auch heute nicht. In wunderbarer Ge=
ſchloſſenheit und Entſchloſſenheit zeigt es der Welt, daß ſein
Wille, ſeine Kraft und ſein Mut die Geſchichte und die Geſchicke
meiſtern. Es hofft und glaubt, daß ſolchen Eigenſchaften, wie ſie
mit ſo tiefem und felſenfeſtem Gottvertrauen, mit reinem Her=
zen, mit ſchlichter Selbſtverſtändlichkeit, mit nie verſagender
Hingebung und in ſolcher Einmütigkeit niemals ein Volk ge=
zeigt hat, der Lohn nicht fehlen wird: Ein Friede, würdig ſolcher
Taten und ſolcher Opfer, würdig unſerer Vergangenheit, eine
ernſthafte, reale und ſichere Bürgſchaft für unſere Zukunft.

Wir wiſſen auch, daß nur unhiſtoriſche und doktrinäre Be=
trachtungsweiſe annehmen kann, es werde nach dieſem Weltkrieg
eine Zeit anbrechen, die im ganzen wie in allen Einzelheiten im
Gegenſatz ſteht zu den vergangenen Jahrzehnten vor dem Kriege,
eine Zeit, die Tradition und Entwicklung bricht, anſtatt ſie fort=
zuführen. Das können wir nicht einmal wünſchen, denn nicht
jäher und vollkommener Wechſel, ſondern organiſche Weiter=
und Fortentwicklung verbürgen geſundes Wachstum. „En fait
d'histoire,“ hat Taine als das Ergebnis ſeiner lebenslänglichen
Studien über die franzöſiſche Revolution bezeichnet, „il vaut
mieux continuer que recommencer[1]).“ Wohl hoffen wir, daß
die reinigende, klärende, ſittigende Kraft des Krieges, die wir
während der Kriegsdauer am Werk geſehen haben, im geiſtigen
und öffentlichen Leben Deutſchlands nach dem Kriege, im Volk

---

[1]) Wo es ſich darum handelt, Geſchichte zu machen, iſt es beſſer, fort=
zuſetzen, als von vorn zu beginnen.

und im einzelnen, in den Parteien und in der Regierung fort=
wirken wird. Aber die Erfahrung lehrt uns, daß sich weder die
Menschen noch die Verhältnisse von heut auf morgen, seien die
Ereignisse, seien die Schicksalsschläge noch so groß, völlig än=
dern oder gar in ihr Gegenteil verwandeln — am wenigsten in
Deutschland. Selbst der ungeheure Umschwung, den der Über=
gang von dem Deutschland der Bundestags= und Biedermeierzeit
zu dem neuen Reich und der Großmacht Deutschland bedeutete,
ließ das Wesen des Deutschen, die Wurzeln unserer Eigenart und
die Grundbedingungen unseres nationalen Seins unverändert.

Die Zahl der Aufgaben, die ein Volk gelöst hat, ist immer
klein neben der Zahl derer, die ihrer Lösung noch harren. Deutsch=
land hat es erfahren nach den Freiheitskriegen, nach den Ein=
heitskriegen. Das deutsche Volk weiß es auch heute. Es weiß,
daß Goethe nicht im Wagner, der zufrieden sieht, wie wir es
zuletzt so herrlich weit gebracht haben, das deutsche Volk im
deutschen Menschen gestaltet hat, sondern im Faust, der in hoch=
gespanntem Selbstvertrauen immer strebend sich bemüht und als
der Weisheit letzten Schluß die Wahrheit findet: „Nur der ver=
dient sich Freiheit wie das Leben, der täglich sie erobern muß."
Möge in Deutschland der Gedanke an das Vaterland sich immer
stärker erweisen als jedes Partei= und Sonderinteresse. Möge
jeder Deutsche sich der Pflichten bewußt bleiben, die eine 2000 jäh=
rige Geschichte uns auferlegt, eine Geschichte, die uns durch
die Stürme der Völkerwanderung, über Karl den Großen und
Friedrich den Rotbart, über Fehrbellin und Leuthen, Leipzig
und Waterloo, Königgrätz und Sedan geführt hat. Möge jede
deutsche Hand jederzeit bereit sein für die Verteidigung des Va=
terlandes, mögen alle deutschen Herzen für alle Zeiten sich be=
kennen zu dem heiligen Gelübbe: Deutschland über alles!

Register

Bisher im SEVERUS Verlag erschienen:

Achelis. Th. Die Entwicklung der Ehe * **Andreas-Salomé, Lou** Rainer Maria Rilke * **Arenz, Karl** Die Entdeckungsreisen in Nord- und Mittelafrika von Richardson, Overweg, Barth und Vogel * **Aretz, Gertrude (Hrsg)** Napoleon I - Briefe an Frauen * **Ashburn, P.M** The ranks of death. A Medical History of the Conquest of America * **Avenarius, Richard** Kritik der reinen Erfahrung * Kritik der reinen Erfahrung, Zweiter Teil * **Bernstorff, Graf Johann Heinrich** Erinnerungen und Briefe * **Binder, Julius** Grundlegung zur Rechtsphilosophie. Mit einem Extratext zur Rechtsphilosophie Hegels * **Bliedner, Arno** Schiller. Eine pädagogische Studie * **Blümner, Hugo** Fahrendes Volk im Altertum * **Brahm, Otto** Das deutsche Ritterdrama des achtzehnten Jahrhunderts: Studien über Joseph August von Törring, seine Vorgänger und Nachfolger * **Braun, Lily** Lebenssucher * **Braun, Ferdinand** Drahtlose Telegraphie durch Wasser und Luft * **Brunnemann, Karl** Maximilian Robespierre - Ein Lebensbild nach zum Teil noch unbenutzten Quellen * **Büdinger, Max** Don Carlos Haft und Tod insbesondere nach den Auffassungen seiner Familie * **Burkamp, Wilhelm** Wirklichkeit und Sinn. Die objektive Gewordenheit des Sinns in der sinnfreien Wirklichkeit * **Caemmerer, Rudolf Karl Fritz Die** Entwicklung der strategischen Wissenschaft im 19. Jahrhundert * **Cronau, Rudolf** Drei Jahrhunderte deutschen Lebens in Amerika. Eine Geschichte der Deutschen in den Vereinigten Staaten * **Cushing, Harvey** The life of Sir William Osler, Volume 1 * The life of Sir William Osler, Volume 2 * **Dahlke, Paul** Buddhismus als Religion und Moral, Reihe ReligioSus Band IV * **Eckstein, Friedrich** Alte, unnennbare Tage. Erinnerungen aus siebzig Lehr- und Wanderjahren * Erinnerungen an Anton Bruckner * **Eiselsberg, Anton Freiherr von** Lebensweg eines Chirurgen * **Eloesser, Arthur** Thomas Mann - sein Leben und Werk * **Elsenhans, Theodor** Fries und Kant. Ein Beitrag zur Geschichte und zur systematischen Grundlegung der Erkenntnistheorie. * **Engel, Eduard** Shakespeare * Lord Byron. Eine Autobiographie nach Tagebüchern und Briefen. * **Ferenczi, Sandor** Hysterie und Pathoneurosen * **Fichte, Immanuel Hermann** Die Idee der Persönlichkeit und der individuellen Fortdauer * **Fourier, Jean Baptiste Joseph Baron** Die Auflösung der bestimmten Gleichungen * **Frimmel, Theodor von** Beethoven Studien I. Beethovens äußere Erscheinung * Beethoven Studien II. Bausteine zu einer Lebensgeschichte des Meisters * **Fülleborn, Friedrich** Über eine medizinische Studienreise nach Panama, Westindien und den Vereinigten Staaten * **Goette, Alexander** Holbeins Totentanz und seine Vorbilder * **Goldstein, Eugen** Canalstrahlen * **Graebner, Fritz** Das Weltbild der Primitiven: Eine Untersuchung der Urformen weltanschaulichen Denkens bei Naturvölkern * **Griesser, Luitpold** Nietzsche und Wagner - neue Beiträge zur Geschichte und Psychologie ihrer Freundschaft * **Hartmann, Franz** Die Medizin des Theophrastus Paracelsus von Hohenheim * **Heller, August** Geschichte der Physik von Aristoteles bis auf die neueste Zeit. Bd. 1: Von Aristoteles bis Galilei * **Helmholtz, Hermann von** Reden und Vorträge, Bd. 1 * Reden und Vorträge, Bd. 2 * **Henker, Otto** Einführung in die Brillenlehre * **Kalkoff, Paul** Ulrich von Hutten und die Reformation. Eine kritische Geschichte seiner wichtigsten Lebensjahre und der Entscheidungsjahre der Reformation (1517 - 1523), Reihe ReligioSus Band I * **Kautsky, Karl** Terrorismus und Kommunismus: Ein Beitrag zur Naturgeschichte der Revolution * **Kerschensteiner, Georg** Theorie der Bildung * **Klein, Wilhelm** Geschichte der Griechischen Kunst - Erster Band: Die Griechische Kunst bis Myron * **Krömeke, Franz** Friedrich Wilhelm Sertürner - Entdecker des Morphiums * **Külz, Ludwig** Tropenarzt im afrikanischen Busch * **Leimbach, Karl Alexander** Untersuchungen über die verschiedenen Moralsysteme * **Liliencron, Rochus von / Müllenhoff, Karl** Zur Runenlehre. Zwei Abhandlungen * **Mach, Ernst** Die Principien der Wärmelehre * **Mausbach, Joseph** Die Ethik des heiligen Augustinus. Erster Band: Die sittliche Ordnung und ihre Grundlagen * **Mauthner, Fritz** Die drei Bilder der Welt - ein sprachkritischer Versuch * **Müller, Conrad** Alexander von Humboldt und das Preußische Königshaus. Briefe aus den Jahren 1835-1857 * **Oettingen, Arthur von** Die Schule der Physik * **Ostwald, Wilhelm** Erfinder und Entdecker * **Peters, Carl** Die deutsche Emin-Pascha-Expedition * **Poetter, Friedrich**

Christoph Logik * **Popken, Minna** Im Kampf um die Welt des Lichts. Lebenserinnerungen und Bekenntnisse einer Ärztin * **Prutz, Hans** Neue Studien zur Geschichte der Jungfrau von Orléans * **Rank, Otto** Psychoanalytische Beiträge zur Mythenforschung. Gesammelte Studien aus den Jahren 1912 bis 1914. * **Rohr, Moritz von** Joseph Fraunhofers Leben, Leistungen und Wirksamkeit * **Rubinstein, Susanna** Ein individualistischer Pessimist: Beitrag zur Würdigung Philipp Mainländers * Eine Trias von Willensmetaphysikern: Populär-philosophische Essays * **Sachs, Eva** Die fünf platonischen Körper: Zur Geschichte der Mathematik und der Elementenlehre Platons und der Pythagoreer * **Scheidemann, Philipp** Memoiren eines Sozialdemokraten, Erster Band * Memoiren eines Sozialdemokraten, Zweiter Band * **Schlösser, Rudolf** Rameaus Neffe - Studien und Untersuchungen zur Einführung in Goethes Übersetzung des Diderotschen Dialogs * **Schweitzer, Christoph** Reise nach Java und Ceylon (1675-1682). Reisebeschreibungen von deutschen Beamten und Kriegsleuten im Dienst der niederländischen West- und Ostindischen Kompagnien 1602 - 1797. * **Stein, Heinrich von** Giordano Bruno. Gedanken über seine Lehre und sein Leben * **Strache, Hans** Der Eklektizismus des Antiochus von Askalon * **Thiersch, Hermann** Ludwig I von Bayern und die Georgia Augusta * **Tyndall, John** Die Wärme betrachtet als eine Art der Bewegung, Bd. 1 * Die Wärme betrachtet als eine Art der Bewegung, Bd. 2 * **Virchow, Rudolf** Vier Reden über Leben und Kranksein * **Wecklein, Nikolaus** Textkritische Studien zu den griechischen Tragikern * **Weinhold, Karl** Die heidnische Totenbestattung in Deutschland * **Wellmann, Max** Die pneumatische Schule bis auf Archigenes - in ihrer Entwickelung dargestellt * **Werner, Adolf** Die Bestattung der Toten in Bezug auf Hygiene, geschichtliche Entwicklung und gesetzliche Bestimmungen * **Weygandt, Wilhelm** Abnorme Charaktere in der dramatischen Literatur. Shakespeare - Goethe - Ibsen - Gerhart Hauptmann * **Wlassak, Moriz** Zum römischen Provinzialprozeß * **Wulffen, Erich** Kriminalpädagogik: Ein Erziehungsbuch * **Wundt, Wilhelm** Reden und Aufsätze * **Zoozmann, Richard** Hans Sachs und die Reformation - In Gedichten und Prosastücken, Reihe ReligioSus Band III